Elementos da Ciência da Religião
Parte I: Morfológica

Dados Internacionais de Catalogação na Publicação (CIP)
Angélica Ilacqua CRB-8/7057

Tiele, Cornelis Petrus
    Elementos da ciência da religião : parte I : morfológica / Cornelis Petrus Tiele ; tradução de Brasil Fernandes de Barros. - São Paulo : Paulinas, 2025.
    288 p. (Coleção Ciência e Religião)

    ISBN 978-65-5808-282-8
    Título original: *Elements of the Science of Religion*

    1. Religião e ciência 2. Filosofia 3. Teologia I. Título II. Barros, Brasil Fernandes de

24-2112   CDD 201.65

Índices para catálogo sistemático:

1. Religião e ciência

1ª edição – 2025

Nenhuma parte desta obra poderá ser reproduzida ou transmitida por qualquer forma e/ou quaisquer meios (eletrônico ou mecânico, incluindo fotocópia e gravação) ou arquivada em qualquer sistema ou banco de dados sem permissão escrita da Editora. Direitos reservados.

Este livro foi publicado pelos Programas de Pós-Graduação em Ciência da Religião da PUC-Minas e PUC-SP com apoio do Programa de Apoio à Pós-Graduação da CAPES (Coordenação de Aperfeiçoamento de Pessoal do Ensino Superior).

Paulinas

PUC-SP

PUC Minas

CAPES

CORNELIS PETRUS TIELE

Elementos da Ciência da Religião
Parte I: Morfológica

COORDENAÇÃO TÉCNICA:

Flávio Augusto Senra Ribeiro
(Pontifícia Universidade Católica - Minas Gerais)

Frank Usarski
(Pontifícia Universidade Católica - São Paulo)

CONSELHO CIENTÍFICO:

Alfredo Manuel Teixeira
(Universidade Católica de Portugal)

Carlos Caldas Ribeiro Filho
(Pontifícia Universidade Católica - Minas Gerais)

FabianoVictor de Oliveira Campos
(Pontifícia Universidade Católica - Minas Gerais)

Fábio Stern
(Pontifícia Universidade Católica - São Paulo)

Giseli do Prado Siqueira
(Pontifícia Universidade Católica - Minas Gerais)

João Décio Passos
(Pontifícia Universidade Católica - São Paulo)

Wagner Lopes Sanchez
(Pontifícia Universidade Católica - São Paulo)

Direção-geral: *Ágda França*
Conselho editorial: *Andréia Schweitzer*
João Décio Passos
Maria Goretti de Oliveira
Marina Mendonça
Matthias Grenzer
Editores responsáveis: *Maria Goretti de Oliveira*
João Décio Passos
Tradução: *Brasil Fernandes de Barros*
Preparação: *Anoar Jarbas Provenzi*
Coordenação de revisão: *Marina Mendonça*
Revisão: *Sandra Sinzato*
Gerente de produção: *Felício Calegaro Neto*
Diagramação: *Lucas Camargo*

Cadastre-se e receba nossas informações
paulinas.com.br
Telemarketing e SAC: 0800-7010081

Paulinas
Rua Dona Inácia Uchoa, 62
04110-020 – São Paulo – SP (Brasil)
📞 (11) 2125-3500
✉ editora@paulinas.com.br

© Pia Sociedade Filhas de São Paulo – São Paulo, 2025

Sumário

Nota do tradutor 9

Apresentação à edição brasileira 11

Prefácio 17

Conferência I
Concepção, objetivo e método da Ciência da Religião 21

Conferência II
Concepção do desenvolvimento da religião 45

Conferência III
Estágios de desenvolvimento –
as religiões naturais inferiores 71

Conferência IV
Estágios de desenvolvimento –
as religiões naturais superiores 97

Conferência V
Estágios de desenvolvimento – as religiões éticas 123

Conferência VI
Direções do desenvolvimento 149

Conferência VII
Direções do desenvolvimento em religiões particulares
e em grupos de religiões afins 177

Conferência VIII

Leis do desenvolvimento 203

Conferência IX

Influência do indivíduo no desenvolvimento da religião 229

Conferência X

Fundamentos do desenvolvimento da religião 253

Índice remissivo 281

Nota do tradutor

As conferências realizadas por C. P. Tiele (1830-1902) que ora traduzimos e publicadas em dois volumes possuem duas edições, ambas do mesmo ano de 1897: uma primeira lançada pela William Blackwood and Sons em Edimburgo e Londres, e a segunda lançada pela Charles Scribner's Sons em Nova York. Ambas as edições são idênticas em conteúdo.

Como o próprio Tiele afirma logo no seu prefácio, a obra teve sua primeira versão feita em holandês, sua língua materna, porém foi publicada primeiramente em inglês. A obra que ora trazemos a lume foi traduzida exatamente da forma como foi apresentada em sua edição original, sem nenhuma revisão. A única exceção foi a aplicação de uma errata apresentada no início do volume II. A presente obra em sua versão original, como poderá ser constatado, possui parágrafos muito grandes que superam, às vezes, mais de duas páginas. Sentimo-nos tentados a subdividir alguns desses parágrafos, mas acabamos por manter a redação da mesma forma como Tiele a elaborou, a fim de não prejudicar de forma alguma o conteúdo expresso pelo autor.

As transliterações dos idiomas orientais usadas por Tiele sofreram no decorrer dos anos uma transformação em função de estudos mais modernos e por isso não correspondem, na maioria dos casos, àquelas usadas hoje em dia. Mesmo assim, optamos por manter as que foram adotadas pelo autor na maioria das vezes, a não ser quando pudessem trazer alguma dificuldade de leitura.

Outra questão que julgamos importante destacar é que o autor, por razões que não nos cabe julgar, dá um tratamento diferenciado às palavras "deus", "deidade", "divino", entre outras similares, e seus respectivos pronomes. Em alguns momentos, ele grafa essas palavras com a primeira letra em maiúsculo, às vezes em minúsculo. Essa atitude não é aleatória e expressa a sua ideia de religiões superiores ou inferiores. Sendo assim, no decorrer da tradução mantivemos as palavras com maiúsculas ou minúsculas segundo o original.

No decorrer da obra, as notas foram divididas em dois grupos. [NA] indicam as "notas do autor", que correspondem às poucas notas de Tiele traduzidas do original. NT são as "notas do tradutor", que foram as considerações e esclarecimentos que julgamos necessários.

Ao final de cada parágrafo, hino, poesia ou citação enumeramos os parágrafos marcando-os com "§", seguido de seu número sequencial.

Para a conclusão desta tradução, a generosidade de vários colaboradores foi essencial. Portanto, agradecemos a colaboração do doutorando Leandro Evangelista Silva Castro, que nos auxiliou na revisão dos textos, bem como a colaboração do doutorando Romero Bittencourt de Carvalho, por nos orientar quanto às transliterações do sânscrito.

Agradecemos, em especial, ao Prof. Dr. Flávio Senra, pela confiança em nós depositada mais uma vez neste projeto de tamanha importância para a área de Ciência da Religião no Brasil.

Brasil Fernandes de Barros
PPGCR PUC-Minas

Apresentação
à edição brasileira

Esta tradução da obra de Cornelis Petrus Tiele (1830-1902) foi publicada em inglês, em dois volumes, como *Elements of the Science of Religion*. A obra foi antecedida pela preleção de um conjunto de palestras nas *Gifford Lectures*, intituladas, em neerlandês, *Inleiding tot de godsdienst wetenschap* ["Introdução à Ciência da Religião"]. Situando a produção do autor, a presente obra destaca-se como projeto de sistematização da disciplina Ciência da Religião, o que atende ao objetivo desta coleção (Ciência & Religião). Devemos, contudo, destacar que a produção bibliográfica de Tiele é vasta quanto a livros e artigos sobre história comparada das religiões antigas.

Comparável à versão em português de *Introdução à Ciência da Religião* de Max Müller (Paulinas, 2024), a publicação de Tiele pode ser caracterizada como um *clássico* da nossa disciplina. A identificação de uma obra como *clássica* não é livre de ambiguidades e é influenciada, até certo ponto, pelas preferências daqueles que a avaliam assim. Entretanto, as operacionalizações dessa categoria, por exemplo em dicionários ou artigos afins (Connell, 1997, p. XV; Waardenburg, 2017, p. XV), apontam para características que repercutam na obra de Tiele.

Entre as características frequentemente citadas estão: a) o potencial inovador da publicação na época em que foi escrita; b) a força, a duração e a sustentabilidade do impacto da obra sobre as gerações posteriores; c) a função integradora para o discurso disciplinar em andamento, no sentido de compartilhar problematizações e abordagens para sua solução; e d) a frequência com que a obra aparece nas referências bibliográficas da literatura especializada.

Todos esses critérios correspondem à obra de Cornelis Petrus Tiele. Um aspecto essencial é o fato de que o autor é internacionalmente reconhecido como um dos fundadores da Ciência da Religião. Sinal da sua reputação transnacional, além da sua vida ativa, é a inclusão da sua biografia e da apreciação da sua obra na décima primeira edição da *Enciclopédia Britânica*, lançada em 1911 (Tiele, Cornelis Petrus, 1911). Outro indicador significativo do seu impacto acadêmico reside no fato de que Max Weber se orientou, nas suas reflexões sociológicas sobre as religiões mundiais, em Tiele (Küenzlen, 1980, p. 73; Kippenberg, 2018, p. 74-76). Desde então, as publicações de Tiele deixaram inúmeras marcas no discurso teórico e metateórico contínuo de nossa disciplina.

No caso brasileiro, o movimento que se está construindo em torno desta coleção, através da publicação de traduções das obras clássicas dos pioneiros da Ciência da Religião, reproduz o que ocorreu com a sociologia em meados da década de 1970, sob influência de Florestan Fernandes, dentre outros, defende o professor Waldney Costa, da UERN, ao refletir sobre nossa empreitada (Costa, 2024). Esse movimento de retorno deve ser acompanhado da devida abordagem crítica, buscando-se compreender as características e o contexto da produção naquele dado momento. As recentes leituras decoloniais se verão enriquecidas por poderem confrontar o texto em português quanto ao perfil da produção naquele período. Não são poucas as limitações que, a partir de nosso lugar e de nossas perspectivas, apresentam-se à nossa comunidade acadêmica. Contudo, muito mais bem fundamentadas se tornarão com o maior acesso de estudantes, docentes e público em geral às obras dos pioneiros da disciplina Ciência da Religião.

Cabe destacar que a obra de Tiele surge em um momento importante da reforma educacional na Holanda, lembra Maurílio Ribeiro da Silva, reforma essa orientada pelo processo de secularização e laicidade. A disputa entre liberais e religiosos em torno do projeto de educação laica e plural, sem interferência confessional, durou sessenta anos, tendo sido iniciada em 1857. Foi quando surgiram, duas décadas mais tarde, as primeiras cátedras de história comparada das religiões naquele país, marcando, como em outras universidades europeias, o início do processo de institucionalização da disciplina, ampliando a abordagem teológica para uma abordagem plural e diversa das religiões (Silva, 2022). A obra de Tiele, que perpassa os aspectos morfológicos e ontológicos, ajudou a delimitar a nossa disciplina.

Tiele representa, para a Ciência da Religião, o que significam os autores clássicos e fundadores das ciências sociais na Europa. Recebeu, como os demais de seu tempo, a influência do espírito da época, tal como a ênfase na observação empírica como base para o conhecimento. A noção de desenvolvimento e o afã de classificação, posteriormente questionados pelas ciências históricas e sociais, estiveram presentes na obra e na atuação do professor de história das religiões da Universidade de Leiden, na Holanda, por um pouco mais de duas décadas, até muito perto de seu falecimento. Com tudo isso, o autor de tradição protestante, com sua linha teológica liberal, conjugou a filosofia à pesquisa histórica comparada das religiões.

Ao trazer a obra para o público contemporâneo, não defendemos que suas linhas de pensamento e abordagens sejam reproduzidas exclusivamente de maneira afirmativa nos discursos atuais. Pelo contrário: muito do que foi recebido positivamente pelos leitores da primeira edição foi posteriormente relativizado e tem sido questionado até os dias de hoje. É sobretudo nessa função que sua obra tem se mostrado intelectualmente sustentável e agora está disponível em português para a apreciação do público. Em especial, os responsáveis por esta edição convidam os docentes e os discentes para se familiarizarem com o raciocínio, os argumentos e a abordagem de Cornelis Petrus Tiele e para avaliarem criticamente o potencial da presente obra na construção teórica e nas pesquisas atuais no âmbito da nossa disciplina.

Este é mais um resultado da colaboração entre representantes do Programa de Pós-Graduação em Ciências da Religião da PUC-Minas e do Programa de Pós-Graduação em Ciência da Religião da PUC-SP, com objetivo de tornar as obras dos pioneiros da nossa disciplina acessíveis ao público de língua portuguesa.

COSTA, W. Seminário Joachim Wach 100 anos de Ciência da Religião: introdução à sua fundamentação teórico-científica. Disponível em: https://youtu.be/B7Xclg4SM2o?feature =shared Acesso em: 22 set. 2024.

CONNELL, R. W. Why Is Classical Theory Classical? *American Journal of Sociology*, 102, n. 6, p. 1511-1557, 1997.

KIPPENBERG, H. G. One of the Mightiest Motors in the History of Mankind: C.P. Tiele's Impact on German Religionswissenschaft. In: WIEGERS, G. (Ed.). *Modern Societies & the Science of Religions: Studies in Honour of Lammert Leertouwer*. Leiden: Brill, 2018. p. 67-81

KÜENZLEN, G. *Die Religionssoziologie Max Webers. Eine Darstellung ihrer Entwicklung*. Berlin: Duncker & Humblot, 1980.

SILVA, M. R. *Ciência da Religião*: contexto e pressupostos. Belo Horizonte: Editora PUC-Minas, 2022.

Tiele, Cornelis Petrus. In: *Encyclopaedia Britannica*. New York: Enciclopaedia Britannica Inc., 1911. v. XXVI, p. 963.

WAARDENBURG, J. *Classical Approaches to the Study of Religion*: Aims, Methods, and Theories of Research. Introduction and Anthology. Berlin: De Gruyter, 2017.

Frank Usarski
Programa de Pós-Graduação em
Ciência da Religião PUC SP

Flávio Senra
Programa de Pós-Graduação em
Ciências da Religião PUC Minas

Prefácio

As dez conferências presentes neste volume foram proferidas por mim, na qualidade de Conferencista Gifford, na Universidade de Edimburgo, em novembro e dezembro de 1896. Elas compõem a primeira metade de um curso sobre a Ciência da Religião e tratam da parte *Morfológica* dessa ciência. A segunda série tratará da divisão *Ontológica* da ciência. (§1)

Eu esperava publicá-las logo depois de tê-las proferido e antes de sua publicação em holandês, língua na qual foram originalmente escritas. Infelizmente, isso se mostrou impossível. Elas foram traduzidas duas vezes para o inglês. A primeira tradução foi utilizada em sua primeira apresentação. A segunda é a que foi publicada agora. Realizei esta tradução de modo totalmente independente da primeira, e foi, por sua vez, cuidadosamente revisada por mim e por outros. (§2)

A intenção do saudoso Lorde Gifford em organizar estas conferências nas quatro universidades escocesas era proporcionar o ensino da "teologia natural". Embora esse termo tenha caído em desuso, a maneira como Lorde Gifford passou a explanar seu objeto deixa claro que por "teologia natural" ele pretendia referir-se ao que hoje chamamos de "Ciência da Religião". Ele declarou expressamente que os conferencistas nomeados não seriam submetidos a nenhum tipo de avaliação e não seriam obrigados a fazer nenhum juramento ou declaração de crença; e que eles poderiam pertencer a qualquer denominação ou religião ou a nenhuma, desde que fossem pessoas capazes, respeitáveis, verdadeiros pensadores e sinceros inquiridores da verdade. Ele desejava ainda que os conferencistas tratassem seu assunto "como uma ciência estritamente natural, a maior de todas as ciências possíveis, de fato, em certo sentido, a única ciência – a do Ser Infinito –, sem referência a ou dependência de nenhuma suposta revelação excepcional ou dita milagrosa". Ele fixou depois o período de mandato em dois anos, com possibilidade reeleição para um segundo e no máximo para um terceiro mandato. A reeleição, entretanto, deu-se excepcionalmente, e o único exemplo foi o do professor Max Müller, que realizou a Palestra de Glasgow por dois mandatos de dois anos, cada uma delas com alto nível de aceitação. (§3)

Quando fui convidado para ocupar essa importante posição há cerca de sete anos, fui obrigado a declinar dela com pesar, pois eu tinha acabado de ser nomeado reitor de minha própria universidade, a de Leiden. Contudo, quando o Senado da Universidade de Edimburgo[1] foi unânime em me nomear para a cátedra em 1895, senti-me constrangido a aceitar a honra. Conquanto eu me sentisse atraído pela perspectiva de abordar minha área de estudo preferida na presença do público britânico, eu estava plenamente consciente das dificuldades da minha tarefa. Foi muito fácil eleger meu objeto de estudo, e havia muito que eu gostaria de falar a respeito dele; porém, deveria ter de tratá-lo em um idioma que eu havia usado anteriormente apenas duas ou três vezes em público, e esperava-se que eu dividisse meu assunto em um número fixo de palestras de igual duração e que as proferisse diante de um

---

1 O *Senatus Academicus* ("Senado") é o órgão acadêmico supremo da Universidade de Edimburgo. A função central desse órgão é regular e supervisionar o ensino e as disciplinas da universidade e promover a pesquisa [NT].

público estranho, composto de muitos elementos diferentes. Dessa forma, não pude realizar minha tarefa com plena satisfação; mas a recepção extremamente cordial que eu e meu trabalho recebemos em Edimburgo e a atenção próxima e indulgente dada às minhas palestras com grandes audiências durante todo o curso não só me proporcionaram grande estímulo à minha tarefa, como também me permitiram olhar para frente com um pouco mais de confiança em sua conclusão na segunda metade do curso proposto. (§4)

Abstive-me propositadamente de sobrecarregar este livro com referências e notas de rodapé, uma vez que se destina a servir como uma Introdução à Ciência da Religião, e não como um manual sobre o assunto. Devo apenas acrescentar que imprimi na íntegra uma série de passagens que, por falta de tempo, não puderam ser entregues.

C. P. Tiele
Leiden, junho de 1897. (§5)

Conferência I
Concepção, objetivo e método da Ciência da Religião

Já se passaram mais de vinte e cinco anos desde que meu distinto amigo, professor F. Max Müller, de Oxford, proferiu suas quatro conferências no Royal Institution of London, as quais ele publicou alguns anos depois sob o título *Introduction to the Science of Religion*.[2] (§6)

Minha tarefa é semelhante, mas mesmo assim diferente, já que a palavra "introdução" tem um significado muito flexível. *Intro* não significa meramente "guiar para", mas levar "através e por dentro", indo ao limite. No entanto, a princípio devemos nos contentar em conduzir o pesquisador para dentro do edifício e ali deixá-lo à orientação de outros ou por seus próprios meios. Naquele momento, essa era a única coisa que o professor Max Müller podia fazer. Ele não tinha alternativa. Como as bases desta nova ciência tinham acabado de ser lançadas, ele podia submeter só o plano do edifício a seus leitores e ouvintes. Mas não preciso lembrá-los de como ele próprio contribuiu decisivamente, depois disso, para a construção de nossa ciência, e como última e mais conclusiva prova temos as suas Conferências Gifford recentemente proferidas

---

2   Publicada por Paulinas Editora: *Introdução à Ciência da Religião* (2024) [NT].

na Universidade de Glasgow. Devemos apreciar com reverência o seu trabalho, mesmo nos tópicos sobre os quais às vezes divergimos dele em seus métodos e pontos de vista. No entanto, há vinte e cinco anos, em sua *Introdução à Ciência da Religião*, para seus ouvintes e leitores ele teve de tratar dos aspectos preliminares e não dos resultados da ciência, e era mais uma defesa dela do que uma iniciação a ela. Estamos agora mais adiantados. Os últimos vinte e cinco anos foram particularmente fecundos para o estudo científico da religião. Esse estudo garantiu agora um lugar permanente entre as várias Ciências Humanas. Não precisamos agora pedir desculpas por isso usando o tímido – ou devo dizer cético? – epíteto "chamado", como o ilustre estudioso americano, o falecido W. Dwight Whitney,[3] fez em um artigo admirável. Até mesmo os governos, que geralmente não estão inclinados a aceitar a inovação, e menos ainda se ela ameaçar sobrecarregar seus orçamentos, reconheceram nossa ciência como um ramo necessário da educação. Minha pequena Holanda, geralmente acostumada a esperar com paciente ponderação até que suas irmãs maiores tenham dado o exemplo, assumiu neste caso a liderança e fundou cadeiras especiais para a história e a filosofia da religião. A França republicana comportou-se de forma magnífica e fundou não apenas uma cadeira no Collége de France, mas também uma bem organizada *École d'Études Religieuses*. Outros têm seguido estes exemplos. As universidades alemãs não consideraram a princípio a jovem aspirante com simpatia, mas os estudiosos alemães de renome logo descobriram que o que parecia um patinho feio na verdade

---

3   *William Dwight Whitney* (1827-1894), linguista americano e um dos maiores estudiosos do sânscrito de sua época, conhecido especialmente por sua gramática sânscrita (1879) [NT].

era um cisne e lhe ofereceram seu poderoso apoio. Não preciso lembrá-los de que os novos estudos imediatamente despertaram grande interesse na Grã-Bretanha e, pouco depois, nos Estados Unidos da América; e, desse fato, o legado de Lorde Gifford oferece provas esplêndidas. Por "teologia natural, estudada por meio de um método científico", ele sem dúvida quis dizer exatamente o que agora estamos acostumados a chamar de "Ciência da Religião". Logo, esta ciência não precisa mais se desculpar por aparecer diante de vocês plenamente consciente dos direitos dela, e nem preciso pedir desculpas por tentar fazê-los conhecer melhor os rudimentos dela, os métodos dela, os resultados que ela alcançou, os objetivos dela e os frutos dela. Tenho uma compreensão profunda das dificuldades do meu grande empreendimento, as quais foram aumentadas pelo fato de me dirigir a vocês em uma língua diferente da minha; mas dediquei todas as minhas forças e a maior parte da minha vida a estes meus estudos tão estimados e sinto-me encorajado pela confiança que o honrado Senado desta universidade depositou em mim. Farei o meu melhor para merecer essa confiança e contarei com a indulgência de vocês. Apenas comentaria ainda que me limitarei exclusivamente aos fundamentos científicos. E, embora não esconda minhas próprias convicções sinceras, tenho muito respeito pela verdadeira devoção, qualquer que seja a sua forma, para ferir as crenças religiosas da consciência de qualquer pessoa. (§7)

Em primeiro lugar, é necessário enunciar o que entendemos por Ciência da Religião e que direito temos de chamá-la de "ciência". Não devemos começar, como é feito com tanta frequência, por formular ideias preconcebidas de religião; se tentarmos fazer isso, andaremos em círculos. O que a religião realmente é em sua essência só pode ser constatado como o resultado de toda a nossa investigação. Por "religião" entendemos, por ora, nada mais do que geralmente se entende por esse termo, ou seja, o agregado de todos aqueles fenômenos que são invariavelmente chamados de religiosos, em contraste com a ética, a estética, a política e outros. Refiro-me àquelas manifestações da mente humana em palavras, atos, costumes e instituições que testemunham a crença da pessoa no sobre-humano e que servem para colocá-lo em relação com ele. Nossa própria investigação revelará o fundamento daqueles fenômenos que são geralmente chamados de religiosos. Se for sustentado que o sobre-humano está além do alcance do perceptível e que sua existência não pode ser provada por raciocínio científico ou filosófico, temos nossa resposta pronta. A questão sobre se a filosofia ou a metafísica têm algum direito de julgar a realidade dos objetos de fé não nos diz respeito aqui. Deixamos, portanto, essa questão em aberto. O objeto de nossa ciência não é o sobre-humano em si, mas a religião baseada na crença no sobre-humano; e a tarefa de investigar a religião como um fenômeno histórico-psicológico, social e totalmente humano pertence indubitavelmente ao domínio da ciência. (§8)

Mas, embora admitindo isso, alguns escritores tiveram uma aversão insuperável ao termo "Ciência da Religião" e tentaram substituí-lo por um mais modesto. De minha parte, não vejo nada de presunçoso na palavra "ciência". Isso não quer dizer que saibamos tudo sobre um assunto, mas simplesmente que o investigamos a fim de aprender algo sobre ele, de acordo com um método sólido e crítico, apropriado a cada departamento. Não se pode, portanto, duvidar que a investigação sobre a religião possa reivindicar o nome de "ciência" e que a Ciência da Religião tenha o direito de ser classificada como um estudo independente, e não simplesmente como um estudo pertencente a um grupo maior.

Quais são, então, as características que constituem uma ciência? Não posso responder a essa pergunta de outra maneira a não ser com as palavras de Whitney, quando reivindicou as prerrogativas da Ciência da Linguagem. As características são uma ampla extensão de domínios; uma unidade que abrange a multiplicidade de fatos pertencentes a esse domínio; uma conexão interna desses fatos que nos permite submetê-los a uma classificação cuidadosa e a extrair inferências frutíferas delas e, finalmente, a importância dos resultados alcançados e da verdade que o raciocínio trouxe à tona a partir dos fatos apurados. Se a Ciência da Linguagem pôde sobreviver a esse teste, não tendo de temer a comparação com qualquer outra ciência reconhecida, o mesmo se aplicará à Ciência da Religião. Isso certamente não exigirá demonstrações abrangentes. É óbvio para todos. A esfera de nossa investigação é suficientemente extensa – todas as religiões do mundo civilizado e não civilizado, extintas e vivas, e todos os fenômenos religiosos que se apresentam à nossa observação. A unidade que combina com a multiplicidade desses fenômenos é a mente humana, que não se revela em nenhum lugar tão completamente como nestes, e cujas manifestações, por mais diferentes que sejam as formas que assumem em diferentes planos de desenvolvimento, brotam sempre da mesma fonte. Esta unidade torna uma classificação científica das religiões tão justificável quanto a da linguagem. E é evidente que os resultados de tal ciência devem ser da maior importância para o estudo do ser humano e de sua história, de sua individualidade, de sua sociedade e, acima de tudo, de sua vida religiosa. (§9)

Devemos nos surpreender que tal ciência não seja imediatamente bem recebida por todos e que seu próprio direito de existência seja negado por muitos e ainda que há muito tempo ela tenha tido de enfrentar uma oposição feroz? Ela não é pior do que suas antecessoras. Qual ciência nova – para não falar de filosofia – teve uma recepção melhor? Basta mencionar a anatomia, a física, a química, a astronomia – todas estas denunciadas a princípio como nocivas, perigosas e ímpias; será que não tiveram todas seus mártires, assim como as novas religiões e suas heresias? Os monges nos dias de Erasmo achavam o estudo do hebraico muito pernicioso para os teólogos e pregadores cristãos, e os austeros calvinistas do século XVII opunham-se amargamente ao estudo do grego. Como os orientalistas da velha escola saudavam o aparecimento da assiriologia, que certamente no início mereceu um pouco de censura por causa de suas brincadeiras de sua juventude? Como os filólogos clássicos receberam a Ciência da Linguagem? Creio ter ouvido do nosso velho amigo Cobet, o talentoso helenista, que se divertia às custas dos comparativistas, como ele os chamava. E, além disso, religião é um assunto muito delicado. Fazê-la objeto de uma ciência parece uma profanação. Admito que muitos defensores da Ciência da Religião, e muitos que a saudavam com entusiasmo, tiveram culpa na indignação que suscitaram – inimigos da religião, que se esforçaram, em nome do que lhes agradou chamar de "ciência" e "filosofia", para acabar com ela por completo, e cujo *Ecrasez l'infâme* alarmou as pessoas de fé fraca e enfureceu as de fé forte. Mas o ódio cego e o preconceito excluem tanto a ciência, que investiga com calma imparcialidade, quanto a filosofia, que se esforça para compreender e explicar com seriedade e amor tudo o que é humano. Temos também de lutar contra a má interpretação. Tenho ressaltado que o pavor popular de nossa ciência procede em grande parte de uma ideia equivocada de ciência em geral e desta ciência em particular. Quando esta se mantiver dentro dos limites atribuídos a todas as ciências, a religião não correrá nenhum perigo, pelo contrário, trará grandes benefícios. A nossa ciência não presume e está bem ciente de que é impotente para criar uma religião, assim como a Ciência da Linguagem não tem desejo nem poder para produzir novas línguas, para proclamar novas leis da língua ou para desenraizar as línguas existentes. Nem as línguas nem as religiões são criadas pela ciência; sua vida e seus objetivos, seu crescimento e decadência, continuam independentes da ciência e obedecem a leis que ela pode descobrir, mas não impor. Tudo o que ela deseja, e tudo o que ela tem o direito de fazer, é submeter a religião, como fenômeno humano, e, portanto, histórico e psicológico, a uma investigação sem preconceitos, a fim de verificar como ela surge, como ela cresce e quais são seus elementos essenciais, e a fim de compreendê-la completamente. (§10)

Poder-se-ia, talvez, pensar que o público-alvo de nossa ciência não pode ser contido em suas críticas e julgamentos e que, portanto, a ciência está repleta de perigos. Mas aqui novamente devemos discernir com cuidado. Ele julga, na medida em que sua tarefa é comparar as diferentes manifestações de crença religiosa e de vida e as diferentes comunidades religiosas, a fim de classificá-las de acordo com o estágio e a direção do desenvolvimento delas. Ele critica, na medida em que aponta onde houve retrocesso de um plano mais elevado para um mais baixo, na medida em que examina os chamados fatos religiosos que realmente pertencem a um domínio diferente (como o da arte, da filosofia ou da política) e os fenômenos patológicos (como o intelectualismo, o sentimentalismo ou o moralismo), e distingue todos eles da religião viva e sadia. Ele adota, se pudermos usar o termo filosófico favorito, uma posição inteiramente objetiva em relação a todas as *formas* de religião, mas as distingue cuidadosamente da religião em si. A religião se revela em cada uma dessas formas mais ou menos imperfeitas – e assim ele estuda todas elas. Nenhuma religião escapa à sua percepção: pelo contrário, quanto mais profundamente ele investiga, mais se aproxima de sua fonte. Ele segue o exemplo do filólogo, que não despreza a língua de mlecchas[4] ou de bárbaros, ou de quaisquer outras alcunhas que se deem às pessoas que falam uma língua que não se compreende, e que se interessa tanto pelo hotentote[5] e pelos dialetos australianos quanto pelo sânscrito ou pelo árabe. Ele nada sabe sobre hereges, cismáticos ou pagãos; para ele, como cientista, todas as formas religiosas são simplesmente objetos de investigação, as diferentes línguas nas quais o espírito religioso se expressa, os meios que lhe permitem penetrar em um conhecimento da própria religião, suprema acima de tudo. Não é sua vocação defender nenhuma dessas formas como a melhor, ou talvez a única forma verdadeira – ele deixa isso para os apologistas. Nem tenta purificar, reformar ou desenvolver a própria religião – essa é a tarefa do teólogo e do profeta. E essa investigação científica certamente não é desprovida de benefícios práticos. Ela pode evidenciar a superioridade de um culto em relação a outro; pode ter uma poderosa influência na purificação e desenvolvimento da própria religião; pode, ao mostrar que a religião

4 *Mleccha* (do sânscrito védico *mlecchá*, que significa "não védico", "bárbaro") é um termo sânscrito que se refere a povos estrangeiros ou bárbaros na Índia antiga. Era empregado pelos antigos indianos originalmente para indicar o discurso rude e incompreensível dos estrangeiros e depois estendido ao seu comportamento não familiar, e também usado como um termo depreciativo no sentido de pessoas "impuras" e/ou "inferiores" [NT].

5 *Hotentote* diz respeito normalmente a uma etnia negra, nativa da África do Sul, de cultura bastante primitiva. Mas neste momento o autor se refere ao idioma que pertence a um subgrupo da família das línguas khoe, um dos três ramos das línguas khoisan da África Austral [NT].

está enraizada na natureza íntima do ser humano, justificar seu direito de existir melhor do que qualquer outro discurso filosófico extenso; e tal testemunho é ainda mais valioso porque não é planejado, não é preconceituoso e não é concebido. Este não é nem pode ser o objetivo da Ciência da Religião. Se tal fosse seu objetivo prático, os frutos que ela agora obtém, para o pensamento religioso e para a vida, perderiam seu valor. A ciência genuína, que não busca nada além da verdade, é uma luz pela qual a verdade se manifesta; e, portanto, tudo o que é bom e verdadeiro, genuíno e belo, tudo o que supre desejos reais e, por conseguinte, é saudável para a humanidade, nunca precisará temer a luz. Os direitos da consciência religiosa não devem ser limitados; mas a ciência também reivindica seu direito de estender suas investigações sobre tudo o que é humano e, consequentemente, sobre uma manifestação tão importante e poderosa da natureza íntima do ser humano como a religião sempre foi e sempre será. (§11)

Constitui-se em erro supor que não se pode assumir uma posição científica e imparcial sem ser cético; não se pode desqualificar para uma investigação imparcial aquele que possui convicções religiosas firmes e sérias. Constitui-se em erro supor que um ser humano é incapaz de apreciar outras formas de religião se está calorosamente ligado à sua Igreja ou comunidade onde recebeu sua formação religiosa. Por acaso amamos nossos pais menos, a quem tanto devemos, quando chegamos aos anos da razão e descobrimos algumas de suas faltas e fraquezas? Será que nossa língua materna soa menos agradável aos nossos ouvidos porque conhecemos a beleza e o vigor de outras línguas? Eu, pelo menos, não amo menos a comunidade religiosa à qual pertenço porque me esforço para apreciar, à luz de nossa ciência, o que é verdadeiramente religioso em outras formas. (§12)

Essa nova ciência é vista também com desconfiança por outros setores. A velha teologia teme que nossa ciência tente superá-la. Consideremos isso a partir de dois pontos de vista diferentes. Podemos entender o termo "Ciência da Religião" em um sentido mais amplo ou em um mais restrito. Se a considerarmos como destinada a unir todos os estudos que têm a investigação da religião por seu objeto, e que, portanto, inclui também a teologia cristã (excluindo sempre a teologia prática, que, sendo a teoria de uma prática, não pode realmente ser chamada de ciência), ela não substituirá de forma alguma a teologia, mas a abraçará e, embora a teologia tenha até agora se considerado independente, a tornará uma mera província, embora a principal de seus vastos domínios. Tudo isso soa muito bem no abstrato e parece perfeitamente lógico; mas seria totalmente impraticável, e só prejudicaria ambos os ramos de estudo. E a razão é que não só não podemos considerar o conhecimento de nossa própria religião, seja ela qual for, como um mero departamento de uma ciência que abrange todas as religiões – assim como não podemos tratar a história de nosso próprio país como um mero capítulo da história geral, ou colocar o estudo de nossa língua materna no mesmo nível do de todas as mais variadas e ricas línguas do mundo –, a razão é que a teologia e a Ciência da Religião diferem em espécie. Existem tantas teologias quanto religiões éticas ou o que seus adeptos considerem religiões reveladas; mas existe apenas uma Ciência da Religião, embora, como outras ciências, e de fato, como todas as diferentes teologias, ela abrace escolas distintas. O objetivo da Ciência da Religião é investigar e explicar; ela deseja saber o que é "religião" e por que somos religiosos, ao passo que a tarefa da teologia é estudar, explicar, justificar e, se possível, purificar uma determinada forma de religião, sondando seus registros mais antigos, reformando-a, harmonizando-a com novas necessidades e, assim, promovendo seu desenvolvimento. (§13)

Permitam-me ilustrar novamente meu ponto de vista a partir da Ciência da Linguagem. É certo que os estudos linguísticos especiais e a filologia são, em um sentido, independentes dessa ciência e têm seus próprios métodos e objetivos. Eu daria ainda um passo além e distinguiria, de um lado, o estudo geral e histórico das religiões, que observa, coleta, combina, compara e classifica os fatos em sua ordem de desenvolvimento, bem como todas as teologias especiais, e, do outro, a Ciência da Religião, que fundamenta os resultados dessas investigações e os utiliza para seu propósito de determinar o que é essencialmente a religião manifestada em todos esses fenômenos, e de onde ela procede. E assim, tal como na Ciência da Linguagem em relação aos estudos gramaticais, lexicográficos e filológicos, a Ciência da Religião reconhece a independência dos ramos especiais que lhe fornece o material para sua especulação, e da teologia também, cada uma dentro de sua respectiva esfera, enquanto ela mesma forma a coroa, ou melhor, o núcleo para o qual todos eles convergem. (§14)

Por mais soberanos que sejam os domínios de cada um desses dois ramos de estudo, eles não poderão ser independentes um do outro sem grandes prejuízos para ambos. Um não pode existir sem o outro. Nossa ciência não poderia existir sem os materiais fornecidos pela antropologia e pela história. Ela nada mais poderia fazer senão erguer um edifício ilusório de meras hipóteses e ilusões, uma distração de modo algum inofensiva, com a qual os filósofos especulativos de uma geração anterior costumavam se deleitar. Nem poderia a teologia, seja ela comparativa ou especial, existir sozinha; pois é somente ao continuar em contato com a Ciência da Religião que a teologia merece o nome de "ciência" e torna-se uma *scientia* em vez de uma mera *eruditio*. Fatos observados com precisão e fielmente registrados podem ser muito curiosos, mas, se não forem explicados ou correlacionados, são curiosos e nada mais. A teologia, de fato, ensina o que é uma determinada religião, o que ela exige de seus fiéis, como surgiu e como atingiu sua condição atual, e até mesmo o que ela realmente deveria ser de acordo com seus próprios princípios; mas, se ela não compara seu sistema religioso com outros e, acima de tudo, não os coloca à prova pelas leis da evolução da vida religiosa, coisa que a Ciência da Religião por si só pode revelar, ela não poderá compreender nem apreciar plenamente sua própria religião. Ela pode até ser um ramo do conhecimento, inclusive com utilidade prática, mas não será uma ciência. (§15)

Mas a Ciência da Religião está longe de impor suas leis sobre os seus estudos preliminares ou de lhes ditar a questão de suas pesquisas. Pelo contrário, ela reconhece plenamente sua liberdade de ação e simplesmente aguarda os resultados. Ela as aceita, reservando-se sempre seu direito de testá-las e de examinar o terreno em que descansam, e depois as utiliza à sua própria maneira. Indica a direção na qual a investigação deve avançar para dar frutos para a ciência e acende um farol que permita aos historiadores e teólogos observar e compreender melhor os fatos com os quais eles lidam. E então, por sua vez, entrega os resultados de seus estudos à ciência central – aquela filosofia geral que se esforça para explicar a unidade de toda a criação. (§16)

É então, dessa forma, que definimos o caráter de nossa ciência. É uma ciência especial ou ramo de estudo, e não pertence à filosofia geral; mas é a parte filosófica da investigação dos fenômenos religiosos – um estudo que procura penetrar em seus fundamentos. Não é um credo filosófico nem um sistema dogmático do que tem sido comumente chamado de teologia natural nem uma filosofia com uma tonalidade religiosa, e menos ainda uma filosofia relativa ao próprio Deus. Tudo isso está além de seu domínio. Ela deixa esses assuntos para os teólogos e metafísicos. Na verdade, é literalmente a filosofia da religião, de acordo com o uso atual desse termo, que ganha merecidamente terreno: uma filosofia que devemos ter a coragem de reformar, de acordo com as exigências da ciência em seu atual estado de desenvolvimento. (§17)

Por conseguinte, não posso incluí-la entre as ciências naturais, por maior que seja a autoridade daqueles que lhe atribuem tal posição. Nesse caso, deveríamos ser obrigados a estender a concepção da ciência natural até o ponto de privá-la de todo o seu significado preciso. A religião certamente está enraizada na natureza do ser humano – ou seja, ela brota do íntimo de sua alma. Mas podemos, de fato, dizer da religião, como já foi dito da linguagem, que ela não é um produto inteiramente natural ou artificial, e seria inútil tentar aplicar os métodos exatos das ciências naturais à nossa ciência; tal tentativa só a exporia a autoenganos e ao desapontamento grave. (§18)

Nossa ciência também não é histórica, no sentido usual do termo. Uma boa parte do material de que ela se utiliza é histórico, pois deve esforçar-se para entender a religião, como ela existe hoje, estudando o que ela foi no passado. Veremos à frente que sua primeira tarefa é traçar a evolução da religião, e é desnecessário dizer que isso não pode ser feito sem pesquisa histórica. Já se passou muito tempo desde que as pessoas entendiam que poderiam filosofar sobre a religião sem se preocupar com sua história. A relação entre a filosofia e a história da religião foi eloquente e convincentemente exposta há alguns anos nesta mesma cidade de Edimburgo pelo Diretor John Caird na última de suas Conferências Croal.[6] Hegel na Alemanha, o lar da filosofia especulativa, esforçou-se, à sua maneira, para fazer da história da religião uma serva da filosofia, mas os materiais a seu dispor eram necessariamente escassos. Com materiais mais amplos, Pfleiderer construiu sua filosofia da religião sobre bases históricas. Não preciso lembrá-los de como o professor Max Müller, em suas recentes Conferências Gifford, enfatizou a importância absoluta e a indispensável necessidade dos estudos históricos. Eu seria o último a discutir isso, pois deveria, então, ter de repudiar meu próprio passado, já que mais do que qualquer outra coisa tenho estado envolvido em investigações históricas, e todos os trabalhos mais consideráveis que publiquei têm sido de tipo histórico. Meu falecido amigo Kuenen costumava dizer: "Eu não sou nada se não for crítico". Ousaria dizer de mim mesmo: "Eu não sou nada se não for histórico". No entanto, acredito que a Ciência da Religião requer uma base mais ampla do que a história no sentido comum da palavra. A pesquisa histórica deve preceder e preparar o caminho para a nossa ciência; mas ela não lhe pertence. Se eu tiver descrito minuciosamente todas as religiões existentes, suas doutrinas, mitos, costumes, as observâncias que inculcam e a organização de seus adeptos, além de traçar as diferentes formas religiosas, sua origem, florescimento e decadência, eu terei apenas coletado os materiais com os quais a Ciência da Religião trabalha. E, por mais indispensável que isso seja, não será suficiente. A antropologia: a ciência do ser humano, a sociologia: a ciência de nossas relações sociais, a psicologia: a ciência do íntimo do ser humano, e talvez outras ciências devam render suas contribuições para nos ajudar a aprender a verdadeira natureza e origem da religião, e assim alcançar nosso objetivo. (§19)

---

6   *Introdução à filosofia da religião*, Glasgow, 1880, cap. X [NA].

Afirmei que a exata metodologia da ciência natural não é aplicável à Ciência da Religião, nem acho que a metodologia histórica será o suficiente. Concordo com o professor Flint que pelo método histórico obtemos apenas história. Mas queremos mais do que isso; queremos entender e explicar. Os historiadores exigentes não têm o direito de ridicularizar o que se chama história filosófica, como gostam de fazer; mas eles têm razão em afirmar que isso não é propriamente história, mas um capítulo na filosofia, e eles têm toda a razão em repudiar qualquer obrigação de acrescentar a especulação filosófica ao que exigimos deles. (§20)

Penso, portanto, que não precisamos hesitar em proclamar abertamente o caráter filosófico de nossa ciência e aplicar a ela o seu método adaptado a todos os ramos filosóficos da ciência – ou seja, o dedutivo. Não o método empírico unilateral, que acaba no positivismo e só determina e classifica os fatos, mas é insuficiente para explicá-los. Tampouco o método unilateral histórico, que produz exclusivamente resultados de caráter histórico. Nem, novamente, o chamado método genético-especulativo, uma mistura de história e filosofia, que carece de toda uma unidade. Ainda menos, devo apressar-me em acrescentar, um método especulativo distorcido, que não tem base na terra, mas flutua nas nuvens. Pois, quando falo do método dedutivo, refiro-me menos a este método especulativo. Pelo contrário, nosso raciocínio dedutivo deve partir dos resultados obtidos por indução, por métodos empíricos, históricos e comparativos. O que é a religião e de onde ela surge só poderemos determinar a partir de fenômenos religiosos. O nosso ser íntimo só poderá ser conhecido por suas manifestações externas. Vaguear em nossas especulações, longe do que foi descoberto e estabelecido pela pesquisa antropológica e histórica, é entrar em um caminho falacioso. Partir de qualquer posição *a priori* e erguer um sistema sobre ela é uma perda de tempo e não nos levará a lugar nenhum. É claro que deve haver uma divisão de trabalho. Nenhum de nós pode fazer tudo. Dificilmente se poderá ser ao mesmo tempo antropólogo, historiador, psicólogo e filósofo, e, mesmo em um único ramo da ciência, são poucos os que estão inteiramente à vontade. Aquele que tenha o desejo de estudar a Ciência da Religião deve pesquisar todo o campo e deve tê-lo percorrido em todas as direções; deve saber o que as pesquisas de antropólogos, historiadores e as descobertas dos arqueólogos renderam para a história da religião, o que é simplesmente provável e o que ainda é incerto ou positivamente falso. Em suma, ele deve ser mestre do material com o qual deseja trabalhar, embora outros o tenham descoberto por ele. E não só é desejável, mas creio indispensável, que ele mesmo tenha participado, pelo menos por algum tempo, da exploração e desbravamento do terreno, e tenha estudado pelo menos duas religiões em suas fontes originais. É um processo longo, mas é a única maneira de alcançar resultados duradouros. Frequentemente, as pessoas acham que será suficiente fazer muito menos que isso. Hoje em dia, provavelmente não há ninguém que se aventure a criar um sistema a partir da mera imaginação poética. Contudo, não são poucas as fantasias de que é o suficiente consultar as melhores autoridades ou pelo menos ler estes livros para obter alguma ideia de religião e, assim, lançar uma base sobre a qual construir. Outros, ainda mais insensatos, contentam-se em estudar um único manual de religiões e depois imaginam seriamente que sua filosofia está em terreno histórico. Eu até conheço um caso em que o autor de uma filosofia da religião, *auf modern-wissenschaftlicher Grundlage*, que não tinha consultado nenhuma história das religiões além de um esboço meu, publicado há muitos anos, um mero esboço sem nada excepcional, em todos os casos sem cor, mas que deixou todo o espaço livre para a imaginação do filósofo. Por mais lisonjeiro que fosse para mim ser escolhido por este autor como seu guia, ele teria sido mais sábio se tivesse consultado outros também e, sobretudo, se tivesse usado seus próprios olhos. Podemos nos perguntar se, quando alguém se contenta com uma preparação tão superficial, sua estrutura leve e arejada será rapidamente substituída por outra, e se cada avanço feito pela pesquisa, cada nova descoberta, tornará seu trabalho cada vez mais inútil. Podemos nos perguntar se muitos trabalhos de mérito sobre a morfologia ou sobre a ontologia da religião ou, em outras palavras, sobre a evolução ou sobre a origem e a essência da religião, por mais profunda e vigorosamente concebidos, por mais engenhosamente compostos, nos deixam insatisfeitos porque nos vêm à mente fatos sólidos que não são explicados por nosso autor e que até contradizem suas conclusões. Embora nem sempre seja possível, e, portanto, não seja obrigatório, que nós mesmos desenterremos e coletemos os materiais com os quais construímos, devemos em todo caso ser capazes de julgá-los, e eles devem ser sólidos e suficientes. (§21)

A próxima pergunta a ser feita é como devemos lidar com nosso material e torná-lo útil para o grande objetivo de nossa ciência – o estudo da religião em sua existência, em seu crescimento, em sua natureza e em sua origem. Somos confrontados com inúmeros fenômenos: concepções e doutrinas religiosas que são reunidas a partir de hinos e provérbios, livros da lei, confissões de fé, pregações e profecias; além de obrigações e mandamentos religiosos que, juntos, constituem o culto, e por meio dos quais os fiéis expressam sua disposição para com a Divindade; comunidades religiosas de todos os tipos, quer ligadas ao Estado, quer mais ou menos independentes dele; uma Igreja grande e imponente, com uma única cabeça visível, que se estende por todo o mundo, e ainda assim uma só, com uma linguagem, rito e doutrina sagrada; então, além da sua concorrente oriental que dela se separou, várias Igrejas protestantes, em sua maioria nacionais, diferindo amplamente em doutrina e em ponto de vista, diferindo também em forma de governo; e, ainda, várias outras seitas, pequenas, mas frequentemente muito influentes; ordens trabalhando em segredo, mas ainda mais poderosas; partidos e escolas em conflito uns com os outros, de onde, às vezes, surgem novas comunhões – sem mencionar muitos outros fenômenos mais distantes de nossa observação. Uma riqueza tão embaraçosa de materiais deve ser peneirada, classificando o que é útil e o que não é? Onde encontraremos mais luz? Qual será o nosso melhor material de construção? (§22)

As opiniões acerca de como estas perguntas devem ser respondidas diferem. Alguns consideram que a natureza da religião é mais bem apreendida a partir da mitologia e da doutrina, e que o inquiridor deve, portanto, direcionar sua atenção principalmente, embora não exclusivamente, para estas. Outros sustentam que o essencial da religião deve ser procurado na Igreja, em suas ordenanças e rituais, e que o dogma deve ser considerado apenas como uma base para a união e para a educação religiosa. Outros ainda, embora não concordando incondicionalmente com estes últimos, pensam que um estudo do culto, dos ritos e dos usos tradicionais, só porque eles permanecem mais tempo em vigor e inalterados, nos aproximam mais da religião mais antiga e do início da evolução do que a doutrina, que está sempre mudando. (§23)

Não tenho dúvidas sobre a qual dessas partes devo me associar. Estritamente falando, nenhuma delas em particular, pois acredito que não devemos negligenciar nada, mas acolher tudo o que possa ser esclarecedor. Mas, se eu tiver de escolher, não hesitarei em me juntar ao primeiro destes grupos. Pois na doutrina, seja qual for sua forma, mitológica e poética, ou dogmática e filosófica, reconheço a fonte original de cada religião. Indubitavelmente o espírito religioso é o principal de todos, contudo é a sua doutrina que nos proporciona mais iluminação. Somente através dela é que aprendemos o que o ser humano pensa de seu Deus e de sua relação com Ele. Culto, ritual e cerimônias não me ensinam nada quando os contemplo, a menos que eu tenha alguma explicação de seu significado. É certo que eles significam algo e que, portanto, tenham um significado definido quando foram introduzidos pela primeira vez. As pessoas podem, no entanto, esquecer o significado e manter apenas o seu costume, porque lhes foi assim transmitido; mas, nesse caso, elas não lhes atribuem um significado concebido de novo. É possível que o professor Hopkins esteja certo, em seu valoroso trabalho sobre "As Religiões da Índia", quando discorre sobre os ritos bramânicos: "Uma descrição minuciosa destas cerimônias pouco faria para promover seu conhecimento [do leitor curioso] sobre a religião, uma vez que ele compreenda o fato de que o sacrifício é apenas um espetáculo. O simbolismo sem tradição popular, apenas com a imaginação insensata de um misticismo imbecil, é a alma dele; e sua forma exterior é certo número de fórmulas, movimentos mecânicos, oblações e sacrifícios".[7] Uma vez que este não era o caso, uma vez que o simbolismo tinha um significado, as fórmulas eram compreendidas, as cerimônias não eram meramente mecânicas. Se quisermos aprender esse significado, devemos consultar a mitologia da qual essas formas e cerimônias foram refletidas e reproduzidas.[8] (§24)

---

7   P. 210 [NA].
8   Bergaigne, *Rel. Védique*, i. 24 [NA].

Ou será que devemos inverter a questão e sustentar que a mitologia e a doutrina devem ser estabelecidas a partir do cerimonial, porque derivam deste último, porque são uma descrição simbólico-místico dele? Não me parece razoável que uma proposta tão estranha, que de fato é um tanto mistificada, deva ser estabelecida e até mesmo defendida com tanta firmeza por um pesquisador com uma boa reputação a ser prezada. No entanto, ela é advogada de forma obstinada por M. Paul Regnaud, um francês especialista em sânscrito, que talvez tenha o direito de chamar-se discípulo do saudoso Bergaigne, mas não tem o direito de recorrer a ele para obter apoio neste caso. É estranho, no final deste século XIX, quantas vezes temos de praticar o *nil admirari*[9] de Horácio. O que foi feito do alardeado *bon sens* dos franceses? Sem dúvida, muitas afirmações ousadas, recebidas no início com absoluta incredulidade, acabaram se tornando verdade, descobertas pelo gênio de um grande pensador, e triunfantemente confirmadas por novas pesquisas. Mas me atrevo a dizer que esse não é o caso aqui, que a afirmação é realmente ousada, mas que nunca encontrará um lugar na ciência. Basta ler meia dúzia de páginas nas quais M. Regnaud apresenta seu argumento para ver que ele só pode sustentar sua tese por meio de explicações de textos e palavras que realmente obscurecem o primeiro e distorcem o segundo. A melhor refutação dessa teoria morta desde sua origem é de fato ele tentar apoiá-la. (§25)

Para que se possa conhecer a própria religião, que é um estado de espírito adaptado à relação entre o ser humano e sua divindade, que se torna por assim dizer um sentimento definitivo

---

9 *Nihil admirari* (ou *nil admirari*) é uma expressão em latim que significa "não ser surpreendido por nada" ou "que nada te espante" [NT].

em relação a Deus, é preciso atentar a tudo aquilo no qual esse estado de espírito encontra vazão e esse sentimento se expressa – tanto às palavras quanto aos atos, que juntos constituem a linguagem da religião. Mas é evidente que as considerações só têm valor para nossa pesquisa se conhecemos os conceitos a elas ligados pelos fiéis e, assim, aprendemos seu significado. Se essa concepção não tiver sido transmitida, seja na doutrina em geral, seja em registros especiais, ou, se ela não aparecer nas orações e hinos associados ao cumprimento, ou nas cerimônias de acompanhamento, somos então confrontados com um enigma cuja solução só podemos especular. O antigo axioma de que quando duas ou mais pessoas fazem a mesma coisa, ainda que não seja a mesma coisa, é confirmado aqui. Um texto sumério do antigo período babilônico diz que o pai dá a vida de seu filho por sua própria vida. Assim fez o rei Mesa de Moab,[10] quando, em vista do exército judaico e israelita, sacrificou seu filho primogênito nas muralhas. E há mais de uma tradição ariana para o mesmo feito, apoiando-se em pontos de vista semelhantes. Uma visão totalmente diferente é apresentada pela conhecida narrativa do Gênesis.[11] Ali Abraão não é obrigado a sacrificar seu filho para se salvar, mas para mostrar sua fé e obediência inabaláveis. Ou, para tomar outro exemplo, no Novo Testamento, diz-se que Jesus foi ungido por duas mulheres,[12] e alguns exegetas consideram as duas narrativas como sendo versões diferentes do mesmo evento. Agora, embora ambas derramem perfume caro sobre o corpo do Mestre, uma o faz com o amor reverencial de uma pecadora penitente, enquanto a outra não só mostra o

---

10   2 Reis 3,27 [NT].

11   Gênesis 22,2 [NT].

12   Mateus 26,6-13; Marcos 14,3-9; Lucas 7,36-50; João 12,1-8 [NT].

amor transbordante de uma amiga agradecida, mas, como unge a cabeça, e não os pés de Jesus, ela ao mesmo tempo prefigura Sua consagração como Messias, enquanto Jesus, embora a elogie muito, renuncia ao augúrio e aceita a unção como sendo para Seu sepultamento, para Sua consagração à morte. (§26)

Tomemos como exemplo a celebração que se pretenda ser a repetição do ato simbólico realizado por Cristo em meio aos Seus discípulos na última noite de Sua vida: de acordo com a tradição apostólica, Ele lhes ordenou que repetissem aquele ato em Sua memória – a última Ceia. Toda a Cristandade, com algumas poucas exceções, manteve esta celebração. Os reformadores rejeitaram vários sacramentos da Igreja Católica Romana, mas este sacramento, juntamente com o do batismo, foi mantido por suas Igrejas. Será que preciso acrescentar que essa celebração é apenas exterior e historicamente a mesma, e que o significado muito diferente que os católicos, luteranos e evangélicos, de Zwínglio, Lutero e Calvino, lhe atribuem, torna-a uma cerimônia muito diferente em cada caso? Em resumo, tanto na ciência como na história da religião, por si só, as celebrações cujos significados religiosos podem ser descobertos e rastreados são valiosas. As concepções míticas ou dogmáticas, simbólica ou filosoficamente expressas, devem ser sempre a fonte de nosso conhecimento desse espírito religioso, que é a verdadeira essência da religião. (§27)

Estas, portanto, são apenas reflexões introdutórias, em que me empenhei em transmitir minha concepção da Ciência da Religião e do método aplicável a ela. Nas palestras seguintes, tentarei desenvolver os princípios da ciência, para indicar como ela funciona e para declarar os resultados gerais que ela produziu. Como já assinalado, a missão de nossa ciência é de nos familiarizar com a religião, permitir-nos rastrear sua vida e crescimento, e assim penetrar em sua origem e em sua natureza mais íntima. Assim, nosso estudo se divide naturalmente em duas partes principais – (1) a morfológica, que se preocupa com as constantes mudanças de forma resultantes de uma evolução sempre em progresso; e (2) a ontológica, que trata dos elementos permanentes no que se está mudando, o elemento inalterável em formas transitórias e sempre em mudança – em uma palavra, a origem e a própria natureza e essência da religião. A primeira dessas partes será o tema do presente curso. A parte ontológica será reservada para o segundo volume desta obra e, se Deus me garantir saúde e força, formará a conclusão da missão que hoje iniciei. (§28)

Conferência II
Concepção do desenvolvimento da religião

A primeira tarefa de nossa ciência é, como já foi assinalado, pesquisar a religião em seu desenvolvimento. No início, porém, devemos definir o que queremos dizer com "desenvolvimento"; mas não tentarei ainda determinar os aspectos essenciais do desenvolvimento religioso, pois estes só poderemos discutir depois de ter traçado todo o seu curso. Tal tentativa seria prematura neste momento. (§29)

O que em geral, portanto, entendemos quando falamos de desenvolvimento? Esta é a primeira pergunta que deve ser respondida, e esta é necessária, porque muitas pessoas às vezes têm uma noção equivocada tanto do termo, quanto de nossa compreensão sobre ele. Isso se faz necessário também porque o termo é uma figura emprestada da história natural e só é aplicado por analogia à natureza superior do ser humano ou à vida espiritual. Desenvolvimento é crescimento. Do botão verde, a flor irrompe como de uma bainha e revela a riqueza e o brilho de suas cores. Da pequena bolota surge o poderoso carvalho em toda a sua majestade. O homem no auge de sua força e a mulher no verão de sua beleza já foram filhos indefesos, e sabemos que seu crescimento começou antes mesmo de seu nascimento. Estes são exemplos do que chamamos de desenvolvimento. Mas o termo não se aplica apenas à vida física, pois o usamos também para falar de dotes mentais, de habilidade artística, de caráter individual e, em geral, de civilização, arte, ciência e humanidade. Portanto, tendo em vista o que a investigação antropológico-histórica da religião trouxe à luz, temos todo o direito de aplicar o termo também à religião. E, para fazer isso, podemos apelar para ninguém menos do que o próprio Jesus, que comparou o reino dos céus a um grão de mostarda, que é a menor de todas as sementes, mas cresce até se tornar uma árvore tão poderosa que as aves do ar se alojam nos seus ramos. O que mais isso significa, senão que a semente lançada por Ele no seio da humanidade estava destinada a se desenvolver em uma poderosa comunidade religiosa? (§30)

Mas, embora sejamos obrigados a usar uma figura de linguagem para traduzir um fato muito complexo em uma única palavra, especialmente quando esse fato é de natureza espiritual, a figura não é mais do que um simulacro que precisa de mais explicações. O que queremos dizer quando falamos de desenvolvimento? Em primeiro lugar, inferimos que o objeto em processo de desenvolvimento é uma unidade, cujas mudanças que observamos não são como aquelas que procedem dos caprichos do ser humano inconstante, como as roupas que usamos, que mudam pelos caprichos da moda; o carvalho já existe potencialmente na bolota, e o ser humano na criança. Um não apenas tem sucesso ou se sobrepõe ao outro, mas um cresce do outro. O desenvolvimento é, para citar um estudioso americano, "uma contínua mudança progressiva de acordo com certas leis e por meio de forças residentes".[13] Em segundo lugar, sugerimos que cada fase da evolução tem seu valor,

---

13   Professor Le Conte, citado pelo Dr. Lyman Abbott no *New World*, 1892, n. 1 [NA].

importância e direito de existência, e que é necessário dar à luz uma fase, atuando nessa fase superior. Se eu arrancar um carvalho e plantar uma faia em seu lugar, não posso dizer que esta faia se desenvolveu a partir do carvalho. Nem posso dizê-lo se nomeio uma pessoa experiente para um escritório no lugar de uma pessoa sem formação. Ou, para ficar dentro de nosso próprio âmbito, quando certos positivistas dizem que a moralidade ou quando Strauss ensina que a arte deve substituir a religião, eles não têm o direito de chamar isso de desenvolvimento. Nem a moralidade nem a arte cresceram a partir da religião; elas existem há muito tempo lado a lado com ela; não se pode nem mesmo dizer que a substituam. Aqueles que ensinam tal teoria não sustentam nada menos que isso, que a religião pertence a um período transitório de desenvolvimento humano, e que está chegando um tempo em que o ser humano não mais precisará dela, que ela cumpriu sua missão e dirigiu seu curso, e não apenas que ela está se extinguindo, mas que nada precisa ser colocado em seu lugar. Em resumo, a hipótese da evolução da religião repousa na convicção da unidade e independência da vida religiosa ao longo de todas as suas mudanças de forma. (§31)

Mas não basta ter definido a concepção de "desenvolvimento" em geral; devemos avaliar em particular também o que se entende por desenvolvimento da religião. Isso não implica de forma alguma que as religiões e as seitas de todo tipo e extensão conhecidas pela história – muitas das quais que ainda existem – estejam em constante desenvolvimento. Em certa medida, sem dúvida, elas estão, mas o desenvolvimento não é contínuo. Todas as religiões – ou seja, todas as organizações da vida religiosa de uma determinada comunidade e período – desenvolvem-se; mas, como toda forma de vida social, apenas por um tempo. Todas têm seus períodos de nascimento, crescimento, florescimento e declínio. Muitas saíram definitivamente do palco da história do mundo. Assim como existem línguas mortas, também existem religiões mortas. Muitas duram séculos; algumas têm vida curta; outras ainda existem, mas em uma condição tão fossilizada que dificilmente pode-se dizer que ainda se encontram vivas e em desenvolvimento: elas existem, mas nada mais, agarradas a alguma tradição antiga da qual não ousam desviar-se um centímetro. Se são religiões nacionais, como a grega, ou religiões estatais, como a romana, elas compartilham o destino do Estado ou da nação, e vivem e morrem com ele. Pode até acontecer que elas percam toda a sua vitalidade antes do Estado ou nação e sejam mantidas vivas apenas artificialmente pela autoridade do governo, mas sem satisfazer as necessidades religiosas da maioria. A religião do Império Romano é um exemplo marcante disso. Embora as religiões estejam menos inseparavelmente ligadas a um Estado ou a um povo, seu florescimento ou decadência, sua expansão e declínio, dependem de outras causas; mas a elas também se aplica igualmente a lei da transitoriedade. Em tais casos, portanto, a ideia de evolução é apenas relativa. Mas veremos que essa transitoriedade da religião é precisamente uma das provas mais fortes do seu desenvolvimento. As línguas, os Estados, os povos morrem, mas a humanidade não. As religiões – isto é, as formas como a religião se manifesta – morrem, mas a religião em si não. Embora sempre mudando de forma, a religião vive como a humanidade e com a humanidade. *Labitur et labetur in omne volubilis aevum*[14]. (§32)

---

14   "Isso flui e continuará fluindo eternamente em círculos" (Horácio, *Epístolas*, 1, 2, 43, in: *Some Problems in Ethics*, p. 14 e 15) [NT].

Portanto, o desenvolvimento da religião não implica que ela se desenvolva local ou temporalmente, de uma forma ou de outra, mas que a religião, como se distingue das formas que assume, é constantemente desenvolvida na humanidade. Seu desenvolvimento pode ser descrito como a evolução da ideia religiosa na história, ou melhor, como o progresso do ser humano religioso ou da humanidade como religiosa por natureza. No ser humano – não no ser humano como indivíduo, mas como humanidade – nunca estacionário, mas sempre avançando, que precisamente nesse aspecto é superior aos animais inferiores, sendo a religião parte íntima de sua vida, ele necessariamente se desenvolve com ela. Se ele avança no conhecimento, no domínio dos poderes da natureza, no discernimento mental e moral, sua religião deve acompanhar esse avanço em virtude da lei da unidade da mente humana, uma lei que depois descobriremos ser também a principal lei do desenvolvimento religioso. Aqui, então, está a teoria fundada nos resultados da pesquisa histórica, uma hipótese se preferir, mas uma dessas hipóteses de trabalho assim chamadas com razão, pois elas nos mostram a direção correta de nossa investigação. Fundamentar essa hipótese será o objetivo de toda a nossa exposição. (§33)

Antes de entrarmos nessa questão, há, no entanto, vários outros pontos e objeções que precisam ser esclarecidos. (§34)

Antes de mais nada, permitam-me repetir enfaticamente, e mais ainda porque este assunto é frequentemente mal-entendido, que o desenvolvimento da religião não significa o desenvolvimento de pessoas externas à religião. Não podemos nem mesmo falar propriamente do desenvolvimento espontâneo de concepções ou doutrinas religiosas, de celebrações religiosas e rituais. Isso seria um mau uso do termo. Essas transformações não acontecem, porém, de forma espontânea, mas com um propósito determinado.

Conceitos e dogmas prevaleceram por muito tempo porque as pessoas os consideravam como a expressão mais adequada da verdade religiosa e, às vezes, os confundiam com a própria verdade. Isso era contestado, a princípio por um ou mais pensadores religiosos, e depois por outros em seus rastros. Por fim, quando essas críticas pareciam ser justificadas, se não pela maioria, pelo menos pelos seus líderes, que chegaram à mesma conclusão, velhos dogmas foram materialmente modificados ou substituídos por outros inteiramente novos, sem deixarem, no entanto, de receber uma oposição amarga, feroz e, às vezes, sangrenta. A mesma coisa acontece no caso das celebrações religiosas ou formas de culto. Elas são mais tenazes e sobrevivem por mais tempo. Mas, se estão ligadas a uma classe de modos e costumes há muito em desuso, a um estado anterior da sociedade, e se ferem as suscetibilidades ou mesmo a consciência de toda uma geração mais civilizada, elas são condenadas à decadência e caem cada vez mais em abandono. As naturezas proféticas testemunharão contra elas com o justo escárnio. Os pioneiros da iluminação superficial sorrirão para elas como costumes antiquados dos quais nenhum ser humano razoável poderia entender o desvio ou o uso. A maioria das pessoas, de fato, desconhece seu real significado, porque a própria forma, inteligível o suficiente para uma geração anterior, tornou-se estranha para elas. No entanto, nem o escárnio sem pensar, nem o testemunho profético, nem a indiferença serão suficientes para abolir a antiga instituição. Alguns por veneração ao que consideram uma tradição sagrada, outros por respeito a supostos interesses políticos, sociais ou eclesiásticos, mas a grande maioria das pessoas por mero hábito, permanecerão fiéis a ela. Porém, quanto menos capazes forem de explicá-la, mais ardentemente lutarão por ela. Mas, finalmente, até mesmo seus campeões mais obstinados começarão a ver que correm o risco de perder tudo por sua persistência e que é urgentemente necessário substituir a forma morta por outras mais bem adaptadas aos desejos de uma nova era. (§35)

As mudanças feitas de maneira intencional não são, portanto, um desenvolvimento em si, mas são o resultado e são promovidas por ele. Conceitos e celebrações que expressavam o credo de muitas gerações deixaram de satisfazê-las, porque a própria religião desenvolveu-se, porque a disposição, o sentimento e a atitude da mente que determinam a relação do ser humano com seu Deus se tornaram mais puros, e a concepção dessa relação, por conseguinte, mais clara, resultando em uma maior exigência sobre a forma com que são feitos os cultos. Por ora, passemos a perguntar se o sentimento religioso precede a concepção e se a concepção precede a celebração. Também não nos questionemos sobre se a religião tem origem na consciência do ser humano ou em sua razão. Tudo o que sustentamos agora é que a disposição geral do ser humano e toda a sua visão de vida e de mundo se refletem necessariamente nas suas ideias acerca de seu Deus ou deuses e de sua relação com Ele; que, na medida do possível, ele transfere seus sentimentos e visões para seu Deus e que qualquer mudança que ocorra neles produz uma mudança no que é chamado de sua concepção de Deus. As crenças podem ser moldadas pela imaginação e pelo pensamento, mas, nesse caso, as "questões de vida" também fluem do coração. Um antigo filósofo bem conhecido, desgostoso com o antropomorfismo e considerando injustificado que toda paixão humana, culpa e maldade fossem atribuídas aos deuses, sustentou que os seres humanos representavam seus deuses como seres humanos, assim como os animais, se tivessem deuses, os representariam como animais. Ele estava enganado. Os seres humanos encarnaram seus deuses em todas as variedades

Elementos da Ciência da Religião

de formas – como animais, árvores, plantas e até mesmo pedras – e chega um momento no curso de seu desenvolvimento que até mesmo sua forma deixa de satisfazê-lo. Em todo caso, é certo que ele não pode descansar satisfeito com uma concepção de seu deus que é avessa à sua consciência e à sua razão, ou que entra em conflito com sua visão da vida. Quando os teólogos e filósofos argumentam a favor de seus credos, por que raramente convencem outros que pensam de forma diferente? Porque estes últimos *são* diferentes. Como eles são, assim eles devem acreditar. De acordo com a disposição do ser humano, seu deus será um Varu pacífico, mas austero, um Indra feroz e bêbado, um Shiva sombrio e sangrento, deliciando-se com uma automutilação cruel, um Vishnu bondoso e gentil, um Moloc a quem as crianças são sacrificadas, ou um Baal cananeu desavergonhado. Na pregação ética dos profetas judeus do século VIII a.C., Deus é representado como santo em um sentido que "difere" do Iahweh de seus antepassados, como um Deus puro demais para albergar a iniquidade, que prefere a misericórdia ao sacrifício. Será que podemos nos surpreender que a soberania de Deus e a graça livre formaram o fundamento da teologia daquele grande reformador João Calvino, que com mão de ferro transformou a devassa Genebra em um Estado teocrático conforme seu próprio ideal, que considerou a obediência a primeira das virtudes, cujo profundo senso de religião, cuja mente poderosa e cujo caráter inflexível foram admirados até mesmo por seus adversários? Por fim, que pregação devemos esperar d'Aquele que se moveu de compaixão pelas multidões que viu como ovelhas sem pastor, que chamou a Ele o cansado e sobrecarregado para dar descanso às suas almas, que elogiou o óbolo da viúva, que era amigo de publicanos e pecadores? Que pregação senão a de um Deus que faz o sol nascer sobre o mau e sobre o bom, e envia chuva sobre o justo e sobre o injusto, de um Pai que não só abraça amorosamente o pródigo arrependido, mas dirige-se ao irmão mais velho, invejoso e refratário, com palavras de adorável indulgência – "Filho, tu estás sempre comigo, e tudo o que eu tenho é teu!"? (§36)

Assim, quando percebemos as concepções religiosas – concepções da natureza de Deus e de Sua relação com o ser humano – e as celebrações que são influenciadas e modificadas por elas, em processo de mudança, podemos estar certos de que foram precedidas por uma mudança interior que definimos como desenvolvimento religioso. Estudamos esses fenômenos – as concepções e as celebrações da religião – a fim de penetrar no que está oculto por trás delas. Em suas mudanças, percebemos a revelação de uma vida interior, de um processo de avanço contínuo. E, portanto, o próprio fato de que as religiões e as Igrejas não perdurem para sempre, mas que possuam seus períodos de crescimento, primazia e decadência, oferecendo uma evidência de que a religião em si mesma, que são as mais variadas personificações temporárias, está progredindo continuamente. Se não fosse esse desenvolvimento sempre progressivo, invisível, mas não imperceptível ou imaterial, as doutrinas e os ritos perdurariam por séculos, e as religiões e suas Igrejas seriam imperecíveis, pois sempre atenderiam às constantes necessidades. Nessas incessantes mudanças e adversidades distinguimos, portanto, não um enigma, mas um espetáculo grandioso e instrutivo – o trabalho do espírito humano para encontrar uma expressão mais apta e plena para a ideia religiosa à medida que ela se torna cada vez mais clara, e às necessidades religiosas à medida que elas se tornam cada vez mais sublimes – não o mero jogo inconstante do capricho humano, mas, para usar a linguagem da fé, o trabalho eterno do Espírito divino. (§37)

Mas as pessoas têm objeções, se não à doutrina do desenvolvimento em geral, pelo menos ao nosso método e à nossa incondicional aplicação dele, objeções que não devo deixar passar em claro. "Das mudanças", sem dúvida dirão, "ou melhorias se quiserem, na doutrina e na adoração infere-se sempre o desenvolvimento religioso. A conclusão é sempre justificada? Os dados a partir dos quais argumentam são sempre confiáveis, genuínos e bem-intencionados? Acima de tudo, eles são sempre religiosos e não podem ser de natureza totalmente diferente?". Isso está longe de ser contestado e sugere cautela ao tirar conclusões. As aparências podem enganar, mas só enganam o observador superficial; nem eu disse que estávamos cegos para aceitá-las todas, mas sim que devemos estudá-las, peneirá-las e examiná-las cuidadosamente. As pessoas podem professar uma doutrina sem realmente entendê-la, podem realizar as celebrações religiosas sem pensar nelas, podem passar por todas as formas de uma religião superior[15] sem entender nada delas; mas a longo prazo só poderão enganar os muitos simples e crédulos. Pois uma forma superior de religião pode ser imposta a um povo pela autoridade – um príncipe, um sacerdote, uma minoria dominante podem reprimir à força os elementos externos de uma religião popular grosseira; mas tão logo o domínio do mestre ou a supremacia moral dos iluminados seja abalada, a religião que se pensava ter sido reprimida volta a aparecer, e fica claro que a maioria do povo fracassou no avanço de um único passo. Ninguém citaria a condição do povo judeu

---

15 Aqui fizemos a tradução literal da afirmação de C. P. Tiele que fala em "religião superior", no sentido de religiões mais perfeitas do que outras, o que entendemos ser o reflexo de um ambiente de dominação de determinadas religiões e de uma cultura etnocêntrica, que colocava o Cristianismo como religião superior. [NT].

sob o rei Josias como uma prova de que eles tinham progredido muito na pureza da religião. O rei provavelmente se lisonjeou por ter estabelecido firmemente em seu país a lei mosaica, de acordo com o livro encontrado por Helcias, e que toda oposição a ela estava enraizada. No entanto, logo pareceu que a maioria da nação ainda estava secretamente ligada aos seus deuses locais, e que eles atribuíram os desastres sob os quais lamentaram não à incredulidade no Iahweh dos profetas, mas à negligência deles em relação ao culto à Rainha dos Céus. (§38)

As mudanças nas formas religiosas nem sempre são de natureza religiosa e, portanto, não oferecem nenhuma evidência de desenvolvimento religioso. "O que consideramos desenvolvimento", pode ser contestado, "é geralmente uma mera concessão às exigências de um gosto mais refinado ou de uma civilização mais elevada, a um conhecimento mais amplo da natureza e do mundo, a uma maior humanidade ou moralidade, e não é uma provisão para necessidades espirituais mais elevadas". Esse pode ser o caso às vezes, pelo menos em uma fase inicial. Mas o que isso prova? Nada mais que o fato de que as influências externas também afetam o crescimento da religião, que, como qualquer outro crescimento, é favorecido pela assimilação. É apenas uma evidência do desenvolvimento da religião e que ela é capaz de se apropriar dos frutos do desenvolvimento em diferentes, mas congênitas, províncias espirituais. Certamente não terá sido apenas uma necessidade estética ou apenas a obediência às exigências de um gosto artístico superior que levou os gregos a desistir de representar seus deuses como uma enorme coluna, como a antiga Hera de Argos, ou como um composto surpreendente dos atributos de fertilidade, como a imagem da Artêmis de Éfeso, que caiu do céu – mas para representá-los em pura forma humana e para substituir os rudes ídolos de madeira, antes tão sagrados, as imagens arcaicas com suas posturas rígidas e incômodas e sorriso vago, por figuras cheias de graça e majestade, com semblantes de expressão sublime e divina. Segundo o testemunho unânime de todos os que o viram, o Zeus de Olímpia, cinzelado por Fídias, não foi apenas a obra-prima daquele que foi o maior escultor da Antiguidade, o fruto maduro de seu gênio criativo, mas também a mais pura expressão de sua fervorosa devoção. "O próprio Zeus deve ter aparecido a ele, ou ele deve ter subido ao céu para contemplar a Deus", exclamou um de seus poetas. E até mesmo o conquistador romano, que, como seus compatriotas da época, não era crítico de arte, sentiu, quando entrou no templo, como se estivesse na presença do próprio Júpiter. (§39)

Não pode, de fato, ser motivo de indiferença para a religião que suas concepções se tornem mais claras, mais racionais, mais de acordo com a realidade trazida à luz pela ciência e, portanto, mais verdadeiras – que suas manifestações se tornem mais refinadas, mais atraentes, mais puras, mais morais, e suas observâncias mais humanas. E certamente a disposição prevalecente da humanidade não pode deixar de produzir uma disposição correspondente na mente dos devotos. (§40)

Passemos agora à última objeção, sobre a aplicação geral da teoria do desenvolvimento. O argumento fundamental é o seguinte: podemos distinguir entre as religiões do mundo duas classes principais, as que cresceram e as que foram fundadas. Essa distinção já havia sido feita há muito tempo. O professor Whitney não foi o primeiro a fazer essa distinção, mas faz a melhor descrição dela, a partir destas palavras: "Não há distinção mais marcante entre as religiões do que aquela que somos chamados a fazer entre uma religião baseada na raça – que, como uma língua, é o produto coletivo da sabedoria de uma comunidade, do crescimento inconsciente de gerações – e uma religião proveniente de um fundador individual, que, como principal representante da melhor percepção e sentimento de seu tempo (pois de outra forma ele se confrontaria com o fracasso), faz frente à formalidade e à superstição, e lembra seus companheiros de uma fé sincera e inteligente em um novo corpo de doutrinas, de aspecto especialmente moral, ao qual ele mesmo dá forma e adesão". No primeiro destes casos, diz-se que é possível falar de desenvolvimento, ou, como Whitney chama, de "crescimento inconsciente", mas no segundo caso, não. Aqui os indivíduos fundadores estiveram trabalhando; aqui não há crescimento, mas uma plantação, um cultivo, por ação humana e de propósito definido. (§41)

Não vou repetir aqui minhas críticas anteriores,[16] ou a do professor Max Müller antes de mim, sobre a descrição que Whitney fez dessas duas categorias de religiões: ela consiste principalmente em uma demonstração de que existe, em ambos os lados da "linha de demarcação", o trabalho de fundadores individuais e "o crescimento inconsciente". Só quero destacar ainda o que o próprio Whitney chama de "os fundadores individuais" de "os principais representantes da melhor percepção e sentimento de seu tempo", inferindo, assim, que sua aparência é uma consequência do desenvolvimento. Ao afirmar "pois de outra forma eles se confrontariam com o fracasso", ele indica expressamente que o desenvolvimento religioso pode ser guiado por eles em um canal definido, mas que não se torna supérfluo por seu trabalho, e que esse crescimento constante é a condição necessária para a perenidade de sua instituição. (§42)

---

16   Art. "Religions" na *Encyclopaedia Britannica* [NA].

A principal objeção, entretanto, ainda está sem resposta. Admitamos que a teoria do desenvolvimento seja aplicável às novas religiões, porque os seus fundadores, filhos de seu tempo e de seu povo, dão voz apenas ao que tem sido suscitado inarticuladamente nas mentes e corações de seus contemporâneos e compatriotas, dando forma às necessidades já sentidas pelas melhores pessoas ao seu redor. Mas, quando a nova doutrina é proclamada pelos missionários para outras nações, e é aceita por eles, resultando na rejeição do que até então adoravam, abandonando seus deuses ancestrais para o novo Deus, e assim mudam completamente sua religião, esse certamente não será um caso de desenvolvimento. Pois falta aqui a primeira dessas condições de desenvolvimento que conhecemos: a unidade, a continuidade; uma não cresce da outra nesse caso, mas uma é expulsa pela outra. (§43)

Isso parece inegável, e ainda assim está longe de ser verdade. Para um observador marginal, de fato, parece como se uma simples mudança de religião tivesse ocorrido aqui, assim como se descarta uma roupa desgastada e se veste uma nova. Essa é a visão generalizada do assunto, mas é equivocada, e o erro é apoiado pelo que se vê acontecer desde o início. Aqueles que promulgam uma nova religião, seja como apóstolos zelosos por sua pregação, seja pela espada, como Muhammad ou Carlos Magno, exigem a absoluta rejeição do velho e a aceitação incondicional do novo. Eles derrubam o que acreditavam ser falsos deuses, profanam os altares e os lugares santos. Tudo o que faz lembrar o culto antigo deve ser erradicado. Porém, muito tempo depois, descobre-se que eles não tiveram êxito total. A antiga fé só se curvou diante da poderosa tempestade; mas, assim que a calma é restaurada, ela levanta a cabeça novamente, intacta, em sua forma antiga, ou em forma modificada, sob novos nomes, preservando ao mesmo tempo sua substância anterior. Os deuses antigos voltam, alguns ainda conservando seus antigos personagens e as partes que desempenhavam na mitologia antiga, como demônios, mas a maioria deles como anjos, santos ou profetas e, no último caso, pelo menos, são mais reverenciados do que antes. Seus antigos postos são agora em sua maioria convertidos em seus locais de sepultamento, nos quais os peregrinos se reúnem para prestar sua devoção. A celebração de seus dias santos, e especialmente de seus grandes festivais anuais, é logo ressuscitada; as proibições contra eles nada valem; a autoridade eclesiástica tem de aceitar e descansar contente em dar-lhes uma nova aparência ou modificando-as em alguns detalhes; e, ingenuamente, seus antigos nomes ditos pagãos permanecem em voga (por exemplo, Yule,[17] Páscoa e Pentecostes). Em resumo, não vejo aqui nada além de assimilação. Ou, se pensarmos que algo mais acontece, pode ser comparado com o enxerto de um ramo fresco em um caule velho, ou com o cruzamento de duas diferentes espécies, o que gera uma nova variedade e assim ajuda em vez de impedir o desenvolvimento. Este tópico merece um estudo mais aprofundado do que podemos nos dedicar agora. Mas, qualquer que seja a visão que se tenha acerca destes dois últimos pontos de vista no sentido de qual está certo ou não, a ideia de que uma nova religião pode ser mecanicamente difundida e adotada deve certamente ser rejeitada. (§44)

Permita-me ilustrar o que quero dizer com um exemplo flagrante. Não vou escolher para tanto uma das duas maiores

---

17 *Yule* (do inglês antigo: *géol* ou *géola*) ou Jól (do nórdico antigo: *Júl*) é uma comemoração do Norte da Europa pré-cristã. Os pagãos germânicos celebravam o Yule desde os finais de dezembro até os primeiros dias de janeiro, abrangendo o solstício de inverno [NT].

religiões do mundo, o Budismo ou Cristianismo,[18] que, tendo surgido dentro de círculos limitados e sido rejeitados, após uma luta mais ou menos longa, pelos próprios povos dos quais eles emergiram, apesar de agora contar com muitos milhões de adeptos; nem devo selecionar seu poderoso concorrente, o Islã,[19] que só pode ser chamado de uma religião mundial com certas reservas; pois isso exigiria uma exposição mais longa do que nossos limites permitem. No Caso do Cristianismo, vocês podem facilmente fazer suas próprias avaliações. Cada um de vocês, mesmo sem ter feito um estudo especial do assunto, deve perceber que uma diferença imensa, não apenas na forma de culto e organização, mas também na doutrina, no espírito e no caráter, subsiste entre as numerosas Igrejas às quais a pregação do Evangelho deu origem – a Greco-Russa, a Oriental, que é menor, a Católica Romana e as várias Igrejas Protestantes – de modo que se tem a tentação de considerá-las pouco relacionadas umas com as outras. Escolho como meu exemplo o Parsismo.[20] (§45)

---

18 Atualmente, quando se pensa nas maiores religiões do mundo, pensa-se no Cristianismo e no Islã, porém, há que lembrar que essas conferências foram realizadas no final do século XIX e que, portanto, a demografia religiosa daquele tempo era diversa e ainda imprecisa [NT].

19 No texto original, C. P. Tiele usa a palavra *Mohammedanism*, que deveria ser traduzida por "Maometanismo", mas essa designação está incorreta, pois supervaloriza o papel do profeta Muhammed, que não tem *status* divino. "Maomé" é corruptela portuguesa do nome [NT].

20 *Parsismo* é a religião dos parses ou dos pársis, grupo religioso dos seguidores na Índia do profeta iraniano Zoroastro (ou Zaratustra). Os parses, cujo nome significa "persas", são descendentes de zoroastrianos persas que emigraram para a Índia fugindo da perseguição religiosa dos muçulmanos. Eles vivem principalmente em Mumbai e em algumas cidades e aldeias, principalmente ao norte de Mumbai, mas também em Karachi (Paquistão) e Bengaluru (Karnataka, Índia).

Essa religião surgiu em Báctria,[21] como alguns pensam, no leste do Irã, de acordo com outros, ou talvez no noroeste – isso ainda não foi confirmado –, mas certamente não na Pérsia, nem, como estou convencido, na Média[22] propriamente dita. A data precisa de sua origem também é desconhecida, embora possamos certamente situá-la antes do tempo do Aquemênida,[23] ou mesmo, como me parece justificável, antes ou pelo menos tão cedo quanto o período do Império Medo. Mas isso não afeta materialmente nosso argumento. Só agora estamos preocupados com a relativa antiguidade dos escritos que formam o Avesta, as escrituras sagradas do Masdeísmo em particular. Uma parte considerável dos textos, classificados, provavelmente em um período um pouco tardio, de acordo com as exigências do culto, está escrita em um dialeto realmente relacionado ao dos outros, mas difere deles em mais de um aspecto e é mais arcaico. Ninguém, a menos que esteja cego

Embora não sejam, a rigor, uma casta, já que não são hindus, formam uma comunidade bem definida. https://www.britannica.com/ topic/Parsi [NT].

21 *Báctria* ou Bactriana é uma região histórica cuja capital era a cidade de Bactro. Fazia parte da região persa do Coração, uma região histórica da Pérsia que englobava partes dos atuais Irã, Afeganistão, Tadjiquistão, Turcomenistão e Uzbequistão, e que hoje integra o Afeganistão, o Tajiquistão, o Uzbequistão, o Paquistão e a China. Localizava-se ao norte do Indocuche e ao sul do rio Amu Dária (ou Oxo) [NT].

22 O Império Medo foi uma entidade política que do final do século VII a.C. até meados do século VI a.C. dominou todo o planalto iraniano, precedendo o poderoso Império Aquemênida [NT].

23 O Império Aquemênida, por vezes referido como Primeiro Império Persa, foi um império iraniano situado no sudoeste da Ásia e fundado no século VI a.C. por Ciro, o Grande, que derrubou a confederação médica. Expandiu-se a ponto de chegar a dominar partes importantes do mundo antigo; por volta do ano 500 a.C., estendia-se do Vale do Indo, a leste, até a Trácia e a Macedônia, na fronteira nordeste da Grécia, o que fazia dele o maior império existente até então [NT].

por amor a suas próprias hipóteses, nega que os textos neste dialeto ancestral são realmente mais antigos que os outros, como de fato era a convicção dos próprios persas antigos. Agora, nesses textos mais antigos, especialmente nos Gâthas, ou hinos, que formam seu fundamento, encontramos em sua pureza original a então nova doutrina, como estabelecida pelos Saoshyañts, os profetas da salvação, como a revelação de Deus a Zaratustra, ou, de acordo com alguns estudiosos, como proclamada pelo próprio Zaratustra. As passagens em prosa, escritas no mesmo idioma, surgiram provavelmente mais tardiamente e mostram que a doutrina já estava um pouco modificada por essa época, embora no essencial seja a mesma. O fundamento e, ao mesmo tempo, o principal requisito dessa pregação é a crença em Ahura Mazda, o Senhor todo-sábio, o Deus, que fez o céu e a terra e tudo o que há nela, e que governa tudo com sabedoria. Ao seu lado, e estreitamente associados a ele, estão seis discípulos, formando com ele os sete sagrados. Mas não são, de forma alguma, seus iguais: em uma passagem, diz-se que ele os criou; em outra, são chamados de seus filhos; de seu próprio nascimento, não há menção. Esses seres são tão pouco personificados, que com frequência seus nomes – o Bom Senso, a Retidão, o Desejado pelo Reino, o "Bem-estar e a Imortalidade" – são usados como meros termos abstratos, que o único ser realmente pessoal na doutrina dos Gâthas é o próprio Ahura Mazda. Mesmo Sraosha, o gênio da obediência e da revelação, ainda não é uma figura claramente definida, enquanto as antigas divindades Aramati e Aryaman só são retidas no sistema como vagas personificações da piedade do bom camponês e da amizade dos crentes. Do primeiro, dois espíritos, um benevolente e um malevolente, Spenta e Angra Mainyu, estão em antagonismo; mas o primeiro ainda não está identificado com Ahura Mazda, enquanto o segundo ainda não se opõe a ele como um combatente quase igualmente poderoso, sendo Mazda colocado acima de ambos. Não fossem as práticas de adoração de Atar, o fogo de Ahura Mazda, a manifestação visível de Asha Vahishta, que é o gênio de tudo o que está se tornando, ordenadamente, regular e santo, ou, em uma palavra, de verdadeira retidão, e de invocação das águas puras, a manifestação de Aramati, então poderíamos chamar o sistema de monoteísta. Em essência, é assim, embora não rigorosamente sustentado. Os profetas zoroastrianos da salvação não têm menos ênfase contra o politeísmo existente do que os profetas judeus, a partir do século VIII a.C., contra os Baalim. Os Devas, os deuses nacionais que os iranianos tinham em comum com seus parentes, os indianos, são inteiramente repudiados pelos reformadores. Seu nome é agora um nome para espíritos malignos e tornou-se sinônimo dos antigos Drujas. Sua adoração é inexorável e incondicionalmente proibida. E toda a mitologia, a crença popular ainda dominante, é cuidadosa e propositadamente ignorada; até mesmo a tradição sagrada é apenas uma vez aludida. Não há dúvida de que os pregadores da reforma zoroastriana visavam erradicar completamente a crença nos Devas e seu culto, e substituí-la por uma crença em Ahura Mazda, por uma forma mais pura de culto; e, apesar da oposição que encontraram e da perseguição de que se queixaram, eles ainda esperavam alcançar seu fim e estavam confiantes no triunfo de sua causa. (§46)

Essa segurança era justificada, essa esperança era para ser cumprida? Em certa medida, com certeza. A nova doutrina foi aceita onde foi pregada no início. A tradição preservou os nomes de várias pessoas notáveis e influentes que tomaram parte no trabalho. Uma delas, Kava, "o sábio cantor", Vîshtâspa, é até mesmo mencionado como tendo sido um rei. Ele formou uma comunidade que de fato aderiu fielmente aos preceitos da nova doutrina, mas que deve ser considerada como tendo sido apenas um pequeno grupo de crentes no meio de adeptos da antiga fé e que foi assediada e perseguida por eles de todas as maneiras possíveis. (§47)

Finalmente, porém, o culto a Mazda foi adotado por todos os povos iranianos, e até mesmo por várias outras tribos, e tornou-se a religião nacional e estatal, talvez da Média, e em todos os eventos do Império Persa. Primeiro todas as regiões orientais, depois as dos medos, persas, partos e armênios foram gradualmente convertidas à doutrina zoroastriana. Mas isso não foi feito a não ser pelo custo de sua pureza original. Isso é comprovado pelos registros que formam a maior parte do Avesta e que estão escritos no dialeto posterior da língua. Vários dos Devas, tão abominados pelos profetas sagrados, retornam: Haoma, o deus da taça celeste da imortalidade, e seu representante na terra, o sumo extraído dos caules de uma planta sagrada; Mitra, o deus mais alto dos medos e especialmente dos persas, o deus triunfante da Luz, já adorado pelos indo-iranianos, e, ao lado de Varuna, pelos indo-védicos; Tistrya, um deus-mestre, identificado com a estrela Sirius; e uma série de outros. E sua adoração agora não é meramente tolerada ou conivente, mas é inculcada em hinos compostos em sua honra, é praticada sob a autoridade de muitos santos e heróis da Antiguidade, especialmente do próprio Zaratustra, e é comandada por Ahura Mazda. No entanto, os dois até praticam eles mesmos esse culto. Várias modificações, entretanto, foram feitas nas concepções desses deuses, e algumas vezes os elementos éticos em seu caráter foram colocados em primeiro plano. Eles não são mais chamados de Devas, e é feita uma tentativa um tanto quanto tosca de transformá-los em Yazatas zoroastriano. Eles estão colocados abaixo de Ahura Mazda, cuja supremacia é mantida, pelo menos em teoria, e prevalece sem dúvida a regra de que eles não devem receber sacrifícios tão grandes como Ele e seus discípulos, e que eles não devem ser venerados da maneira como os Devas foram adorados. No entanto, tudo isso não impede que seu culto seja reavivado; e eles sejam realmente, embora as pessoas temam chamá-los assim, os mesmos Devas que os fiéis em seu credo professam odiar, abominar e abjurar. Tudo isso revela que se percebeu a impossibilidade de erradicar a crença e a religião populares e que foi considerado necessário, a fim de espalhar a nova doutrina por todo o país e assegurar sua adoção por todas as tribos, fazer concessões ao politeísmo e à idolatria, ambos os quais haviam sido, a princípio, severamente rejeitados. Tudo isso evidencia não que uma religião de menor importância existente foi descartada para ser substituída por uma religião nova e superior, mas que a religião existente do Irã assimilou o máximo que pôde da doutrina zoroastriana e, assim, embora tenha mutilado a doutrina e a aplicado de forma muito imperfeita, foi ela mesma reformada e passou a se desenvolver nessa direção. (§48)

Aplicaremos, portanto, a teoria do desenvolvimento não apenas a uma categoria de religiões, mas a todas. Mas isso não é naturalismo, materialismo disfarçado, positivismo, ou qualquer que seja o nome, odiado por muitos, que vocês escolheram dar? Em outras palavras, quando reconhecemos tal desenvolvimento, sujeito a certas leis e produzido por forças internas, será que não negamos a ação, a revelação, a onipotência de Deus? Nada mais do que o reconhecimento do desenvolvimento no mundo externo e visível. Parece-nos que Deus se revele ao fiel devoto no desenvolvimento, no progresso ordenado e metódico e mais perfeita e gloriosamente na vida religiosa do que nos caprichos de uma vontade arbitrária impenetrável. Além disso, estamos bem cientes de que a ciência tem seus limites. Ela pode mostrar onde há crescimento, ela pode provar o desenvolvimento e assim explicar os fenômenos, pois esse é seu dever. Mas explicar como ocorre o desenvolvimento, o que o crescimento e a vida realmente oferecem, está além de seu poder, e é um mistério insolúvel até mesmo para a ciência mais profunda. O que nós reivindicamos para nossa ciência como seu direito é traçar a vida da religião em seu progresso e mesmo remontar até sua origem, mas ela não dá um único passo além de sua própria província e deixa intocadas todas as convicções religiosas. (§49)

Que seja assim. A ciência deseja aprender a origem e a natureza da religião, mas preciso, para isso, rastrear a religião ao longo de todo o seu desenvolvimento? Por que preciso ir tão longe e me deter tanto no estudo das religiões menores, quando possuo as melhores e as mais elevadas e sei isso por experiência própria? E, quando quero saber de onde vem a religião, não me basta observar o ser humano, as pessoas religiosas que vejo ao meu redor, pessoas no plano do desenvolvimento atual, e então, como um ser consciente, olhar dentro de mim mesmo e examinar minha própria natureza interior? Isso é certamente necessário, mas não o suficiente. Admitamos que a forma mais bem elaborada de religião é a que melhor revela sua natureza. Vamos supor que nossa forma seja a mais elevada, como de fato pensam todos que sinceramente acreditam em sua religião, seja ele muçulmano, cristão, budista, hindu, zoroastriano ou confucionista. Nós estamos convencidos de que a forma mais pura e genuinamente humana de religião foi trazida à luz pelo Evangelho. Mas não pode ser uma fé cega? Na religião em que fomos educados, a religião de nossos pais, a religião de nossa juventude, encontramos consolo e força, uma luz em nosso caminho, um estímulo a tudo o que é bom e grande; somos gratos por ela e aprendemos a amá-la; e, enquanto ela for a fonte de nossa vida superior e de nossa mais pura felicidade, jamais a abandonaremos. (§50)

Mas outros também encontraram o mesmo em suas religiões. E a única conclusão que podemos tirar disso é que nossa religião é a melhor para nós, e a deles para eles, de diferentes pontos de vista. A ciência pode respeitar essas crenças, e até mesmo reconhecer seus direitos relativos, mas não pode permitir-lhes a validade das provas. Ela deseja conhecer e prestar contas de cada convicção. E como posso saber se uma religião é a mais importante sem compará-la com outras? E, mesmo que eu tenha descoberto por comparação qual a forma de religião que mais bem expressa o estágio mais alto que o desenvolvimento da religião pode atingir, isso ainda seria insuficiente. O que nos preocupa em última instância – um conhecimento do elemento fixo, permanente e imutável da religião e de suas características essenciais – só podemos alcançá-lo através da coleta das diferentes formas que a religião assumiu ao longo de toda a história do mundo. A fim de compreender bem qualquer coisa, devemos saber como ela chegou a ser como a percebemos agora. Nenhum conhecimento do ser humano é possível sem a embriologia e a biologia. Nenhum conhecimento de religião é possível sem um conhecimento de sua origem e crescimento. (§51)

No estudo do desenvolvimento da religião, ao qual serão dedicadas as palestras seguintes, devemos nos ocupar de dois assuntos distintos: primeiro, das várias etapas de desenvolvimento, geralmente chamadas assim; e, segundo, das direções nas quais as religiões desenvolvem-se em *diferentes* ambientes e diferentes períodos. (§52)

A expressão "passos" ou "etapas", embora conveniente, não é muito precisa, pois indica uma sucessão de coisas colocadas uma acima da outra, não emanando e crescendo uma da outra, que é o processo ao qual nos referimos. Portanto, eu deveria preferir o termo μόρφαι, ou "formas de existência", que transmite a ideia com mais precisão, e por isso chamo esta primeira parte de nossa tarefa científico-filosófica de parte morfológica. A pesquisa antropológico-histórica já nos abriu o caminho por sua classificação morfológica das religiões; e isso, portanto, devemos considerar primeiro. Nossa tarefa apropriada será, então, mostrar como uma forma não apenas tem sucesso, mas surge de outra, e de tal maneira a forma mais desenvolvida não contém nada essencial que não possa ser encontrado, embora de maneira menos perfeita, ou meramente como um germe, em todas as formas precedentes desde a primeira. (§53)

O que entendemos por direção de desenvolvimento requer mais explicações. Não acontece invariavelmente, ou mesmo geralmente, que uma religião seja totalmente transformada em outra; mas, a partir da forma antiga, simultânea ou sucessivamente, surgem várias formas novas, que depois se desenvolvem, às vezes durante séculos, de forma independente lado a lado. Cada uma dessas formas, por uma elaboração unilateral de uma ideia religiosa dominante, contribui para o desenvolvimento religioso; nenhuma delas isoladamente, mas todas juntas, representam a religião de um período da história. Tal elaboração unilateral de um único conceito radicular até suas últimas consequências é necessária para torná-lo a propriedade inalienável da humanidade e, ao mesmo tempo, por sua própria unilateralidade, para despertar a necessidade de outros elementos, e não menos essenciais, da religião que, por um tempo, tenha sido forçada a ficar em segundo plano. Dessa forma, vemos surgir de um mesmo Judaísmo três distintos grupos (os saduceus, os fariseus e os essênios) e, depois deles, o próprio Cristianismo; e, assim, também de uma religião védica surgem, entre outras, a Purva e a Uttara-Mimamsa, a escola ritual e a especulativa, respectivamente. Assim, também, a religião oriental ariana divide-se entre a religião indiana e a iraniana, muito diferentes desde o início, mas depois tornadas hostis pela reforma zoroastriana. E assim, por último, para tomar apenas mais um exemplo entre muitos, a Igreja cristã primitiva pós-apostólica é dividida em Cristianismo Oriental e Cristianismo Ocidental; e a Igreja Católica Romana depois dá à luz as grandes comunidades protestantes, cada uma delas colocando ênfase em algum princípio especial a respeito do qual aquela Igreja não havia feito justiça. Podemos aqui também usar a figura de um rio que se bifurca em dois ou mais braços, e que depois correm seus cursos separados até desembocarem no oceano ou então se reunirem. Assim, a religião indiana e a iraniana permaneceram separadas até os dias de hoje, e é improvável que se reúnam; enquanto, por outro lado, vemos as duas grandes correntes principais do desenvolvimento religioso semítico e ariano unindo-se no Cristianismo. Teremos, no entanto, na sequência, uma oportunidade de explicar isso melhor. Só depois de termos feito isso é que poderemos indagar por meio de que leis ou regras fixas o desenvolvimento da mente humana é governado, e até que ponto elas são aplicáveis à religião, para que, em conclusão, e como a coroação de todos, possamos tentar responder à pergunta a respeito de em que consiste essencialmente o desenvolvimento da religião. (§54)

Dessa forma, espero que, neste percurso que tracei, vocês me acompanhem com seu interesse indulgente até o fim. (§55)

Conferência III
Estágios de desenvolvimento – as religiões naturais inferiores

Devo agora tentar esboçar para vocês as fases do desenvolvimento das religiões que surgem umas das outras. O nosso ponto de partida será a classificação morfológica das religiões, como tentaram os adeptos de seu estudo comparativo. É impossível ignorá-las, mas só podemos atribuir a elas um valor relativo. Tais classificações só podem ser mencionadas se levarmos em conta grandes restrições. O fracasso geral que fez com que, por exemplo, classificações como as de Hegel passassem a ser praticamente inúteis não se deve aos próprios teóricos em si, cuja genialidade e aprendizagem merecem nossa admiração, mas sim ao fato de que os dados ao seu alcance eram muito imperfeitos. E o mesmo vale para hoje, quando novas descobertas nos domínios históricos e arqueológicos foram bem-sucedidas e até se superaram tão rapidamente durante as últimas décadas, ampliando assim muito de nosso conhecimento. Hoje, várias religiões importantes da Antiguidade, sobre as quais anteriormente nada se sabia além do que os escritores clássicos mencionaram incidentalmente, tornaram-se familiares para nós a partir da rica literatura dos próprios povos orientais, dos Vedas e do Avesta, de textos em escrita cuneiforme e em hieróglifos. Ainda assim é difícil se resguardar contra

Elementos da Ciência da Religião

conclusões arbitrárias e fantasiosas. O próprio aprofundamento de nossos conhecimentos nos permite ver claramente quantas lacunas ainda restam e quantas vezes devemos nos contentar com nomes e com fenômenos, sem possuir nenhuma pista sobre sua importância e significado originais. Todas as classificações feitas em matéria de religião são, portanto, provisórias. Seus limites não podem ser definidos com precisão. Em uma religião, a doutrina encontrada será bastante desenvolvida, enquanto o seu ritual é retrógrado; em outras acontecerá o contrário. Algumas religiões pertencem, em períodos sucessivos de sua existência, a categorias muito diferentes de desenvolvimento; e tais religiões devem, naturalmente, ser classificadas de acordo com aquelas cujo nível alcançaram quando estavam em seu auge. Mas não se deve esquecer que as religiões altamente civilizadas das nações dominantes não foram menos rudes e primitivas nos períodos de seu início do que os cultos dos bárbaros a que elas desprezavam como superstições. Quanta diferença universal entre, de um lado, o Zeus ainda meio-animista de Dodona e Arcádia e, do outro, o homérico, por quem tremia o Olimpo e que convidava todos os poderes do céu e da terra a equiparar-se com ele, para mostrar-lhes que ele era mais forte do que todos juntos! Que diferença entre a Hera de Argos, que era pouco mais que um fetiche, e a deusa cheia de majestade, dignamente escolhida para ser a consorte do maior dos deuses, para estar unida a ele em matrimônio casto, embora nem sempre pacífico! Que abismo entre a rude religião grosseira dos antigos romanos e a adoração de Júpiter Ótimo Máximo Capitolino,[24]

---

24 O Templo de *Júpiter Ótimo Máximo*, conhecido também como Templo de Júpiter Capitolino, era o mais importante da Roma Antiga e ficava no alto do Monte Capitolino, rodeado pela chamada Área Capitolina, um local onde

a cujo templo o nobre Cipião Africano[25] subia todas as manhãs a fim de se preparar para suas tarefas diárias, e que durante um longo período sustentou todo o mundo civilizado a seus pés! E, por outro lado, quantas religiões existem cuja história nos é desconhecida, as quais conhecemos apenas em seu período de declínio e que, portanto, estão entre as menos desenvolvidas, mas que talvez em alguma ocasião tenham ocupado um nível muito superior? (§56)

Devemos, portanto, ser humildes e cautelosos em nossa classificação, evitando uma sistematização demasiado rígida. Não é, entretanto, impossível descobrir certos tipos que mostram diferentes graus de desenvolvimento. O observador atento terá imediatamente acesso aos dois tipos principais claramente diferentes a que aludi na minha primeira palestra. Refiro-me àqueles descritos por Whitney como crescendo inconscientemente e diferenciados por ele daqueles instituídos por fundadores individuais, que não são materialmente diferentes daqueles chamados naturalistas e supranaturalistas pelo bem conhecido filósofo alemão Ed. von Hartmann, e que prefiro definir como as religiões naturais e as religiões éticas.[26] Apesar de que o Mestre de Balliol (professor Edward Caird, anteriormente da Universidade de Glasgow), em suas admiráveis Conferências Gifford proferidas na Universidade de St. Andrews,

---

certas assembleias específicas reuniam-se e onde estavam diversos altares, santuários, estátuas e troféus [NT].

25 Públio Cornélio *Cipião Africano* (m. 183 a.C.; em latim: *Publius Cornelius Scipio Africanus Maior*), mais conhecido apenas como Cipião Africano, foi um general, estadista e político romano da família dos Cipiões da gente Cornélia da República Romana, eleito cônsul por duas vezes, em 205 e em 194 a.C., com Públio Licínio Crasso Dives e Tibério Semprônio Longo, respectivamente [NT].

26 *Encyclopaedia Britannica*, art. "Religions" [NA].

tenha escolhido os termos filosóficos mais abstratos "objetivo" e "subjetivo", mas que na prática são as mesmas duas categorias. Ele acrescenta ainda, no entanto, que há uma terceira etapa de desenvolvimento, na qual o objetivo e o subjetivo são combinados e da qual ele faz do Cristianismo o seu único representante. Mas, se bem o entendo, a concepção de Deus como o Ser que é ao mesmo tempo a fonte e o poder sustentador, o objetivo de nossa vida espiritual, como Aquele "em quem vivemos e nos movemos e temos nosso ser", que habita no oceano, no sol e no ar, e até mesmo no espírito do ser humano, foi uma ideia considerada boa demais para ser verdadeira, e essa ideia forma, de fato, o alicerce do Cristianismo, o qual só agora começa a se dar conta de que é a única religião possível para o mundo moderno. Esta é uma das observações sutis, e tão sugestiva e proveitosa para uma investigação mais aprofundada, da qual seu livro transborda. Não podemos discuti-lo melhor no momento, mas devemos fazê-lo depois. Veremos então se, de acordo com essa ideia, existe algum motivo para acrescentar um terceiro tipo aos outros dois principais nos quais todas as religiões históricas e as religiões existentes estão divididas – um tipo que, potencialmente, mas apenas de forma latente, está presente no Cristianismo, formando o embrião da religião do futuro. Basta observar que, enquanto faz essa sugestão, o professor Caird não contesta seriamente a classificação das religiões históricas e ainda existentes sob dois tipos principais. Tampouco nos sentimos constrangidos a desistir de nossa classificação em favor de uma proposta do professor Siebeck em seu *Lehrbuch der Religionsphilosophie* de alguns anos atrás. Ele tenta distinguir as várias religiões que classificamos entre as religiões naturais, e mesmo uma que certamente pertence à categoria de religiões fundadas por meio de uma reforma, ou religiões éticas, e de ambos os tipos principais, e as chama de "religiões-morais". Mas ele mesmo faz uma série de ressalvas: a deidade nesta classe ainda permanece a serviço do mundo; o monoteísmo é intermediário, porque a fantasia ainda é permitida; o mítico ainda prevalece sobre o ético, e o desenvolvimento mítico dos espíritos maus prejudica a dignidade e o poder do bem. Em uma palavra, como ele mesmo as descreve, elas são apenas aquelas religiões semiéticas – religiões que nós as consideramos; e ele admite que toda a classe forma apenas uma etapa de transição (*Uebergangsgebilde*). De fato, sua classificação está intimamente ligada à sua concepção de religião como "negação do mundo" (*Weltverneinung*), que é realmente aplicável a apenas um conjunto de religiões, e com a qual, de modo geral, não posso concordar. (§57)

Um dos fatos mais indiscutíveis constatados pela investigação histórica é o de que não há em nenhum lugar de toda a história do desenvolvimento da religião uma segmentação tão distinta, uma demarcação tão nítida, como entre a que chamamos de religião natural e religião ética. No caso destas últimas, sentimos imediatamente que houve um novo início, uma ordem de coisas inteiramente nova que se sobrepõe à antiga. Onde quer que uma religião natural ou uma religião ética (como continuaremos a chamá-las) se funde com outra do mesmo tipo, a transição é geralmente gradual, às vezes, pouco perceptível, e só pode ser notada em desenvolvimento posterior ou quando não é o caso de ser o resultado de uma mudança violenta. Mas a substituição de religiões éticas por religiões naturais é, em regra, o resultado de uma revolução ou pelo menos de uma reforma intencional. No entanto, as primeiras, sem dúvida, desenvolveram-se a partir das segundas. Elas, há muito tempo, em estado embrionário, adormeceram no seio das religiões naturais, onde amadureceram gradualmente antes de verem a luz; mas seu nascimento surge como uma surpresa, uma catástrofe. E, assim que entram na existência, assumem uma atitude de oposição à religião dominante. Algumas vezes tentam disfarçar isso de si mesmas e dos outros, e honestamente pensam que estão apenas restaurando a antiga fé ou revivendo alguma verdade, uma vez confessada, mas mal compreendida e esquecida. Isso pode em parte ser o caso, mas em parte eles são novos e inéditos. A religião existente também não é iludida. Ela sente que sua vida está em jogo, que é uma luta pela existência, que, se a nova religião ganhar o dia, ela terá de sair do campo; e por isso ela opõe-se obstinadamente à sua rival, persegue seus adeptos e empenha-se por medidas violentas, e com a ajuda do Estado ou da população ou de ambos juntos, para estrangulá-la em seu nascimento. Por outro lado, se ela falhar, e a religião ética tiver triunfado, esta última, por sua vez, torna-se a perseguidora; ela zela ciosamente contra qualquer reavivamento do culto aos poderes da natureza, que em sua opinião tornaram-se demônios malignos; e, se ela não puder aboli-los sem perder seu domínio sobre o povo ou sem ver sua influência diminuir, tenta transformar os poderes das trevas em anjos de luz. Sem dúvida, mesmo onde novas tendências mostram-se dentro da palidez das religiões éticas, ela luta e muitas vezes realiza a mesma perseguição sangrenta; mas isso é apenas um resultado posterior à primeira guerra, pois o verdadeiro conflito é sempre entre os princípios éticos e os naturalistas. Os exemplos históricos são abundantes. Deixe-me lembrar como os profetas zoroastrianos reclamaram de serem perseguidos pelos adoradores de Deva e, então, após seu próprio triunfo, esforçaram--se para exterminá-los; como o Mosaísmo lutou contra os deuses de Canaã; como Aquele que veio com uma mensagem de paz e que, por sua vez, estava bem ciente de que Ele trouxera não a paz, mas uma espada.[27] (§58)

---

27 Mateus 10,34 [NT].

A maioria dos investigadores concorda, por conseguinte, que suas diferenças são mais aparentes do que reais, ao reconhecer as duas principais formas de desenvolvimento religioso, se pudermos julgar a partir dos nomes diferentes que eles lhes atribuem; mas, quando se trata de caracterizá-las, suas opiniões diferem consideravelmente. Quanto à primeira forma, eles estão perfeitamente de acordo. Quer falemos de religiões como "o crescimento inconsciente de gerações", quer de religiões naturalistas ou naturais, temos muito do mesmo. Mas, ao definir a segunda forma de religiões, as opiniões divergem consideravelmente, embora talvez não tão seriamente quanto parece. Von Hartmann as chama de supranaturalistas, em simples contraposição às naturalistas, e com razão, na medida em que os deuses, nessa fase, estão realmente acima da natureza. Mas o termo tem sido usado pelos teólogos em um sentido um tanto diferente e, portanto, insatisfatório, pois pode levar a mal-entendidos. Além disso, na minha opinião, esse termo não é aplicável a todas as religiões superiores, tais como os sistemas panteístas e acosmísticos[28] da Índia. Nem o termo "subjetivo", em oposição ao "objetivo", me parece suficientemente claro e distintivo, além disso é muito abstratamente filosófico. Siebeck chama as mais elevadas religiões de "religiões de redenção". Mas, em sentido mais restrito, essa designação se aplica apenas às religiões indianas e à forma especial paulina de Cristianismo. Além disso, existe uma diferença mundial entre a mocsa[29] brâmane e a

---

28 O acosmismo é a visão filosófica de que Deus é a única realidade e de que os eventos e objetos finitos não têm uma existência independente [NT].

29 *Mocsa* refere-se, em termos gerais, à libertação do ciclo do renascimento e da morte e à iluminação espiritual. Na mais alta filosofia hindu, é vista como a transcendência do fenômeno de existir, de qualquer senso de consciência do tempo, espaço e causa (carma). Significa a dissolução do senso do ser individual,

budista, com seus vários sinônimos, o que põe um fim à "corrente circulante do renascimento", e a *apolytrosis*[30] paulina, que é uma redenção do pecado. Se, por outro lado, tomamos a palavra "redenção" em seu sentido geral de "libertação dos laços e misérias do finito, intelectual e ético, bem como físico", esse não é o objetivo de uma só classe ou tipo de religião, mas é comum a todas elas. A palavra expressa, portanto, ou muito ou pouco. (§59)

Há muito tempo desenvolvi o hábito de chamar o segundo tipo de religião de "ética" e, depois de ter testado repetidamente o termo pelos fatos e o reconsiderado maduramente, proponho-me a aderir a ele. Não podemos expressar tudo o que distingue um grupo de fenômenos, ou um passo de desenvolvimento, dos outros em uma única palavra. Se tentarmos fazê-lo, teremos de usar uma perífrase longa e incômoda. Assim, as religiões em questão são muitas vezes caracterizadas por um espiritualismo exagerado e até unilateral, para que possam ser chamadas de "espiritualistas" de forma justa. Com razão ainda melhor, podem ser denominadas "religiões de revelação", pois, embora os deuses da natureza também se revelem de maneiras diferentes e deem a conhecer sua vontade por palavras e sinais, a ideia só atinge total clareza e maturidade nas religiões éticas; pois nelas é feito um apelo pela primeira vez a uma revelação especial, de uma vez por todas, comunicada ao ser humano por um embaixador divino, registrada em escritura

---

ou ego, e a avaria total do nama-roopa (nome-forma). No Hinduísmo, é vista como uma analogia ao nirvana, embora o Budismo tenda a diferir uniformemente da leitura da libertação do Vedantismo Advaita. O Jainismo também tem, como meta, a mocsa [NT].

30 *Apolýtrosis*, do grego ἀπολύτρωσις, significa "redenção" ou "libertação" obtida pelo pagamento de um resgate (Lucas 21,28; Romanos 3,24; 8,23; Efésios 1,7; Hebreus 9,15) [NT].

sagrada, estabelecendo-se, assim, a base sobre a qual repousa toda a religião. Portanto, religiões ético-espirituais de revelação seriam o nome completo para essa categoria. Mas seu principal e mais característico elemento é sempre o ético. Todas elas surgiram de um despertar ético. Um ideal ético mais ou menos elevado cujo objetivo é o que todos têm em vista, um ideal muito distante do mundo existente, mas que será alcançado em um futuro distante, seja na terra seja com Deus no céu, assim como um dia se tornou carne e viveu Naquele que O revelou ao ser humano. E as leis morais agora não estão mais postas apenas lado a lado com a religião, como se se pudesse muito bem ser religioso sem elas, mas estão inseparavelmente ligadas a ela. São as leis do próprio Deus, a obediência à qual Ele recompensa e cuja violação pune, e, de um ponto de vista superior, cuja negligência é uma ruptura de comunhão, porque não são impostas arbitrariamente por Ele, mas são, sim, uma emanação de Sua própria natureza. Ou, para expressar a matéria de forma filosófica, mais abstrata, o ideal moral subjetivo é objetivado ou projetado na concepção de Deus. Por isso, continuaremos a chamar esse tipo de religiões de "éticas", um termo que mais bem expressa a característica principal delas. (§60)

Tendo definido as duas categorias principais, às quais pertencem todas as religiões históricas e as ainda existentes, devemos agora perguntar como cada uma dessas categorias pode ser subdividida. Não é preciso dizer que entre as religiões naturais e entre as religiões éticas há sempre diferenças em seu estado de desenvolvimento e que, por vezes, essas diferenças são muito grandes. As religiões dos africanos e as dos peles-vermelhas são religiões naturais tanto quanto a babilônica, a védica e a grega; no entanto, existe uma distância incalculável entre a primeira e a última delas. O mesmo, embora em menor medida, pode ser dito das religiões éticas. Uma descrição completa de todas as variações estaria fora de lugar aqui, e talvez no presente estado de nosso estudo seria imprudente e perigoso fazê-la. Limitar-nos-emos, portanto, aos principais exemplos. (§61)

As religiões naturais inferiores que conhecemos atendem às necessidades da infância da humanidade, como nos é apresentado pelas últimas pesquisas antropológicas. Se os chamamos de animistas, para usar o termo comum, não é porque consideramos o animismo como uma religião, mas somente porque a religião, como toda a vida do ser humano primitivo, é dominada pelo animismo. O animismo – e não posso falar disso sem mencionar o nome do autor que primeiro lançou uma luz clara sobre esse assunto, o Dr. E. B. Tylor, professor da Universidade de Oxford – é realmente uma espécie de filosofia infantil que procura explicar todos os fenômenos no ser humano e ao seu redor. O professor Siebeck descreve-a com precisão, embora de forma bastante abstrata, como um mito primevo, surgindo de um uso primitivo do intelecto, que tenta descobrir na natureza todo tipo de relações causais úteis; ele não discerne nisso a única fonte das concepções religiosas mais elementares, mas acredita que certas emoções produzidas pela observação dos fenômenos da natureza também contribuíram para sua formação. De forma menos filosófica, porém mais inteligível, eu descreveria o animismo como uma crença do ser humano primitivo, da ideia dele de que tudo o que se move está vivo e de que ele pensa emanar de si certo poder, que é animado por um pensamento, um sentimento, um espírito voluntário, diferente do humano apenas em grau e poder. Ele naturalmente atribui tal espírito ou alma, tal *anima*, somente a objetos dos quais recebe uma impressão: ao predador, que ele teme, mas cuja força e agilidade admira porque é superior à sua; ao animal doméstico que o serve; à árvore cujos frutos o reanimam, cuja sombra o refresca e em cuja folhagem sussurrante ouve a voz dos espíritos; ao riacho apressado, ao oceano imensurável, ruidoso e ameaçador, à montanha alta que prende as benéficas nuvens da chuva, e cujos mistérios lhe inspiram temor; às luzes e a todos os fenômenos do céu, especialmente aqueles que se movem, em particular a lua, aquela grande feiticeira que sempre muda de forma; acima de tudo, talvez, ao espetáculo de uma tempestade, quando o vendaval varre e destrói tudo antes dele, quando a voz do trovão o aterroriza e o relâmpago que ameaça matá-lo; e, por último, até à pedra que cai, à folha agitada pelo vento; a tudo, em suma, que lhe parece estranho e marcante, e que ele associa a qualquer acontecimento em sua própria vida e especialmente a qualquer perigo ou desastre que o ameace ou o ultrapasse. Será que ele os adorará e estabelecerá relações com eles como se fosse um servo para com um mestre ou um súdito para com um príncipe? Isso depende das circunstâncias. Apenas quando tiver algum interesse em fazê-lo, pois o ser humano primitivo é tão egoísta quanto uma criança inexperiente, ou seja, apenas quando estiver satisfeito de que o objeto em questão é mais poderoso do que ele, e de que ele tem algo a esperar ou temer por isso. Uma âncora é lançada na costa africana. Tal objeto nunca foi visto lá antes. Os nativos se aproximam dela cautelosamente; mas, quando ela fica quieta e não machuca ninguém, eles interrompem seu julgamento e vão embora. Mas algum livre-pensador do *kraal*[31] observa que ela é feita de ferro e, como ele só quer um pouco de ferro, ele se aventura a quebrar um pedaço da âncora. No momento em que ele está ocupado forjando-a, um acidente acontece, e ele morre.

---

31   Palavra de língua africâner que significa "um vilarejo africano tradicional de cabanas" [NT].

Agora a questão está clara. No objeto desconhecido habita um espírito, que vingou, assim, o insulto que lhe foi dirigido e desse momento em diante presentes e sacrifícios são ofertados ao espírito. Assim, também o camelo passou a ser considerado por uma tribo siberiana como o demônio da varíola, porque justamente quando aquele animal apareceu entre eles pela primeira vez com uma caravana, que passava, a varíola irrompeu. O animal não tem dois grandes "caroços" nas costas? Da mesma forma, o cavalo, introduzido na América pelos europeus, foi considerado pelos mexicanos como a imagem do deus trovão porque lhe atribuíram o efeito mortal das armas de fogo dos cavaleiros espanhóis. Tais exemplos podem ser infinitamente reproduzidos. (§62)

Mas isso não implica, nem mesmo remotamente sugere, que a religião tenha surgido do animismo. Filósofos e teólogos obscuros, cujo zelo só é igualado por sua ignorância, atribuíram a mim a opinião de que a religião começou com a adoração a qualquer tronco de árvore ou pedra. Estamos convencidos, entretanto, de que as pessoas nunca começaram por adorar troncos ou pedras ou qualquer outro objeto visível, mas sim invariavelmente o espírito ou ser que se acreditava estar corporificado no objeto. Isso é mais certo porque, se suas orações não tivessem resposta ou seus sacrifícios se mostrassem infrutíferos, quando suas calamidades continuassem e os supostos espíritos tutelares assim se mostrassem impotentes, o ídolo seria punido e posto de lado. A idolatria, a adoração e o culto aos objetos em si, e não ao espírito que supostamente habita neles, nunca foi a forma original da religião; os ignorantes podem naturalmente confundir as duas coisas, mas isso é sempre um erro, uma degeneração. A questão quanto à origem da religião não é de natureza histórica ou arqueológica, mas é puramente psicológica, e é bastante distinta da investigação quanto à forma mais antiga de religião. Se chamamos essa forma de "animismo", não estamos de forma alguma concluindo que a religião tenha surgido do animismo, mas simplesmente que suas primeiras manifestações tenham sido dominadas pelo animismo, sendo essa a forma de pensamento natural no ser humano primitivo. (§63)

Do animismo, como forma geral de pensamento pelo qual todas as religiões naturais inferiores são determinadas, eu diferencio, como uma manifestação especial, uma forma pela qual o termo, às vezes, é limitado, mas que prefiro, por uma questão de clareza, chamar de "espiritismo"[32] – uma crença de que os espíritos não estão vinculados a um determinado corpo, mas podem abandoná-lo por sua vontade, de que eles podem vaguear na terra ou no ar, "seja por seu próprio desejo, seja porque enfeitiçados pela magia e, portanto, compelidos", de que podem aparecer para os vivos em forma etéreo-material, e de que, às vezes, tomam sua morada por um tempo ou permanentemente em algum corpo vivo ou sem vida que não seja aquele que eles abandonaram. Esse espiritismo é uma forma mais elevada de desenvolvimento que o animismo. É a aplicação, segundo o raciocínio primitivo (o qual não consegue distinguir entre o subjetivo e o objetivo), da experiência pessoal à crença existente de que tudo tem sua causa na vontade de um espírito residente, tão autoconsciente quanto o espírito humano – uma crença que pode ser chamada de polizoísmo,[33] para distingui-lo do

---

32   O termo *spiritism*, utilizado pelo autor no texto original, não se refere à religião que surgiu na França em 1857 fundada pelo pedagogo francês Hippolyte Léon Denizard Rivail (conhecido como Allan Kardec) para nomear especificamente o corpo de ideias por ele sistematizadas em *O livro dos espíritos* (1857) [NT].

33   Na teoria de Tiele, a palavra refere-se ao estágio de desenvolvimento espiritual em que os primeiros seres humanos consideravam os fenômenos naturais como dotados de vida e poder mágico sobre-humano [NT].

espiritismo mais desenvolvido. Em seus sonhos, em seus estados de êxtase, às vezes, produzido pelo uso de substâncias intoxicantes, ou em visões acordadas, embora seu corpo permaneça no mesmo lugar, o guerreiro saiu em caminho de guerra, o caçador assegurou um rico espólio nos felizes campos de caça, o feiticeiro ou curandeiro subiu ao céu ou desceu às profundezas da terra. Ou ainda seus parentes mortos, heróis de outrora, espíritos mais elevados, que apareceram e falaram com ele, admoestaram, castigaram, consolaram, encorajaram-no. Será que ele pode duvidar de que tudo isso tenha realmente acontecido? O ser humano primitivo não conhece distinção entre a fantasia e a realidade. Ele só pode dar conta dessas aparições assumindo que o espírito abandona temporariamente o corpo e leva uma existência independente. Estados de inconsciência e de morte aparente confirmam sua crença. A alma deixou então manifestamente o corpo, embora logo retome seu lugar. E assim, quando a morte realmente ocorreu, ele convida – como o ritual chinês prescreve expressamente sobre a morte do imperador – a alma falecida a um rápido retorno. Ele assume que isso é sempre possível, e por isso ele fornece aos túmulos de seus mortos tudo que eles possam achar necessário e confortável. Se ele observa que a alma ainda está ausente, ele infere que o espírito do falecido entrou em uma ordem superior de seres, e então lhe concede uma adoração, talvez menos frequente, mas mais fervorosamente religiosa do que aos espíritos superiores. (§64)

Chamei de espiritismo um desenvolvimento superior do animismo, do qual o polizoísmo, ou o que em filosofia é chamado de hilozoísmo,[34] seria então uma categoria mais baixa. E, de

---

34 O hilozoísmo é uma doutrina segundo a qual a matéria é animada por um princípio ativo e que toda a realidade possui sensibilidade [NT].

fato, a formação de tais concepções, por mais fantásticas que nos pareçam, e como realmente são na prática, requerem uma faculdade de pensamento mais avançada do que podem ser creditadas às raças mais primitivas. Ela assume pelo menos uma consciência desperta da superioridade da alma para o corpo e de sua relativa independência. O animismo tem estado nessa forma pelo menos um passo à frente, e à sua própria maneira, dentro de seus próprios limites, tem revelado uma porção de verdades a nossos ancestrais incivilizados. Aplicado a suas concepções e observâncias religiosas, o espiritismo também contribuiu para o progresso. Já que pelo espiritismo os poderes que eram vistos trabalhando nos fenômenos da natureza, no ser humano e no animal, que deveriam habitar em outros objetos, e que eram adorados como seres vivos, foram separados de sua conexão com fenômenos fixos e, assim, elevados acima deles para uma maior independência. O espiritismo despertou a consciência de que nos seres adorados seu espírito é essencial, o elemento permanente em todas as suas mudanças; e assim abriu o caminho para aquele espiritismo religioso, que culmina com o belo dito de que "Deus é um espírito, e quem o adora deve adorá-lo em espírito e em verdade".[35] E assim, embora de forma infantil e pouco sofisticada, ele proclamou uma grande verdade. (§65)

Essa visão do espiritismo oferece uma chave para a explicação do fenômeno que forma seu reverso e que tem sido chamado de fetichismo. A origem da palavra é bem conhecida. Quando os portugueses entraram em contato pela primeira vez com os africanos, eles os viram carregando certos objetos, depositando-os ou os pendurando em lugares sagrados ou os recolhendo em grandes cabanas, e descobriram que os nativos

---

35 João 4,34 [NT].

atribuíam poderes mágicos especiais a esses objetos e que esperavam através de sua atuação bênçãos de toda espécie, proteção contra o perigo e, acima de tudo, a aquisição do próprio poder mágico. Assim, chamaram esses objetos de *feitiço*,[36] palavra derivada do latim medieval *factitius*, "dotados de poder mágico". Nessa forma, a prática é puramente nigritiana,[37] e está longe de estar na moda entre todos os outros povos africanos. Entre as raças do sul, ele quase não ocorre. Mas o termo fetichismo foi estendido nessa forma nigritiana para uma série de outras noções e costumes mais ou menos cognatos, como o *tabu* polinésio, o totemismo americano, o uso de amuletos, o culto às imagens e relíquias de santos e, em suma, para a idolatria em geral, a qual, no entanto, só em parte deu lugar a ela. O Presidente de Brosses escreveu uma obra no século passado, chamada *Du culte des Dieux fétiches* ["Do culto aos deuses fetiches"], que alcançou grande sucesso, embora sua concepção do sistema se baseie em uma contradição inerente (*contradictio in terminis*), pois a peculiaridade de um fetiche consiste no fato não de ser ele mesmo um espírito, e muito menos um deus, mas de ser a encarnação temporária ou incidental de um espírito. O professor Fritz Schultze esforçou-se para dar a mais ampla extensão à ideia, incluindo sob ela toda a mitologia da natureza e até mesmo considerando como fetiches todos os fenômenos do firmamento – sol, lua, estrelas, nuvens, até mesmo montanhas, lagos e rios – e, em suma, tudo o que

---

36 No original, o autor usa a palavra "feitiço" em português, em vez de uma palavra em inglês, como *witchcraft*, *spell*, *sorcery*, *black-magic* ou *enchantments* [NT].

37 Palavra usada no século XIX para se referir aos nativos do oeste da África. Significa aquele pertencente à Nigrícia, uma região da África central, quase equivalente ao Sudão, e o lar dos tipos mais pronunciados da raça negra; portanto, significando "de ou pertencente à raça negra" [NT].

o ser humano primitivo fez de objeto de adoração. E, enquanto alguns estudiosos acreditam que o fetichismo seja a forma mais antiga de religião, outros o consideram apenas como uma triste degradação e aberração da mente humana. (§66)

Poder-se-ia desejar que um termo que tenha dado origem a tão grande confusão de ideias fosse banido para sempre de nossa ciência. Ao menos tentemos mantê-lo dentro de seus próprios limites. Eu o denominei como o lado contrário do espiritismo. Observem o que quero dizer com isso. Quando os espíritos podem escolher por vontade própria todos os tipos de objetos como suas habitações, segue-se que os objetos que se supõe terem sido escolhidos, e animados por eles e dotados de seu poder, não só devem ser tratados com respeito, mas devem ser cuidadosamente preservados, guardados, e, se possível, até mantidos pela pessoa, a fim de que seu portador possa contar com a proteção deles onde quer que esteja. O desejo do ser humano de sentir-se perto de seu deus, e vice-versa, é comum a todas as religiões vivas. O ser humano primitivo, no entanto, almeja uma prova tangível disso. Em seu fetichismo, o totemismo, ou outro sistema cognato, é assim apresentado, de acordo com seu estágio de desenvolvimento, como um anseio da alma religiosa que merece nosso respeito. É claro que não se pode negar, e todos os que conhecem a humanidade esperarão, que esse uso possa ser feito com excessos, pois até mesmo as coisas mais sagradas são passíveis de abuso, e que o sistema muitas vezes se degenerou em superstição infantil, tola e até mesmo revoltante. Contudo, em si mesmo e originalmente, não é uma degradação, mas uma fase de transição necessária no crescimento da religião. Se, por um lado, levou a uma idolatria aviltante, por outro, foi dela extraída, pela poesia e pelas belas artes, um rico simbolismo que forma um elemento importante na linguagem da religião e que não está nem mesmo confinado a essa esfera. A Union Jack[38] e nossa Tricolor[39] são consideradas pelos africanos como fetiches sagrados. E de fato assim elas são, no sentido mais nobre. São emblemas de nossa nacionalidade e independência; em regiões distantes são lembretes visíveis de nosso país; e estamos prontos para defendê-las até a morte. Em resumo, o chamado fetichismo é o contrário e, como ainda não somos espíritos, mas seres sensuais, o corretivo necessário ao espiritismo; mas, tendo em vista que foi chamado à vida pelo espiritismo, que por si só mostra um progresso considerável no desenvolvimento, ele não pode ter sido, mais do que o espiritismo, a forma mais primitiva de religião. (§67)

Se agora vou me empenhar no sentido de caracterizar as religiões naturais inferiores, só poderei tratar da segunda das classes nomeadas. A primeira pertence a uma condição pré-histórica, que podemos postular como sendo provável, mas não podemos descrevê-la. Todas as religiões presentes e passadas que foram dominadas pelo animismo, e que foram trazidas à luz pela pesquisa antropológica e histórica, devem ser classificadas como *espiritismo-fetichista*. Aquelas de um nível inferior que ainda sobrevivem esporadicamente não foram suficientemente estudadas para que possamos falar delas com segurança. (§68)

---

38 A Bandeira da União, ou *Union Jack*, é a bandeira nacional do Reino Unido. É assim chamada porque combinava as cruzes dos três países unidos sob um soberano: o reino da Inglaterra e do País de Gales, o da Escócia e o da Irlanda (desde 1921, porém, somente a Irlanda do Norte faz parte do Reino Unido) [NT].

39 *Tricolor* é um tipo de bandeira com um desenho de três faixas que teve origem no século XVI como símbolo do republicanismo, da liberdade ou mesmo da revolução. A bandeira da França, a da Itália, a da Romênia, a do México e a da Irlanda foram todas adotadas pela primeira vez com a formação de uma república independente no período da Revolução Francesa [NT].

Nessa fase do desenvolvimento religioso, as concepções, ou o que só com certa reserva pode ainda ser chamado de doutrina religiosa, ocorrem em uma condição fluida. Esse é o período de mito-formação. Um mito substitui o outro; eles vão de boca em boca, mas ainda na forma de narrativas folclóricas e provérbios, gradualmente modificados, complementados de forma consciente ou inconsciente, e aplicados ora a um, ora a outro dos seres adorados. Assim, eles são, em sua maioria, transmitidos como herança familiar de geração em geração; mas faltam meios para definir essa tradição e preservá-la por inteiro. Tampouco se sentia ainda a necessidade disso. Em nenhuma das religiões naturais encontramos algo como uma doutrina à qual se deva apegar como uma verdade revelada, e mesmo na mais elevada delas tais doutrinas ainda estão em sua infância; nem podem, no mínimo grau, ser esperadas nessa fase. Procuramos em vão uma tradição sagrada com contornos definidos. O único ponto em que esses povos primitivos parecem ter sido um pouco mais firmes foi a observância dos costumes antigos em voga na família ou tribo, mas sem muitos cuidados ou rigor, e sem precauções contra a introdução de elementos novos ou estrangeiros. (§69)

Os seres adorados são em números ilimitados, sempre passíveis de crescimento, e sem nada como uma ordem fixa de precedência. Alguns se destacam acima de outros porque representam e protegem interesses importantes de seus adoradores ou porque seu poder é mais formidável ou porque sua província é mais extensa ou porque pertencem a uma família mais eminente ou a uma tribo mais poderosa. As pessoas tinham até uma vaga ideia de unidade dessa ordem superior de seres e usavam alguma palavra para expressar essa ideia (como os *Wong* dos africanos, os *Wakon* ou *Huakan* dos americanos, os *Num* ou *Yum* dos uralo-altaicos).

Mas o mundo dos espíritos ainda é tão pouco organizado quanto os próprios povos primitivos. Todos os espíritos, mesmo os mais elevados, são apenas mágicos poderosos através de sua magia, às vezes benevolentes de acordo com sua extravagância ou capricho, mas sempre temidos. Eles ainda não podem ser chamados de deuses, pois sua personalidade ainda é muito indefinida. Onde, entretanto, esse parece ser o caso, como o dos finlandeses, a influência da religião mais desenvolvida de alguma nação vizinha, neste caso a escandinava, é rastreável; ou então a religião já se aproximou dos limites de um período superior de desenvolvimento, como no caso dos mexicanos e peruanos. (§70)

Uma vez que os espíritos venerados ainda são mágicos, a forma de veneração a eles pode ser descrita como mágica, embora não faltem orações, presentes e sacrifícios. Muitas vezes é feita uma tentativa de contrapor seus poderes mágicos com outras magias. As pessoas procuram a ajuda e a aliança de um conjunto a fim de prevalecer sobre os outros. Por meio das danças, músicas, barulhos e gritos, eles se esforçam para afastar os temidos poderes, e por meio de ricas oferendas procuram fortalecer e promover àqueles que os protegem. Para isso, eles fazem sacrifícios humanos aos deuses da guerra. Quanto mais reforçarem o exército celestial, maior será sua capacidade de assegurar a vitória de sua tribo e de seu povo; e com o mesmo princípio eles apresentam agradecimentos – ofertas de prisioneiros de guerra, assim como dão a algum líder distinto um numeroso séquito de mulheres e servos para lhe fazer companhia em sua jornada para o mundo dos espíritos. Esses ritos sangrentos não devem ser julgados pelo nosso padrão moral. Eles não foram inspirados por crueldade ou sede de sangue, embora em tempos posteriores tenham sido extrapolados. O ser humano primitivo sente o terror da morte não mais do que uma criança. Morrer é simplesmente passar para outro estado ainda mais elevado. Entre o mundo dos espíritos e o do ser humano há uma relação de troca constante, e os limites são indefinidos. Essas relações entre eles são infantis, familiares e confidenciais, lembrando-nos do que, às vezes, observamos no caso de pessoas simples, dignas e devotas de nossos próprios dias. Os seres espirituais são mais poderosos e, portanto, devem ser reverenciados; eles não são mais sábios, pois esse conceito ainda está aquém de suas possibilidades, mas mais astutos, e, portanto, as pessoas devem ser cautelosas ao lidar com eles, embora elas não tenham escrúpulos para, ocasionalmente, alcançá-los com exageros, como foi feito por Numa Pompílio na conhecida narrativa de Ovídio. Mas não há ainda um traço de elevação moral, de santidade ou de majestade. As pessoas referem-se a eles como a amigos mais velhos e mais experientes, que são obrigados a aconselhar e ajudar, desde que recebam tudo o que reivindicam. Eles os convidam para sua mesa, oferecem banquetes e preparam-lhes um bom lugar em suas casas; e, se não obtiverem as bênçãos que esperavam, como a desejada chuva, então, confundindo sujeito e objeto, aparência e realidade, imaginam que, disfarçando-se para personificar o poderoso espírito e imitando suas ações, trarão os resultados desejados. (§71)

As religiões naturais que ainda ocupam o nível mitopoético podem, portanto, ser mais bem definidas como polidemonismos mágicos não organizados sob o domínio do animismo. (§72)

Não gostaria de encerrar esta discussão sem ao menos mencionar, mais uma vez, a questão sobre a possibilidade de todas as religiões superiores terem passado por esse estágio rudimentar de desenvolvimento, questão essa sobre a qual se pode ter uma opinião, mas à qual a história não dá nenhuma resposta. Até agora, antropólogos, mitólogos e, é claro, defensores da teoria da evolução, em geral, responderam afirmativamente a essa pergunta. Eles apontam para os numerosos traços do animismo, e especialmente do espiritismo, na mitologia e no culto de cada uma das religiões superiores da natureza, e para ideias e usos que ainda sobrevivem nas religiões éticas descendentes das religiões naturais. Eles sustentam que esses fatos só podem ser levados em conta se assumirmos que eles se originaram em uma fase anterior das religiões naturais. Mas alguns autores recentes contestam isso, sustentando que a causa do fenômeno mencionado deve ser procurada nas relações interpessoais e na fusão dos povos, nas quais fantasias e celebrações animistas infiltraram-se em religiões que até então tinham sido inteiramente livres de tal superstição. Especialmente quando um povo primitivo e atrasado tenha sido submetido à dominação de uma minoria, este último, para fazer valer sua autoridade, foi obrigado a fazer concessões aos antigos ritos mágicos tão caros a seus súditos, e a admitir tais ritos à nova religião estabelecida por lei. Isso não é impossível; mas confesso que me parece francamente improvável. Há uma difusão muito grande dos sobreviventes do espiritismo mágico para serem explicados simplesmente por absorção ou assimilação. Se assim fosse, certamente encontraríamos em algum lugar do mundo alguma nação ou tribo que tivesse resistido a essas influências perniciosas e tivesse guardado sua religião contra a invasão de todos os elementos estrangeiros. E, acima de tudo, seria necessário demonstrar como a confusão entre imaginação e realidade, de sujeito e objeto, surgiu de modo tão geral para afetar pessoas que conheciam perfeitamente a distinção entre elas, e como, não em um caso particular ou por mera coincidência, mas quase universalmente, as pessoas vieram a adotar ideias e práticas que lhes devam ter parecido rudes e sem sentido, em desacordo com seu sistema, e fora de toda harmonia com seus desejos espirituais. Por isso, aguardo por demonstrações mais convincentes antes de abandonar minha opinião de que toda a humanidade, assim como cada ser humano individualmente, deve ter passado pela etapa da infância. (§73)

Seja como for, é fato que o embrião de todas as formas de adoração das religiões naturais animistas está presente nas religiões naturais superiores, como elementos constantes e permanentes. Toda a mitologia do politeísmo, por muito que transformada pelos poetas em narrativas poéticas (μῦθοι, *fabulae*) e reduzida pelas escolas sacerdotais a um sistema teológico, já se encontra envolvida pelas ideias aparentemente grosseiras, mas, às vezes, muito razoáveis, formadas pelo ser humano primitivo a respeito dos poderes da natureza. Isso provavelmente oferece uma explicação, e em certo sentido uma justificativa, de muito do que é enigmático no entendimento de deus da Antiguidade, e que tem chocado filósofos e moralistas, cujos atributos muitas vezes estranhos de alguns dos seus deuses, suas metamorfoses, suas intermináveis dissensões, seus casamentos, seus amores – em suma, tudo o que é difícil de supor realmente atribuído por um povo em um plano elevado de civilização aos deuses que eles adoravam. E, de fato, quando atribuídas aos deuses, todas essas coisas são muito estranhas. Mas, como uma descrição primitiva da natureza, na qual os poderes são concebidos como seres dispostos e pensantes, mas ainda não encarnados na forma humana, o sistema corresponde exatamente ao grau de desenvolvimento alcançado pelos autores desses mitos da natureza. Não nego que alguns novos mitos possam ter surgido, principalmente nascidos da fantasia poética, posteriormente ao período antigo. Mas acredito que tais casos sejam excepcionais e que novas pesquisas provarão que essas aparentemente novas criações são adaptações de modelos mais antigos e não originais.

O material mítico foi tecido, foi livremente utilizado, por poetas, sábios e escolas sacerdotais, e adaptado a seus deuses superiores e mais antropomorfizados às exigências de uma civilização superior; mas as marcas de sua origem não puderam ser totalmente apagadas. E essa ideia-raiz de toda mitologia – que as causas de tudo o que afeta a vida e o bem-estar humano devem ser buscadas na ação de poderes residentes, dispostos, perseguindo um propósito fixo, livre das limitações do mundo finito, inteiramente livre em seus movimentos e dotado de grande poder mágico – essa ideia-raiz, em todo caso, data do período antigo. (§74)

Esse princípio aplica-se ao culto, como também à doutrina. Aqui encontramos sacrifícios, acompanhados de orações, dizeres sagrados e cantos, aos quais são atribuídos poderes e as celebrações mágicas que formam o germe de todas as características simbólicas e dramáticas do culto posterior. Também ali vemos o fogo sempre ardente, acendido e purificado de acordo com a moda antiga. Encontramos já ali a crença de que, pela abnegação, abstinência e mutilação, e especialmente pelo uso de substâncias inebriantes, pode-se alcançar a vida superior e o poder maior dos espíritos, e de que certas pessoas privilegiadas receberam uma qualificação especial para isso. Ainda não existe um sacerdócio, mas nos encontramos com curandeiros, adivinhos, feiticeiros, especialistas, que são consultados em suas respectivas esferas e, de fato, com toda a hierarquia na forma primitiva. Lá novamente, na forma de fetiches e imagens sem forma, discernimos os precursores dos ídolos futuros, vemos lugares sagrados especialmente visitados pelos espíritos e logo declarados inacessíveis ao *profanum vulgus*, e até encontramos sociedades secretas, cujos membros, por meio dos maiores feitos de autocontrole, dedicam-se a uma comunhão mais próxima com os espíritos e tornam-se seus favoritos especiais. (§75)

Além disso, não são apenas as formas de adoração, mas também as ideias que animam as religiões mais desenvolvidas, que encontramos no período mais precoce, embora ainda se apresentem em declarações caricatas e balbuciantes. A onipotência divina é ainda um poder extraordinário, ilimitado por qualquer incapacidade humana; a santidade divina é inabordável; a onipresença divina não passa de um poder de mover-se de um lugar para o outro em um piscar de olhos. A provação e o juramento, como concebidos pelo espiritismo, já envolvem a crença nos deuses como vindicadores da verdade e da justiça, e o pavor de sua punição implica um sentimento de culpa despertado. A ideia de que, afinal de contas, existe certa unidade na multidão incontável de espíritos, uma ideia a que já aludi, revela um vislumbre de monoteísmo. Tampouco estão ausentes nessas formas religiosas os dois pensamentos fundamentais de toda doutrina religiosa: a superioridade do mundo dos deuses em relação ao dos seres humanos e a inter-relação de ambos. (§76)

Finalmente, podemos até encontrar aqui os rudimentos de uma verdadeira devoção. Como acontece com as crianças, assim também com o ser humano primitivo: sua atitude para com os espíritos mostra uma oscilação entre medo e familiaridade, mas também esperança e confiança, embora principalmente voltada para as bênçãos materiais e gratidão, embora, em parte, induzida pelo pensamento de que ele deve expressá-la para não perder o favorecimento futuro de seus deuses. Estes são apenas sementes, destinadas, no curso de um desenvolvimento posterior, a florescer e a dar frutos. No entanto, mesmo aqui a religião possui a particularidade que a caracteriza, onde quer que seja uma realidade viva: a da devoção, da adoração, que não se abstém do sacrifício, por mais pesado que seja, que defende com firmeza o objeto adorado e que o vinga quando insultado. Não esqueçamos, portanto, a verdadeira devoção que se esconde nessas formas imperfeitas e, para nós, muitas vezes estranhas e repulsivas. (§77)

Devemos, dessa forma, conscientes da superioridade de nossa religião, ter vergonha das origens humildes das quais ela surgiu? Não deveríamos antes saudar essa disposição religiosa como prova da origem superior do ser humano, como uma prova de que o ser finito participa do Infinito e do Eterno? Poderíamos também ter vergonha de termos sido outrora crianças indefesas e de termos, todos nós, mesmo o mais poderoso monarca e o maior gênio, só gradualmente crescido até atingir a autoconsciência e o pensamento racional. Tampouco esqueçamos que o início não é a mesma coisa que a origem. A religião também, como todo fenômeno humano, é governada pela lei abrangente do desenvolvimento – do mais baixo para o mais alto, do natural para o espiritual. A árvore deve primeiro ser uma muda, e a muda uma semente; mas nessa semente já se esconde a majestosa árvore com sua riqueza de folhagem e seu tesouro de frutos. (§78)

Conferência IV
Estágios de desenvolvimento – as religiões naturais superiores

Tendo esboçado as principais características das religiões naturais inferiores, passemos agora às religiões superiores. O período de formação do mito, com seu polidemonismo desorganizado e com seus ritos mágicos, ainda sob o domínio do animismo, é sucedido pelo período que chamamos de mitológico, no qual se estabelece um politeísmo organizado; o mundo dos deuses, agora confinado dentro de limites definidos, é cada vez mais humanizado, e o elemento moral, portanto, cada vez mais vigorosamente faz valer suas reivindicações, sem, no entanto, ainda alcançar a supremacia sobre a natureza. (§79)

De início, é necessário adicionar uma explicação a essa breve descrição. (§80)

Avançamos da formação do mito à mitologia. Mas isso não implica necessariamente que nesta fase a elaboração dos mitos esteja inteiramente encerrada. De quando em vez surge um novo mito ou de alguma forma os velhos mitos são modificados, ampliados, subdivididos ou aplicados a seres totalmente diferentes daqueles aos quais antes pertenciam; mas os exemplos de novos mitos tornaram-se muito raros e, como eu disse em minha conferência anterior, em exame mais atento, eles serão encontrados como consistindo em material antigo reformulado. A imaginação não se compraz mais em ocupar-se com a criação de mitos como explicação de fenômenos marcantes ou daqueles que afetam o bem-estar humano – pois as pessoas agora começam a descobrir que existem outras explicações mais racionais sobre eles – e assim as transformam em narrativas poéticas do mundo dos deuses ou em tradições e lendas milagrosas de uma era passada da qual nenhum registro histórico subsiste. Agora também se tenta interpretá-los de acordo, não com seu significado original, mas com as necessidades e visões da época, e construí-los em um sistema teogônico e cosmogônico. (§81)

Agora, o polidemonismo transforma-se em politeísmo, a diferença entre um demônio, um espírito, e um deus não é absoluta. Todos os deuses são de fato espíritos, mas nem todos os espíritos são deuses. Eles não se tornam assim, até que tenham adquirido não apenas um nome definido e uma função fixa, mas um caráter específico, uma personalidade, o que os distingue claramente de outros seres superiores criados pela imaginação poética ou encarnados em forma terrestre pela arte plástica. Esses seres são agora colocados à frente de um mundo superior. O culto aos espíritos da natureza e às almas dos falecidos não é desconsiderado, mas ganha em fervor e geralmente representa um elemento emocional na religião fria e formal do Estado. Mesmo agora e depois são criados espíritos, como *Aius Locutios*, quando uma voz celestial foi ouvida, ou *Argentinus*, quando a cunhagem da prata foi introduzida. Mas, agora, eles ocupam uma posição inferior. Estão subordinados ao mundo dos deuses, são seus servos, mensageiros, assistentes, serviçais. Eles formam a comitiva que envolve a divindade da esfera da natureza à qual pertencem, o exército com o qual o deus da guerra marcha para a batalha. As almas dos mortos têm seu próprio rei em Yama, ou Osíris, ou Bel, das regiões inferiores, ou Hades, enquanto os privilegiados estão associados aos deuses da Luz, e os heróis que caíram no campo de batalha são recebidos com um banquete em Valhalla por Odin ou recebidos em Fólkvang por Freia. (§82)

Os próprios deuses agora também estão dispostos em ordem genealógica e hierárquica. Surge entre eles uma aristocracia, representada por um grupo eleito, geralmente de sete, como com os antigos arianos, os indo-iranianos ainda unidos e os assírios, ou de doze, como com os babilônios e os gregos. Ou os mais elevados estão dispostos em grupos de três, como os de Anu, Bel e Ea, e de Sin, Samas e Raman na Babilônia, imitados pelos gregos em seus Zeus, Hades e Poseidon. Os deuses védicos dão o melhor exemplo de uma aristocracia assim. Os sete Adítias ainda não estão esquecidos, mas outros deuses são colocados ao seu lado e em parte acima deles; e não parece que Varuna, o chefe deles, embora de estilo samrâj, ou todos os governantes exerçam aqui alguma autoridade real sobre Indra ou Agni, as divindades mais reverenciadas dos guerreiros e dos sacerdotes. Foi somente depois que a sociedade e a religião védica estenderam-se ao conhecimento bramânico que Brahma foi colocado à frente de todos os deuses e depois combinado em uma tríade com Rudra, Shiva e Vishnu, o mais reverenciado dos deuses da nação. O politeísmo monárquico, no entanto, logo se torna o mais comum. Um deus governa como soberano sobre todos os demais. Ele é o deus da residência do rei e sede do governo, como Ptah de Mênfis e Amon-Rá de Tebas no Egito, Marduc da Babilônia, ou Assur na Assíria, ou ele é o deus geralmente reconhecido do povo, como Zeus dos helenos, ou ele tem ambas as qualificações, como Júpiter Ótimo Máximo Capitolino. Esse politeísmo monárquico não está em nenhum lugar tão claramente definido como no mundo dos deuses homéricos. Ali, Zeus é rei dos reis, o autocrata ilimitado. Ele não pode de fato resistir ao destino, mas o destino é realmente sua própria vontade, *Dios aisa, Dios moira*. Apolo, o filho amado, e Atena, a filha que brotou de sua cabeça, a criança mimada, entregue pelo pai em tudo, está mais perto dele, mais próximo ainda que Hera, que, às vezes, conspira contra ele e que de fato pertence a uma categoria mais antiga de deuses; mas eles não governam com ele, apenas têm de obedecer, e dificilmente são mais do que personificações de sua revelação e de sua mente. Ao seu redor, em difíceis ocasiões, ele reúne sua βουλή, o conselho dos deuses, mas eles só vêm ao Olimpo para ouvir sua vontade e não têm voz na matéria. E quem não se lembra da famosa passagem no início do oitavo livro da *Ilíada*, na qual o grande olimpiano em sua ira desafia todos os deuses e deusas a se apoderarem da corrente dourada que ele deixa cair do céu, para que ele sozinho possa atirar todos juntos ao redor do topo do Olimpo, a fim de mostrar-lhes que só dele é todo o poder no céu e na terra, ao qual nenhum ser humano ou deus pode resistir. (§83)

Assim, a crescente massa de seres divinos é sucedida por uma ordem bem definida de deuses, que governam um sistema multifacetado. E essas divindades tornam-se progressivamente mais e mais humanizadas. Logo veremos que tudo isso aconteceu gradualmente, e não tudo de uma só vez. Mas, conforme esse processo de humanização avançava, o poder do elemento moral da mitologia crescia com eles. Se os deuses, embora superiores aos humanos em poder e conhecimento, de natureza superior e imortal, não podiam mais ser representados senão na forma humana, pensando, sentindo e agindo como seres humanos, era impossível evitar atribuir-lhes também aquelas qualidades morais que as pessoas tinham aprendido a apreciar em seus semelhantes. Isso era, no entanto, uma união defeituosa e ilógica do natural com o ético. Histórias são contadas acerca dos deuses, que originalmente eram forças da natureza, que não eram muito compatíveis com suas funções como vindicadores de retidão, verdade e pureza, natureza rude, mas inofensiva – os mitos, que foram transferidos dos poderes cegos da natureza para os seres considerados como ideais humanos, tornam-se repugnantes a um senso mais desenvolvido de moralidade, e vários dos filósofos não demoraram a apontar essa estranha inconsistência. E assim, enquanto durasse a supremacia dos antigos deuses, o elemento ético não poderia realmente triunfar, e as religiões que continuavam a adorar esses deuses permaneciam necessariamente como deuses das religiões naturais, que, no entanto, se aproximavam dos limites da ética. (§84)

Esse progresso também se revela no crescente desejo de organizar e regular tanto o ritual quanto a doutrina, ou pelo menos de torná-la mais uniforme entre as pessoas, e de substituir celebrações simbólicas ou outras por ritos cuja sensualidade e barbárie começaram a chocar o sentimento moral despertado pela geração nascente. Como esse progresso deve ser contabilizado? Se simplesmente respondermos que foi resultado do desenvolvimento geral da humanidade, a resposta é correta, mas é muito indefinida para lançar luz sobre o assunto. É bem verdade que as causas gerais que sempre e em todos os lugares promovem o desenvolvimento religioso também estiveram em ação neste caso: como o progresso no pensamento racional, que restringe a fantasia desenfreada e suas aberrações selvagens; progresso no conhecimento da natureza e da humanidade, que obriga as pessoas a abandonar algumas de suas noções demasiado grosseiras e remove para uma distância maior os limites do desconhecido mundo das maravilhas dos espíritos;

Elementos da Ciência da Religião

progresso na autoconsciência humana, que tornou impossível a veneração permanente dos ídolos inferiores e levou à atribuição de qualidades humanas e particularmente de qualidades morais aos seres superiores. Ou, para usar uma figura comum, poderíamos simplesmente dizer que a humanidade havia passado da infância para a juventude. Mas a causa imediata deve-se a grandes mudanças sociais, à formação de Estados e comunidades ordenadas, conscientes de sua unidade. O variado mundo espiritual das religiões animistas, sempre sujeito a mudanças, desregulado e até mesmo anárquico, não poderia mais ser satisfatório, quando tribos até então independentes e a maioria hostis tinham se combinado para formar uma grande e mais ou menos consolidada liga; quando Estados, seja sob a forma monárquica seja sob outra forma de governo, tinham sido constituídos; e quando até mesmo a ideia de unidade nacional aliada a uma pluralidade de instituições de Estado tinham entrado em voga. As pessoas sentiram também a necessidade de introduzir a ordem no mundo sobre-humano e de imaginá-lo como um Estado celestial, monárquico, federal, oligárquico, ou, às vezes, até mesmo democrático – pelo menos na medida em que, de acordo com alguns mitos, os deuses escolhem e nomeiam seu chefe, o qual, no entanto, reina então como um ditador ilimitado. Acima de tudo, os detalhes do ritual público agora precisam ser regulados pelo Estado, cuja autoridade é usurpada inicialmente pelo soberano. O sumo sacerdote da comunidade, como o chefe da família em sua própria casa, logo delegou suas funções religiosas a alguns de seus servos, que foram, assim, investidos de certa autoridade espiritual e que se ressentiram de toda interferência de estrangeiros. E assim surgiu em seguida, fora e acima das inúmeras tradições das famílias e tribos, que naturalmente eram tratadas de forma bastante arbitrária, a tradição da comunidade maior, registrada nos cantos e narrativas dos poetas nacionais, valorizada, sistematizada e ensinada por sacerdotes e estudiosos, e utilizada pelos governantes para a manutenção e justificação da autoridade deles. Todo o período mitológico do politeísmo ordenado é dominado na esfera religiosa, e talvez em outras também, pela *tradição*. (§85)

A transição para esse período a partir do anterior foi muito gradual. Várias das religiões, que claramente pertencem ao desenvolvimento das precedentes, mostram uma inclinação para elevar-se acima das noções deficientes e bárbaras das instituições do animismo. Assim, ficou registrado que Netzalcuatl, um príncipe mexicano de Tezcuco, edificou um templo de nove andares para o deus dos deuses, a primeira de todas as causas, habitando acima do nono céu, um templo no qual nenhuma das imagens ou sacrifícios sangrentos tão comuns no México seriam tolerados. Assim também ouvimos falar de Tupac Yupanqui, o inca peruano que ergueu um templo para um deus no qual se fundiram os três espíritos mais elevados de sua monarquia (Illatici-Viracocha--Pachacamac), com o fundamento de que ele não poderia considerar o Sol, o deus nacional principal, como verdadeiramente o mais elevado, mas como um mero servo, pois de outra forma ele não percorreria voluntariamente o mesmo caminho todos os dias. Mas os povos sobre os quais governavam não estavam mais maduros para tais reformas do que os súditos do Imperador José II; além disso logo vieram os espanhóis, que com fogo e espada, com violência e inquisição, converteram os mexicanos e peruanos ao Cristianismo (de um tipo), o que acabou com todas as formulações naturistas superiores e inferiores. (§86)

O que mais induziu, porém, essas manifestações esporádicas de anseios mais elevados para facilitar a transição do polidemonismo para o politeísmo organizado foi o fato de que, nas religiões animistas mais avançadas, os espíritos já estavam arranjados. A forma ou padrão desse arranjo é familiar. Desde a primeira nomeação datam várias famílias de deuses, às quais foram atribuídos lugares a todos os principais espíritos como filhos e descendentes de um mesmo par. Esse par geralmente consistia do deus do céu e da deusa da terra; embora, às vezes, o céu fosse considerado como feminino e a terra como masculina, como, por exemplo, no Egito, onde o deus da terra Seb é casado com a deusa do Céu Nut. Mas não devemos atribuir um significado excessivamente idealizado a essa paternidade do deus mais elevado ou considerá-la como um vislumbre da ideia evangélica da "adoção de filhos" (υἱοθεσία) e de uma filiação divina, uma interpretação que é excluída pela concepção mítica do casamento dos dois deuses supremos. Estes são simplesmente os chefes da família dos principais espíritos que descendem deles; bem como o fato de que a humanidade, e naturalmente só os membros do mesmo povo, deveria ser também, a princípio, pelo menos mediatamente, seus descendentes, e isso é algo a que ainda não podemos dar maior importância ética. Além desse par mítico, frequentemente ocorre que uma mãe ou uma avó divina seja considerada como a única líder do mundo espiritual. Talvez essa ideia tenha precedido a outra. Em todo caso, é certo que ela surgiu do matriarcado, um sistema social no qual a mulher é a única chefe de família. Ambas as ideias passaram para os sistemas politeístas, nos quais a família dos deuses já forma um sistema organizado. Como exemplo, basta mencionar a Hator egípcia, Ishtar e Astarte, tão amplamente difundidas na Ásia Ocidental, que como a grande Deorum Mater da Ásia Menor foram levadas até Roma e com quem a Hera argelina, a Artêmis efesina, a grande Deméter e outras deusas gregas e semigregas demonstram grande afinidade. Como exemplos da outra, podem ser citados o deus da terra Seb, egípcio, e Nut, a deusa mais elevada, que foram substituídos por Rá e Osíris, reis dos deuses, e os védicos Dyaus-pitar e Pthivi-matar, eclipsados inteiramente pelos reis Varuna e Indra; e, enquanto Zeus, pai dos deuses e da humanidade, é ele próprio elevado à condição de realeza, os algo sombrios e pouco personificados Urano e Gaia, o próprio Céu e a própria terra tornam-se seus avós, os deuses bárbaros Cronos e Reia, pertencentes a um sistema diferente de deuses, tornam-se seus pais, e, em vez de sua própria consorte Dione, ele recebe a deusa mãe Hera como sua esposa. Não é de admirar, como já foi observado, que sua união com essa obstinada Despina, que até então não reinava suprema, nem sempre foi muito pacífica. (§87)

Um bom exemplo de uma transição muito gradual dessas famílias de deuses para as estruturas divinas do politeísmo organizado é dado pelas religiões dos povos uralo-altaicos, especialmente a dos finlandeses, que sob influência escandinavo-germânica atingiu um estágio mais elevado do que qualquer um dos outros. Podemos chamar essas religiões de patriarcais. Os deuses são normalmente chamados de pai e mãe, avô e avó, e, como uma honra especial, recebem um título que na língua nativa significa "os antigos" – ou seja, os sábios e veneráveis. O panteão finlandês é, de fato, uma liga tribal ou familiar, sob chefes mais ou menos poderosos, mas sem a mais leve ordem hierárquica. Apesar disso, lado a lado, eles são independentes uns dos outros, e cada um tem seu próprio domínio, sobre o qual os outros não têm jurisdição. De acordo com seu desejo ou com a ajuda que julga necessária, o crente invoca o deus da terra, do mar ou da floresta; e, somente quando desiludido quanto ao sucesso da divindade de quem mais ele esperava, apela para Ukko, o deus do céu, como o mais poderoso de todos, que é capaz de ajudar quando todos os outros falham: (§88)

Ukko, tu, Deus do céu!
Ukko, vem, tu és invocado!
Ukko, vem, precisamos muito de ti! (§89)

Essa invocação ocorre com frequência no *Kalevala*, os poemas épicos dos finlandeses. As religiões dos uralo-altaicos ainda se encontram, de fato, na fase animista; seus deuses não passam de espíritos feiticeiros que agem por magia. Mas eles se encontram nos limites do politeísmo, limites que só os finlandeses, devido às suas relações com os povos germânicos vizinhos, ocasionalmente ultrapassaram. (§90)

Muito próximo do outro lado da fronteira, encontram-se várias religiões que devem ser classificadas entre os politeísmos ordenados, pois, embora fortemente marcadas pelo animismo, não são mais dominadas por ele. A essa classe provavelmente pertence a antiga religião do Império Chinês e a dos "sumérios" ou antigos habitantes da Babilônia, cujas muitas características passaram para o semítico-babilônico. Mas, destes, sabemos muito pouco para podermos falar com certeza. À mesma classe pertencem a maioria dos antigos cultos da Ásia Ocidental com seus ritos obscenos e bárbaros e com sua adoração de árvores e pedras, os primitivos helênicos e latinos e, altamente desenvolvidos como eram, os egípcios, com sua magia e misticismo intermináveis, seus inúmeros amuletos e fetiches, sua adoração dos animais e das almas dos mortos, que em nenhum lugar do mundo civilizado (exceto, neste último aspecto, entre os chineses) foram tão bem desenvolvidos e minuciosamente elaborados. (§91)

Ainda dentro do período do politeísmo ordenado, há duas etapas distintas de desenvolvimento: o teriantrópico e o antrópico ou semiético. O termo "teriantropia" – de *thêrion*, "animal", e *anthrôpos*, "homem" – é aplicado às religiões nas quais o mesmo deus é concebido em um momento como ser humano, em outro como animal, mas é geralmente representado na forma meio-animal, meio-humana, seja como ser humano com cabeça de animal, seja como animal com cabeça humana. A primeira dessas figuras prevalece no Egito, a segunda na Ásia Ocidental, mas não sem exceções. Os animais ou são reais ou míticos, e, às vezes, são monstros bastante compostos. Os animais vivos podem ser os representantes dos deuses na terra, uma promessa de sua presença, sua corporificação, mas devem ser exemplos muito especiais de sua espécie, distintos por certas marcas, e supostamente por terem nascido de uma forma sobrenatural. Assim, cada um dos principais deuses egípcios possuía, tanto dentro como fora de seu santuário, seu animal sagrado, que era reverenciado como o próprio deus. Insultar ou matar um tal animal era o ápice do sacrilégio. Quando o touro sagrado de Ápis em Mênfis foi ferido por Cambises e morreu no dia seguinte, seu crime foi suficiente para impelir os egípcios, que havia muito tinham sucumbido sob jugos estrangeiros e tinham perdido toda a energia, a se revoltarem contra o domínio persa; e Dario, seu sucessor, que restaurou esse domínio, agiu com grande sabedoria política ao comprar a grande custo e apresentar aos egípcios um novo Ápis para substituir um que havia morrido durante seu reinado. Nos templos da Ásia Ocidental, tais animais também foram mantidos; mas ali predominaram as figuras de animais dos deuses, sendo estes inteiramente em forma animal, como os touros de Baal e os de Iahweh em Dã e Betel, ou em forma animal e humana composta, como o Dagom de Asdod e Gaza. Seria um erro considerar essa adoração animal como um mero simbolismo. Era em parte uma sobrevida do período antigo, mas tão modificada que cada animal era associado a um deus principal, o qual era adorado através deste, e que, além disso, a forma humana era combinada com a cabeça de um animal distinto, ou o corpo do animal com a cabeça humana. A autoconsciência humana foi agora despertada, mas ainda não havia alcançado a supremacia total. Por mais estranhas que essas formas nos pareçam, essa associação com os animais inferiores não era para degradar os deuses, mas sim para diferenciá-los dos seres humanos e para indicar sua superioridade. Um misticismo primitivo, semiconsciente, esforçava-se por essas características misteriosas, emprestadas da vida animal, para expressar o poder sobre-humano da divindade. As pessoas temiam, de fato, como o historiador grego expressamente relatou sobre os fenícios, representar seus deuses em forma totalmente humana, para que não os colocassem, assim, no mesmo nível de seus adoradores. (§92)

Essa é também a razão pela qual as ideias éticas que estavam avançando em direção à conscientização não podiam ainda ser acolhidas no âmbito de uma doutrina. A moralidade estava, no entanto, ligada à religião. Os tratados morais, que surgiram no Egito em um período muito remoto, recorriam à divindade a fim de impor seus preceitos. Na Babilônia, também, antes de a religião ter atingido seu mais alto desenvolvimento, quando as pessoas violavam as leis morais sentiam que eram culpadas diante de Deus. Mesmo nas religiões da fase teriantrópica, os deuses eram vindicadores de retidão e de justiça, e os seres humanos eram responsáveis perante eles por suas ações. Mas o elemento ético é apenas colocado ao lado do religioso, não incorporado a ele. Nem poderia ser de outra forma, pois este ainda era considerado como heterônomo, como uma lei imposta arbitrariamente à humanidade. Os deuses, de fato, exigiam que essa lei fosse observada, porque eles deveriam ser obedecidos; mas eles poderiam isentar qualquer um que escolhessem, e eles mesmos não estavam vinculados a ela. Tratava-se de um instrumento de disciplina para a humanidade, mas eles estavam acima de qualquer restrição desse tipo. Além disso, em um relacionamento do ser humano com eles, as mesmas regras não se aplicariam como no seu relacionamento com seus semelhantes. Eles punem o assassinato e o deboche; no entanto, os seres humanos, e particularmente as crianças, lhes eram sacrificados; os ritos que, se não fosse pela sanção da tradição religiosa, teriam sido condenados, mesmo assim, como licenciosos e bárbaros, são realizados em sua honra. Estes são chamados, e com razão, de sobreviventes religiosos; eles não poderiam, no entanto, ter sobrevivido, a não ser pelo fato de que os seres humanos honestamente pensavam que a divindade estava acima da lei, que eles poderiam exigir de seus devotos tudo o que realmente lhes pertencia; e que, a fim de atendê-los, eles não deveriam hesitar em sacrificar em sua homenagem os seus mais queridos bens, a vida de seus filhos e a castidade de suas filhas. Mesmo em Israel, que já havia entrado em uma fase superior de desenvolvimento, a seriedade moral dos profetas não valeu sem a cooperação ocasional dos reis para pôr um fim àqueles sacrifícios sangrentos de crianças que prevaleciam antes da grande purificação feita pelo cativeiro. (§93)

Mas mesmo as religiões politeístas não param todas nesse ponto. Em algumas delas, o elemento humano predominou sobre o animal, embora essa supremacia tenha sido gradualmente alcançada. A mistura de formas animais e humanas de deuses descende para a categoria inferior de servos e espíritos subordinados, e, às vezes, para a de monstros terríveis. Os próprios animais são agora colocados ao lado dos deuses – que agora são concebidos como puramente humanos, embora com poder e sabedoria sobre-humanos – como seus súditos, mensageiros e ícones. Agora buscam-se substitutos para os rituais bárbaros. O conflito entre luz e escuridão, vida e morte, primavera e inverno, fertilidade e seca, que formaram o tema dos antigos mitos, tornam-se, agora, a luta triunfante dos deuses, concebidos como seres humanos imortais ideais, com poderes esmagadores da natureza; enquanto esses poderes, representados como gigantes, dragões e monstros, se não mesmo despedaçados como Tiamate, mãe da natureza, por Marduc, líder dos deuses, como na cosmogonia babilônica, são presos e lançados no Tártaro, como os Titãs e os Gigantes foram por Zeus. E observe que não é mera superioridade física que permite que os deuses triunfem. Quando Tiamate se prepara para defender sua única supremacia contra o poder crescente dos jovens deuses e para aniquilá-los, o mais alto deles declina a entrar nas listas contra ela, e até mesmo o valente Marduc, que ousa se colocar à frente do exército celestial, acovarda-se por um momento de terror quando é confrontado com o monstro, com sua comitiva de cobras, escorpiões, pássaros e tempestades crepitantes. Os Thursas e Jotuns, os gigantes da mitologia escandinava, são de fato mais fortes fisicamente que os Aesir e os Vanir, e são, além disso, feiticeiros hábeis. Quando os Aesir entram em um confronto com os gigantes para ver quem conseguia comer e beber mais, os Aesir foram derrotados. Mas, mesmo que os gigantes tenham zombado de Thor por considerarem-no pequeno demais, ele conseguiu que estes o respeitassem, pelas provas que lhes dá de sua força muscular e de seu apetite, embora ele não consiga beber todo o oceano ou arrastar para fora do mar a serpente de Midgard, que circunda o mundo. Mas, no final, os seres menores e mais fracos são vitoriosos devido à sua prudência e cooperação e devido a certa superioridade de espírito, que pode ser sentida em vez de ser vista ou explicada. Pela primeira vez, é revelada nesses mitos uma consciência desperta, mas um pouco nebulosa, da superioridade da mente humana sobre a natureza. (§94)

A essa consciência está necessariamente associado, e de fato nela implícito, um sentimento de preponderância moral, que resulta em um movimento ético cujo peso e poder aumentam cada vez mais. O elemento ético passa a estar agora cada vez mais pronunciado na religião e é manifestado de maneiras diferentes. (§95)

Ele se manifesta, em primeiro lugar, no fato de que a humanidade agora se aventura a criticar e a repudiar algumas das ações imputadas aos deuses através dos mitos. Isso ocorre muito cedo na história. Deixe-me citar alguns exemplos. Na curiosa narrativa do dilúvio babilônico, que forma o décimo primeiro livro de seus epos,[40] o grande Bel das regiões inferiores, de acordo com o caráter sombrio a ele atribuído pela teologia babilônica, executou o julgamento decretado pelos deuses. Toda a humanidade tem de ser aniquilada, mas outro deus chefe, o bondoso criador, cujo nome é geralmente escrito como Êa na língua antiga e que seja talvez o mesmo que o Salmã assírio, o Salvador, advertiu a um de seus devotos, um dos favoritos, sobre a iminente calamidade; e este e toda a sua tribo refugiaram-se em uma grande embarcação coberta, preservando, assim, o gérmen de uma nova humanidade. O velho Bel ficou furioso quando descobriu isso. Ele nem sequer foi convidado ao sacrifício oferecido aos deuses pelo povo resgatado, depois que eles deixaram sua embarcação, que encalhou no Monte Niṣir. O deus-sol, que vê tudo, lhe revelou como ele fora enganado. Em sua fúria, então chama Êa para prestar contas da violação do seu decreto divino, com o qual ele mesmo havia

---

40 Gênero literário que narra histórias épicas, feitos heroicos, acontecimentos grandiosos; épico; epopeia [NT].

concordado. Êa começa com respostas evasivas, mas logo vira o jogo. Não é ele, mas Bel, que tem agido de forma imperdoável. Foi um julgamento injusto que condenou o bom e o mau, o piedoso e o impiedoso, da mesma forma. E será que ele ainda desejaria destruir o resto da humanidade? Isso seria um agravamento da injustiça. Não teria, ele, outros meios à sua disposição (a peste, a fome, a guerra e os animais selvagens) de punir os pecadores, mas de poupar os justos? Bel se deixa convencer; e ele mesmo conduz os resgatados, concedendo-lhes seu perdão. E, assim, o senso de justiça que se rebelou contra tal punição indiscriminada foi satisfeito. Em outro livro do mesmo epos, Ishtar, a deusa de Uruk, oferece sua mão ao herói que ganhou uma coroa real ao libertar seu povo da opressão dos elamitas. Mas ele declina da honra de uma maneira muito rude. Ishtar faz parte do rol das deusas matriarcais que escolhem seus próprios maridos e os mantêm apenas o tempo que lhe apraz. E agora sua nova escolha a sobrecarrega com reprovações pelo tratamento cruel ao qual ela havia submetido seus antigos favoritos, um destino ao qual ele não queria se expor. É claro que o herói presunçoso paga a pena de sua audácia. O poeta não poderia representar a questão de outra forma. Uma divindade, de qualquer grau, não pode impunemente ser insultada; e Ishtar, portanto, manteve seu lugar no culto assírio e babilônico até o fim. Mas o discurso desrespeitoso colocado pelo poema na boca do herói dá vazão a um sentimento de repugnância moral diante das crueldades que em um período anterior, como os atributos míticos dos fenômenos da natureza, não tinham provocado nenhuma ofensa, mas agora, quando atribuídas a uma divindade pessoal, pelo menos causaram surpresa. É um fato curioso que nos Edas as mesmas reprovações são dirigidas contra a Ishtar escandinava e, de fato, contra todos os principais Aesir,[41] mas desta vez não por um herói ou semideus, mas sim por Loki, o *enfant terrible* dos deuses, que, no entanto, também é severamente punido por sua ousadia. O antigo exemplo babilônico prova que não é absolutamente necessário atribuir esse tratamento depreciativo dos deuses à influência cristã, à qual alguns estudiosos estão inclinados hoje em dia a atribuir uma parte considerável da mitologia escandinava. Casos similares podem muito bem ocorrer em uma religião natural de um estágio superior. Tampouco precisamos atribuir a ideias cristãs o destino terrível do deus Loki, que acaba de ser mencionado. Isso nos leva a considerar outra manifestação mais marcante de sentimento moral na religião desse período. Acabo de mencionar que Ishtar, apesar do papel perverso que desempenha nos epos, manteve seu lugar no culto babilônico e assírio até o final. O mesmo pode ser dito do Bel das regiões inferiores. Assim, o serviço dos deuses olimpianos não sofreu com o fato de que os poetas da *Ilíada* e da *Odisseia*, que foram lidos por todos os gregos, descreveram seus caprichos, suas brigas, suas intrigas e suas tolices com certa aprovação. O culto de Hefesto e Ares, e menos ainda o de Afrodite, também não foi prejudicado pelo fato de Demódoco, na *Odisseia*, pendurar um retrato cômico dos erros das deidades do amor, da guerra e da vingança do marido ferido, que em outra ocasião, quando coxeava como o portador da taça dos olimpianos, os fez estourar em gargalhadas incontroláveis. Mas tal nem sempre foi o resultado. Alguns dos deuses foram privados de sua honra e majestade. Hades, o deus sombrio das regiões inferiores, ainda era servido, mas não mais do que absolutamente necessário, e, quando as pessoas passavam por seu templo, elas desviavam dele seus rostos. O Loki germânico, um

---

41 Segundo a mitologia nórdica, é um clã de deuses que reside em Asgard [NT].

Elementos da Ciência da Religião

dos três deuses mais elevados, que acompanhou o deus supremo Odin em todas as suas expedições, sempre malandro, às vezes, levando o mundo dos Aesir à beira da ruína por seus truques, mas conseguindo salvá-lo no último momento, tornou-se um espírito maligno, que foi abandonado por todos e condenado à tortura eterna por seus erros. A mesma coisa aconteceu em um período muito anterior no caso do deus egípcio Set. Odioso como foi o papel desempenhado por ele, o deus da morte no mito de Osíris – um dos dois principais mitos do credo egípcio, no qual ele figura como o assassino de seu irmão –, no entanto, por muitos séculos não foi menos reverenciado do que seu irmão, e alguns dos reis da décima nona dinastia até se alegraram em tomar o nome dele e delinear as características dele como o deus que "instruiu as mãos deles para a guerra". Mas, pouco depois, Set tornou-se um temido demônio, cujo nome o povo apagou dos monumentos e cuja imagem eles tentaram transformar na imagem de algum outro deus. Finalmente, o resultado produzido entre os povos iranianos por uma grande reforma – os Devas, os seres outrora reverenciados como deuses celestes da luz, foram banidos para o reino das trevas como espíritos mentirosos e demônios – ocorreu na Índia, no caso dos Asuras. Nos Vedas, o nome Asura é o título mais alto dos deuses principais e, na forma de "Ahura", continuou a ser o título do único deus supremo no sistema de Zaratustra. Mas, mesmo dentro do período védico, a palavra é frequentemente aplicada a certos espíritos mágicos malignos; e os Asuras depois se tornam os inimigos astutos e perigosos dos Devas, que não são mais adorados, mas abominados. (§96)

Mas essa purificação do mundo dos deuses e essa crítica incidental a seus atos foram insuficientes para satisfazer as crescentes exigências do sentimento moral. Há uma tentativa, agora, de atender a essas exigências, dando aos mitos naturais um significado ético ou mesmo modificando-os de acordo com princípios éticos. A primeira tentativa foi feita em um período muito precoce, como é comprovado pelos mitos de Héracles[42] e Prometeu, entre muitos outros. Ambos são deuses muito antigos, embora um deles tenha descido à categoria dos heróis ou dos chamados semideuses. O outro foi classificado entre os Titãs. No entanto, ambos, particularmente Héracles, eram geralmente adorados como deuses e, sendo considerados os maiores benfeitores da raça humana, eram mais amados do que muitos dos outros deuses. O mito de Héracles é um dos mais ricos da já rica mitologia grega. Seria necessária uma série de conferências para discuti-lo, e até mesmo uma breve pesquisa tomaria muito de nosso tempo. Portanto, limitar-me-ei apenas aos pontos principais e ao que é comumente aceito. Héracles é geralmente considerado como um antigo deus do sol, ou herói do sol, servindo de boa ou má vontade, que, como Io, a melancólica deusa errante da lua, é odiado e perseguido por Hera, a rainha ciumenta dos céus; mas, depois de uma vida de incessantes contendas e sofrimento, labuta e humilhação, em benefício da humanidade, ele é recebido na esfera do Olimpo por Zeus, o deus dos céus, como o mais amado de seus filhos. Essa é sem dúvida a história de Héracles segundo a mitologia clássica, mas acredito que ela tomou forma sob a influência de certos deuses orientais e de seus mitos. O deus helênico original era de um caráter diferente, mais parecido com o Thor-Donar, o deus germânico do trovão. Mas não precisamos discutir mais esse ponto. É ponto pacífico que os antigos mitos nativos de Héracles

---

42   Na mitologia romana e na maior parte do Ocidente moderno, este herói tornou-se célebre pelo seu nome latino: "Hércules" [NT].

eram caracterizados por uma rudeza bárbara. Esse herói divino é geralmente um guerreiro e um lutador e, portanto, é o patrono dos atletas, fundador dos jogos olímpicos. Sua arma favorita é a clava. Ele é um genuíno Jotun ou Thursa, sendo capaz de comer e beber até mais do que os centauros, e um verdadeiro Berserker[43] destruindo tudo em seus acessos de fúria, matando até mesmo seus próprios filhos. Como deus da fertilidade, ele é o patrono especial do lavrador, do viticultor e do pastor de ovelhas, e nesse aspecto ele também se assemelha a Thor. Contam-se as histórias mais incríveis sobre sua prodigiosa força física e sobre seu exuberante espírito animalesco. Em resumo, ele é um ideal de força corporal e poder gigântico, o ideal de um jovem semicivilizado, para quem olharam como sendo alguém que evita os desastres (*Alexíkakos*) e como o conquistador (*Kallínikos*) de todos os monstros e seres hostis, concebidos como encarnações dos temidos poderes da natureza. O que, então, as necessidades religiosas das gerações posteriores, quando os modos eram suavizados e a civilização superior exigia outros ideais, fizeram desse lutador rude? O que fizeram dele as especulações éticas de filósofos e teólogos, especialmente depois de sua personalidade e de seu mito terem sido enriquecidos sob a influência de elementos estrangeiros? Os teólogos ensinaram que ele tinha de sofrer todas essas coisas e de realizar todas as suas tarefas difíceis a fim de expiar sua culpa hedionda, e que ele não seria recebido na esfera dos deuses até que tivesse superado triunfantemente todas as suas provações. Os filósofos fazem dele um sofredor nobre que voluntariamente, por amor à humanidade,

---

43 *Berserker* era o nome que se dava a guerreiros nórdicos ferozes, relacionados a um culto específico ao deus Odin. Eles despertavam em uma fúria incontrolável antes de qualquer batalha [NT].

tomou sobre si seu pesado jugo e que, quando um jovem, parado na encruzilhada onde a Virtude o convidava a segui-la, e o Prazer o seduziu, escolheu sem hesitar o antigo caminho: um ideal moral tanto dos cínicos quanto dos estoicos, e em cujo nome foi fundada uma fraternidade amplamente difundida de devotos. E os escultores também, enquanto aderiram ao seu antigo tipo de combatente muscular, cingido com a pele de um leão e apoiando-se em seu bastão, lançam uma expressão de profunda melancolia em suas feições, característica do herói sofredor. (§97)

O mito de Prometeu é também obviamente um antigo mito da natureza, o do roubo do fogo, comum a todos os arianos, e talvez também a outros povos, enquanto ele mesmo é o deus do fogo doméstico e sacrificial, intimamente associado a Hefesto, o grande deus do fogo das artes mecânicas, e à deusa do relâmpago, Atenas, nascida da cabeça de Zeus. Os mitólogos não o encararam a princípio com benevolência. Ele era um ladrão desenfreado, um velhaco astuto (ἀγκυλομήτης), que tentava sempre enganar o grande Zeus, sempre se opondo a ele em sua presunção e até mesmo procurando igualar-se a ele. Segundo Hesíodo, ele não conferiu sequer um trunfo à humanidade com seu dom funesto e, portanto, só serviria a ele o justo direito de estar acorrentado a um pilar, com uma águia devorando seu fígado, que crescia de novo a cada noite, e de sofrer esse tormento insuportável até que Héracles conseguisse obter seu perdão e libertação. Mas Ésquilo conta uma história bem diferente. Ele apresenta Prometeu como um dos benfeitores da raça humana, com o qual a humanidade está em dívida por seu domínio sobre a natureza e as bênçãos de uma civilização superior. Embora o poeta seja um crente sincero, que considera Zeus como o maior e mais poderoso deus, e também como o sábio soberano, ele tem plena simpatia pelo ousado Titã, que, por amor abnegado à humanidade, ousa resistir ao soberano supremo; e ele amorosamente o delineia como um modelo de nobreza e de grandeza de caráter. O temível sofrimento ao qual ele é condenado é antes o destino trágico de alguém que ousou tentar conclusões com um poder superior para a salvação dos outros, do que a merecida pena de um ser humano perverso; e o herói preso se consola com o pensamento de que até mesmo a soberania de Zeus terá um dia um fim. Podemos nos surpreender que o poeta não tenha percebido a inconsistência entre seu retrato simpático do Titã rebelde e sua crença na bondade e na justiça do pai dos deuses e dos seres humanos; no entanto, não podemos negar que em sua marcante criação ele revela uma nobre autoconsciência humana e um sentimento moral puro e sublime. (§98)

Os poetas, entretanto, não se contentam em estabelecer uma construção ética sobre os mitos da natureza. Eles dão um passo adiante. Eles se dão grandes liberdades com os próprios mitos e os modificam de acordo com seus princípios éticos. Cada um deles o faz à sua maneira. Píndaro suprime as características questionáveis dos mitos ou se esforça para salvar a honra dos deuses, explicando-os com base em fundamentos racionais. Ele é incapaz de dar crédito ao mito de que Tântalo serviu seu filho aos deuses e de que pelo menos um deles o consumiu; seria Poseidon quem teria arrebatado o jovem e acusado o pai. Às vezes, ele rejeita totalmente a tradição, para que não seja obrigado a admitir que os deuses brigavam entre si. Ésquilo, como vimos, conduz seus ouvintes ao coração do mito, revela-lhes sua seriedade moral e os reconcilia, tanto quanto possível, com as necessidades de sua época. Sófocles, o mais ético dos três (ἠθικώτατος), adere mais fielmente à forma dos mitos, mas os humaniza. Seus heróis são mais humanos que os de Ésquilo e expiam a culpa na qual involuntariamente incorreram, como Édipo, ou na de outros, como Antígona, pelo sofrimento voluntário em vez de desobedecer às leis não escritas, mas eternas e imutáveis de Zeus, que ninguém pode violar a mando de seus semelhantes. Eurípedes, indevidamente depreciado nos últimos tempos pelos críticos alemães, mas defendido por pessoas como Mahaffy, Symonds e Robert Browning, pode ter sido inferior aos dois outros grandes trágicos como dramaturgo, mas os superou como um pensador filosófico. Não encontramos nele a serena harmonia de Sófocles, mas sim o conflito, uma luta constante com dúvidas sobre as quais ele nem sempre pode silenciar. Entre seu pensamento e sua arte – pois a tragédia tinha um caráter religioso, sem dúvida necessário para se conformar ao credo popular –, havia um abismo que ele não podia superar e ao qual ele renegou. Muito esclarecido para conformar-se com a tradição, ele era religioso demais para ficar satisfeito com sua rejeição, e, às vezes, seu sentimento religioso prevalecia, como quando descreve o destino de Penteu, que estava condenado a perecer porque, apesar dos sinais divinos, recusava-se a honrar Dionísio. O caso de Eurípedes mostra melhor do que qualquer outro como os mais esclarecidos, sem talvez estar plenamente conscientes disso, haviam saído da adoração das religiões naturais e como tentaram reconciliá-la com suas próprias convicções filosóficas e éticas, embora nem por isso com sucesso total. (§99)

Mas eles não podiam ir tão longe quanto os filósofos. Quando estes falavam de um deus, o maior entre deuses e seres humanos, ao contrário dos mortais, tanto na forma como no espírito, tal doutrina não poderia ser tolerada pelos representantes oficiais da religião nem aprovada por crentes como Píndaro. Segundo ele, os seres humanos são infinitamente inferiores aos deuses, à mercê do destino, ignorantes de seu futuro; no entanto "uma é a raça dos humanos e uma a dos deuses, e de uma só mãe nós tiramos nosso fôlego". Exaltados acima da velhice, da doença e da morte, abençoados e onipotentes, os deuses não são, no entanto, totalmente diferentes dos seres humanos na origem, na forma corporal e nos poderes mentais. (§100)

E, de seu ponto de vista, esses poetas e crentes estavam certos. Se eles tivessem abandonado seu credo, teriam sacrificado um dos elementos indispensáveis da religião – a crença na inter-relação que subsiste entre Deus e o ser humano, não obstante a infinita superioridade de Deus. (§101)

Assim, a tentativa de elevar as religiões superiores da natureza ao nível das religiões éticas por um processo de desenvolvimento gradual não foi bem-sucedida. Essas religiões naturais chegaram ao limite extremo; contudo, permaneceram apenas semiéticas e desprovidas de qualquer união harmoniosa dos elementos éticos e naturais, uma união a ser alcançada somente após um longo percurso de desenvolvimento. Até então, a concepção de Deus havia sido purificada, elevada e espiritualizada tanto quanto era possível. Outras nações haviam antecipado os gregos nisso. Algumas vezes encontramos os profetas de Tebas exaltando seu Amon-Rá, ou os escribas reais babilônicos seu Bel Marduc, em uma linguagem que os profetas hebreus não teriam evitado aplicar ao Santo de Israel. Ao longo dos salmos penitenciais da Babilônia, respira-se um profundo sentimento de culpa. Palavras cheias de consolo são dirigidas ao último dos grandes monarcas de Assur: "Teus pecados, Assurbanípal, como as ondas do mar, serão obliterados; como os vapores sobre a face da terra, eles se derreterão diante de teus pés!". Os mais altos dos deuses não foram criados nem nasceram, mas criaram a si mesmos (*banû ramnishu, khoper t'esef*). Tal foi a doutrina ensinada às margens do Eufrates e do Tigre, e tal às margens do Nilo. Como os gregos se esforçaram para unir em Zeus todos os atributos do Todo-Poderoso, todo-sábio e bom governador do mundo – o que eles fizeram de Apolo, o deus da luz, em quem se combinam as mais altas qualidades de grande gênio, inspiração artística, sabedoria, autoconhecimento e humanidade genuína, e que se tornou o revelador da vontade divina, o expoente da culpa e o inspirador da vida superior –, assim a antiga deusa da natureza, Atena, que encontramos já transferida por Homero do domínio da natureza para o da vida espiritual, tornou-se a deusa virgem Partenos, sempre agindo com prudência na guerra e na paz, padroeira da ciência e da arte, representante da rica civilização helênica, que culminou em Atenas, e da luz espiritual que dali irradiava por todo o mundo, e que nem sequer foi extinta pela queda do antigo povo grego. Tudo isso é muito conhecido e não exige mais do que uma única palavra para que seja recordado. Mas tudo isso foi inútil. Os deuses ainda eram demasiadamente deuses da natureza; seus serviços ainda lembravam demais os fenômenos e poderes da natureza, dos quais eles haviam sido um dia personificações; eles eram, acima de tudo, demasiadamente sobrecarregados pelos mitos que não se adequavam ao estágio ético mais elevado agora alcançado, para jamais se tornarem deidades éticas puras. Para que uma religião natural possa dar origem a uma ética, uma reforma é necessária; e essa reforma não deve apenas substituir um deus espiritual, ético e pessoal pelos deuses da natureza, mas deve romper resolutamente com as formas antigas, retendo apenas tantas delas quanto forem consistentes com os princípios superiores sobre os quais ela se baseia. Como tais religiões vêm à existência e como se desenvolvem, tentarei indicar na próxima conferência. (§102)

Conferência V
Estágios de desenvolvimento –
as religiões éticas

Passaremos agora a discutir as religiões mais desenvolvidas, aquelas que chamamos de religiões de revelação *ético*-espiritualista ou, mais abreviadamente, as religiões *éticas*, com base nos fundamentos já explicados. Eu as chamo de *espiritualistas* porque, às vezes, são caracterizadas pelo espiritualismo levado ao extremo; de religiões de *revelação* porque a ideia de revelação atingiu agora clareza e maturidade perfeitas e porque uma revelação especial, de uma vez por todas, comprovada pela divindade e registrada em texto sagrado, forma o alicerce sobre o qual a religião repousa; mas, acima de tudo, *ética*, porque, surgindo de um despertar ético, elas buscam esse ideal mais ou menos elevado, não mais meramente coordenado com a religião, mas concebido como a própria vontade de Deus, uma emanação de Seu ser – ou, em uma linguagem filosófica mais abstrata, um ideal objetivado e projetado na concepção de Deus. Também tive oportunidade de salientar que a transição das religiões naturais para as éticas não se processa tão regularmente como a transição das religiões inferiores para as superiores, ou das polidemonísticas animistas para as politeístas ordenadas, mas é invariavelmente realizada por meio de uma reforma projetada ou, às vezes, até mesmo por uma revolução. Tudo isso deve agora ser explicado e ilustrado com mais detalhes. (§103)

Vamos falar primeiro um pouco sobre as religiões que podem ser consideradas como as que atingiram esse estágio de desenvolvimento. Sobre algumas delas não há que ter dúvidas. Basta mencionar o Judaísmo, que, surgido da comunidade mosaica, foi fundado sobre a sagrada Torá, a lei revelada a Moisés pelo próprio Deus, e sobre a pregação dos profetas inspirados. Ou a comunidade bramânica com seus Vedas como livro da revelação, compreendendo toda uma ciência divina de redenção, infinita e eterna, não imaginada, mas efetivamente recebida pelos antigos bardos. Temos ainda o Confucionismo, que reverencia Kong-tse, o grande sábio da China, como seu fundador e possui suas escrituras sagradas nos cinco Reis, ou livros canônicos, e os quatro Shu, ou livros clássicos, dos quais o último nome emanava da escola de Kong. Há também o Islã com o Corão, registrando as revelações feitas por Alá a Muhammad, o maior de todos os seus profetas; ou várias outras comunidades religiosas que surgiram em épocas posteriores, principalmente na Índia e na Pérsia, e que não podem ser exatamente identificadas com o Bramanismo, o Budismo ou o Islã, embora baseadas em parte em uma dessas religiões e em parte no Cristianismo. A questão sobre se o Taoismo, a outra grande religião chinesa, pode ser considerado uma religião ética deve ainda ser submetida a uma investigação para a qual não me considero qualificado; mas, a julgar pelo seu desenvolvimento histórico, suspeito que não tenha tal pretensão. Pois, apesar de ele apelar para Lao-tse (o outro grande sábio chinês, um contemporâneo mais antigo de Kong, e altamente reverenciado, mas não seguido por este último) e para seu Tao-te-King, o livro do Caminho e da Virtude, como sendo um escrito sagrado, temo que não se possa reivindicar tal título e que nem é possível encontrar uma relação entre as superstições tolas e as lúgubres artes mágicas em que se deleita e nas sombrias, mas profundas, especulações do mestre. Por outro lado, temos a religião de Zaratustra, que prevaleceu nas terras iranianas durante o antigo domínio persa dos Aquemênidas, no Império dos Arsácidas, e o domínio persa medieval dos Sassânidas, que certamente em minha opinião pertence às religiões éticas. É para mim um mistério como o professor Siebeck pôde classificá-la entre as religiões naturais superiores, que ele denomina de religiões morais. Não falta aqui nenhuma das características de uma religião de revelação espírito-ética. Embora seja discutível se Zaratustra foi um personagem bárbaro ou mítico – sobre o tema da Antiguidade iraniana há importantes autoridades e historiadores de renome que defendem a primeira opção –, é certo que, embora ele pertença a um período lendário e seja exaltado como um ser sobrenatural, ele constitui o resumo concreto, ou o epônimo, de uma reforma definitiva efetuada pela promulgação de uma nova e sistemática doutrina. Essa doutrina, ao mesmo tempo religiosa e social, era essencialmente ética. Porque a vida itinerante de hordas predatórias agora deveria ser substituída pela vida estabelecida de lavradores e pastores; o culto aos Devas deveria ser substituído por seres superiores, que, não mais como os deuses da natureza, governavam sobre a natureza e que exigiam, santificavam e protegiam a pureza, a vigilância e a indústria. Esses seres, como já indiquei, que no início eram pouco mais do que personificações sombrias de ideias abstratas, eram considerados como os vassalos e servos de um verdadeiro deus, o Senhor todo-sábio, Ahura Mazda, nem nascido nem criado como eles, e muito acima deles. Se, em um período posterior, quando a nova religião se espalhou entre as tribos e classes que se agarravam a seu culto ancestral, vários dos antigos deuses e rituais foram reavivados, eles foram subordinados a Ahura Mazda ou transformados de deuses em Yazatas zoroastrianos, enquanto seu serviço estava em conformidade com a doutrina ortodoxa. Muitos cristãos, budistas e islâmicos devem sua origem a um processo semelhante. O antigo culto ao fogo foi mantido, mas agora sobre o chão que era de origem celestial e que era verdadeiramente o espírito do próprio Ahura Mazda. Tampouco faltava um escrito sagrado. O Avesta, que existe até hoje, contém infelizmente tão só uma pequena parte dos primeiros fragmentos de uma literatura religiosa que, segundo a tradição iraniana e a grega, era de grande extensão, e, como sendo o registro da revelação divina, foi preservado por ordem do governo em duas cópias autênticas, mas foi perdido quando a Pérsia foi conquistada por Alexandre, o Grande. Até hoje, entre os parses da Índia e os habitantes de vários distritos da Pérsia, que, em comparação aos demais orientais, destacam-se em engenhosidade, honestidade e limpeza, a religião zoroastriana ainda sobrevive, dando admiráveis testemunhos de um dos mais nobres movimentos ético-religiosos registrados pela história antiga. (§104)

Talvez vocês estejam surpresos que eu não tenha ainda mencionado as duas maiores religiões do mundo, as mais difundidas de todas – o Budismo e o Cristianismo. Qual a posição a ser atribuída a essas duas nessa classificação é uma questão de grande controvérsia. O professor Whitney não hesitou sobre esse assunto e as colocou naturalmente na categoria das "religiões provenientes de um fundador individual" ou praticamente na mesma classe que eu prefiro chamar de ética. "Nessa ordem", diz ele, "temos o Zoroastrismo, o Islã e o Budismo; e, do ponto de vista da história geral das religiões, qualquer que seja a diferença de caráter e autoridade que ela reconheça em seu fundador, o Cristianismo pertence à mesma classe delas, como sendo uma religião individual e universal, que cresceu a partir de uma que estava restrita a uma única raça".[44] (§105)

Eu me refiro às palavras dele de forma consciente, pois elas indicam exatamente a atitude que nossa ciência deve tomar em relação à nossa própria religião. Estamos preocupados neste momento apenas com a classificação morfológica das religiões, e não com a questão de qual delas em nosso julgamento satisfaça melhor as necessidades do ser humano, ou qual é a mais excelente, ou qual é a única religião verdadeira. Se, dessa forma, colocarmos o Cristianismo como uma forma de religião entre as religiões éticas mais desenvolvidas, será por razões puramente científicas. E, se o colocarmos na mesma categoria que outras, como o Budismo, isso não implicará de forma alguma que ele tenha o mesmo valor religioso. Por enquanto, deixemos esse ponto por determinar; mas, para que não houvesse mal-entendidos, era forçoso que explicássemos essa questão. (§106)

É óbvio para todos que existe uma diferença material entre essas duas religiões e as outras religiões éticas. A maioria das religiões limita-se a um determinado povo ou nacionalidade, e, se elas se difundem e são aceitas por outras nações, é como fazer parte da parcela da civilização à qual pertencem; mas essas duas religiões se dirigem sozinhas, não a um único povo, mas a toda a humanidade e a cada nação em sua própria língua. O Judaísmo, por exemplo, admitiu prosélitos de outras nações, que ou obedeceram a algumas de suas ordens ou cumpriram toda a sua lei de retidão, mas nunca considerou nem mesmo estes últimos como iguais no mesmo nível que os filhos naturais de Abraão. Mas Buda disse: "Minha lei é de redenção para todos"; e o Cristo exclamou: "Um é

---

44 *Princeton Review*, 1881, p. 451 [NA].

vosso Pai, e vós sois todos irmãos![45]" Estou ciente de que, a princípio, muitos devem ter se sentido ofendidos quando viram que mesmo os Chandalas,[46] que não pertenciam a nenhuma casta em particular e cujo contato poluía um membro da comunidade bramânica, foram admitidos no Budismo; e é bem sabido que muitos dos cristãos judeus olharam a pregação do Evangelho aos gentios e recusaram-se a comer com os cristãos gentios. No entanto, ambas as religiões continham o mesmo grande princípio da primeira. Em resumo, tanto o Budismo quanto o Cristianismo são de caráter universalista, enquanto todas as outras religiões éticas são, em sua maioria, particularistas. Destas, o Islã é a menos particularista. Esta religião também se estende a todas as nacionalidades e não faz distinção entre crentes árabes e convertidos de outras nações. Mas sua linguagem sagrada, sua peregrinação obrigatória à Meca e Medina, e seu cerimonial minuciosamente detalhado a tornam muito mais particularista do que o Budismo ou o Cristianismo, aos quais é inferior também em outros aspectos. Nascido de uma combinação do Judaísmo com um Cristianismo mal compreendido e degenerado, e enxertado na religião árabe em uma época em que o mais alto desenvolvimento religioso estava se fazendo sentir, foi de fato obrigada, se quisesse competir com o Cristianismo, a adotar a forma de uma religião universalista; mas permaneceu muito mais semita, e até árabe, do que o Budismo era ariano ou indiano, embora lhe falte inteiramente o elemento humano geral do Cristianismo e sua maravilhosa adaptabilidade às mais divergentes necessidades humanas. O professor Siebeck,

---

45 Mateus 23,8 [NT].

46 *Chandala* ou Candala é uma classe de pessoas na Índia geralmente consideradas como sem castas e intocáveis [NT].

portanto, chamou o Islã de *Rückbildung*,[47] um declínio para um plano inferior; e, quando o coloquei na categoria do Budismo e do Cristianismo entre as chamadas religiões do mundo, vários estudiosos protestaram. Admito que existe uma diferença material entre o Islã e estas duas grandes religiões, na medida em que o Islã não produziu espontaneamente o princípio universalista como um corolário necessário de suas concepções fundamentais, mas o tomou emprestado do Cristianismo e o aceitou em um sentido mais político do que religioso. De fato, o universalismo do Islã pouco difere e é apenas uma extensão do proselitismo judaico. É uma religião mundial no mesmo sentido em que falamos de uma monarquia mundial, uma religião essencialmente nacional e até agora particularista, mas que se esforça para subjugar o mundo e para substituir Meca por Jerusalém como sua capital religiosa. (§107)

No entanto, estudos e reflexões posteriores me levaram a uma visão um pouco diversa daquela que eu costumava ter em relação ao Budismo e ao Cristianismo, especialmente no que diz respeito a esta questão. Será que, ao classificar essas duas religiões de acordo com as outras religiões éticas, embora elas formem uma estrutura superior, não estaríamos inadvertidamente articulando o que é realmente heterogêneo? Poderemos – e esta é a pergunta principal – chamá-las de religiões no mesmo sentido que o judeu, o parse ou qualquer outro? Essa pergunta não se baseia no fato de que o Budismo poderia ser chamado originalmente de ateístico e, portanto, não ser uma religião, porque, na opinião da comunidade budista, o próprio Buda, seja como o glorificado

---

47   Palavra alemã que significa "regressão", o contrário de evolução [NT].

Shakyamuni,[48] seja como o Adi-Buda[49] em sua elevação máxima, e assistido por uma comitiva de outros Budas, foi considerado como a divindade. Em todo caso, essa dificuldade não se aplica ao Cristianismo. Mas tanto em uma religião quanto na outra isso é mais uma abstração do que uma organização em si, não é uma religião em especial, mas um grupo ou família de religiões em origem e em alguns princípios gerais, mas totalmente diferente e até mesmo antagônico – um grupo ou família no que tange ao mesmo senso geral que o ariano e o semita, mas diferindo destes em particular por ter consciência da origem comum e da afinidade geral de princípios porque surgiu em seu interior, enquanto os outros surgiram antes, no período histórico. Cada um desses grupos venera o mesmo Senhor, mas o modelo dessa veneração e a concepção de sua personalidade são muito divergentes. Todas as Igrejas cristãs recorrem aproximadamente às mesmas escrituras sagradas – enquanto entre os budistas até mesmo os cânones são

---

48 *Buda* significa "alguém que acordou", em tese qualquer indivíduo esclarecido é tecnicamente um Buda. *Shakyamuni* é um nome dado ao Buda histórico, especialmente no Budismo Mahayana. Então, quase sempre, quando alguém está falando de Shakyamuni, está falando da figura histórica do qual nasceu Siddhartha Gautama. Essa pessoa, após sua iluminação, também é chamada de "Gautama Buddha" [NT].

49 No Budismo Vajrayana, o *ādibuddha* é o "Primeiro Buda" ou "Buda Primordial". O termo ressurge na literatura tântrica, mais proeminentemente no Kalachakra. De acordo com a primeira interpretação, *ādi* significa "primeiro" tal que o *ādibuddha* foi o primeiro a atingir o estado de Buda. De acordo com a segunda interpretação, *ādi* também pode significar "primordial", não se referindo a uma pessoa, mas a uma sabedoria inata que está presente em todos os seres sencientes. No Budismo tibetano, o termo *ādibuddha* é usado frequentemente para descrever Samantabhadra, Vajradhara ou Kalachakra. Na Ásia Oriental, o *ādibuddha* é tipicamente considerado como Vairocana [NT].

diferentes –, mas todas diferem em suas opiniões quanto ao uso e à interpretação desses registros antigos. Em resumo, se pudermos definir as religiões como "modos de adoração divina próprias às diversas tribos, nações ou comunidades, com base na crença mantida em comum pelos seus membros de várias formas",[50] a definição se aplica de fato às diversas Igrejas e seitas budistas e cristãs, mas nem ao Budismo nem ao Cristianismo como tal. Elas estão além dos limites de nossa classificação morfológica. São revelações poderosas do espírito religioso ético, que, disseminadas pela pregação, conquistaram, às vezes somente após longa resistência, as velhas religiões com as quais entraram em contato, permeando-as mais ou menos com seus princípios superiores e, assim, reformando-as inteiramente. Essa pregação, esse conflito e essa fusão, ou compromisso, como se poderia chamar, deu origem a essas religiões ou Igrejas, cognatas, de fato, mas de caráter e desenvolvimento bastante distintos, as quais, juntas, chamamos de Budismo ou Cristianismo. O estágio de desenvolvimento ao qual cada uma dessas diferentes Igrejas pertence deve, então, formar o objeto de uma investigação especial. (§108)

Certamente vocês notaram a grande importância e a ampla aplicação das observações que fiz, tanto no que diz respeito à teoria como no que se refere à prática. E essas observações são o suficiente para o momento. Não precisamos por hora nos dedicar mais à questão, mas devemos nos esforçar para esboçar e caracterizar o curso do desenvolvimento religioso na fase ética. (§109)

Todas as religiões que alcançaram esse plano de desenvolvimento foram originalmente religiões pessoais, oriundas de um movimento ético-espiritualista de algum tipo. Se cada uma delas

---

50   *Encyclopaedia Britannica*, art. "Religions" [NA].

Elementos da Ciência da Religião

foi fundada por uma pessoa específica, ou melhor, se cada uma surgiu da mente de um único pensador, ou da alma de um único ser humano piedoso, isso deve continuar indeterminado. De fato, cada uma delas nomeia um fundador como o mediador através do qual a divindade comunicou aos seres humanos sua mais alta revelação; o que tem sido questionado – se com razão ou não, não é necessário discutir – é se alguns deles, como o Buda e Zaratustra, são pessoas históricas ou puramente míticas. Em todo caso, a reforma ética, de onde surgiram essas religiões, deve ter sido suscitada ou por alguma natureza profética poderosa, que reuniu um círculo de discípulos ou espíritos afins em torno dele, embora muito superior a eles, ou por um pequeno grupo de pensadores religiosos, dos quais algum líder desconhecido deve ter sido a vida e a alma – em todo caso, são manifestações individuais, do sentimento religioso, adulto até a maturidade e a independência, de uma única pessoa, ou de um grupo de pessoas de mesma opinião, em conflito com a religião tradicional do Estado ou da comunidade. E a história posterior deles sempre denuncia essa origem. Nascidos em meio a labutas e conflitos, crescendo em meio à opressão e perseguição, e ainda assim, apesar delas, e às vezes rapidamente, noutras vezes apenas após uma luta de muitos anos ou séculos, formando comunidades mais ou menos poderosas que desempenharam um papel importante na história do mundo, elas sempre mantêm a marca indelével de sua linhagem. (§110)

Analisemos agora o que isso tem que ver com o desenvolvimento da religião. (§111)

Em primeiro lugar, deve ser mencionada uma modificação importante na concepção de revelação. Essa ideia é comum a todas as religiões, por mais diferente que o termo possa ser interpretado. Mesmo os deuses da natureza revelam-se por seus oráculos e profetas e por seus "sinais e maravilhas" (*omina et portenta*), que são observados ou deveriam ser observados na natureza, e especialmente na abóbada celeste, ou em qualquer desvio do curso normal dos acontecimentos. No entanto, todas essas revelações, mesmo que não totalmente abandonadas, e ainda que depois reapareçam de uma forma modificada, são eclipsadas pela única grande revelação da nova doutrina, que é considerada como abrangendo toda a lei de Deus. A princípio, a doutrina é indefinida e ainda em estado de fluidez, uma palavra viva, cuja autoridade depende unicamente da verdade que ela expressa e do eco que ela encontra no coração de seus ouvintes. Mas, transmitida pelos primeiros fiéis a uma geração que não testemunhou a fonte da transformação, com acréscimos e interpretações que não lhe pertenciam originalmente, a doutrina finalmente assume uma forma fixa; e, em vez de permitir que sua adaptação dependa de sua própria eficácia espiritual e de sua força convincente, os líderes agora começam a impô-la como obrigatória. Os livros nos quais ela foi registrada sob a forma de uma narrativa histórica, ou de um sermão, ou de uma lei, ou de diálogos entre Deus e o Mediador, são destinados inicialmente apenas a lembrar e estimular os fiéis, em um período posterior, unidos a outros de origem muito mais recente em um único manual, para o qual toda a autoridade originalmente atribuída à própria revelação seja gradualmente transferida. A confusão de ideias, que nas religiões naturais – e também nas religiões superiores – conduz a uma identificação da imagem e do símbolo com o espírito, do ídolo com o deus, conduz nesse caso à identificação da revelação e da doutrina que a contém com uma escritura na qual ela é registrada. Nenhuma diferença é estabelecida entre as duas. Se a doutrina é antiga, o livro não deve ser posterior, mas deve ser, como ele, de origem divina e sobrenatural, e não pode ter sido escrito como outros livros. Os Ṛishis, os cantores sagrados dos hinos védicos, não compuseram esses hinos, mas na verdade os receberam. O Veda em si não é feito nem criado, mas existia com a divindade antes da Criação. Existem outros escritos sagrados também, mas eles não podem ser comparados com esse livro de revelações. O brâmane faz uma distinção rigorosa entre os S'rauta-sutras e os Smarta-sutras; o primeiro repousa sobre a revelação divina, o segundo apenas sobre a tradição sagrada. Os masdeístas estavam bem conscientes e admitiram que, séculos antes de Zaratustra, um modo diferente de culto havia prevalecido em relação ao introduzido por ele; mas defenderam que a revelação havia sido feita ao profeta na Criação e só teria sido comunicada por ele aos seres humanos muito mais tarde. A mais antiga das preces sagradas, a oração Ahuna Vairya, que só de ser proferida faz com que os Devas estremeçam e fujam, é a palavra da criação pela qual o Todo Sábio chamou tudo à vida; e todas as partes do Avesta, os registros mais antigos, e os Gâthas em particular, são adorados como seres divinos. Os chineses também colocam os Kings, os livros canônicos, acima dos Shu, ou livros clássicos, embora, de acordo com seu caráter nacional, eles sejam menos entusiastas em sua veneração a eles do que os indianos e os persas. Esses pontos de vista não são totalmente novos. Em origem, em estado embrionário, eles já eram encontrados nas religiões naturais, que também têm suas escrituras sagradas, sendo que o uso de algumas delas foi prescrito em seus rituais como possuindo uma eficácia especial para expulsar os espíritos maus, enquanto outras escrituras continham suas tradições sagradas. Mas elas são de um tipo diferente. Elas não são uma lei religiosa ou regras de fé ou um cânone. É nas religiões éticas, pela primeira vez, que nos encontramos com Livros investidos de autoridade divina, contendo toda uma verdade revelada por Deus, e da qual ninguém pode pretender desviar-se. (§112)

É óbvio que isso deve ter um efeito sobre o desenvolvimento da religião. Sem dúvida, deve ser um obstáculo, mas em menor grau do que é comumente suposto. Pode-se controlar uma árvore, podá-la e cercá-la; mas, se ela for forte e saudável, certamente crescerá, apesar de sua contenção, e finalmente irromperá, a despeito de todas as restrições. É certo que "a letra mata" e sua autoridade é fatal para todo o progresso. Com uma doutrina rígida e, portanto, com as religiões éticas, a intolerância religiosa instaura-se de maneira ampla. Nas religiões naturais, deuses e ritos estrangeiros podem ser banidos, as pessoas que os introduziram podem ser penalizadas, os filósofos que encontram falhas na religião nacional podem ser perseguidos, mas somente porque a religião é uma instituição do Estado e porque aqueles que a minam são maus cidadãos e traidores do seu país. E isso, às vezes, acontece também com aquelas religiões éticas que são religiões do Estado. Mas nelas a ideia de infiéis, de hereges, que são denunciados como demônios e monstros porque falam uma língua religiosa diferente, faz sua aparição pela primeira vez. Ninguém colocaria em evidência todo o sangue derramado em nome do que é mais sagrado, todos os temíveis autos-de-fé, menos justificáveis que os sacrifícios humanos no vale de Geena. No entanto, embora talvez tenhamos horror às inquisições e estejamos convencidos de que toda perseguição religiosa e coerção de consciência é obra do Maligno, podemos admitir que a coleção de registros mais antigos em um único volume sagrado e a atribuição a ele de um valor muito especial promoveram o desenvolvimento da religião e foram de fato seu instrumento indispensável, especialmente quando a humanidade ainda estava em um estado de infância e barbárie.

Dessa forma, a comunidade nascente foi colocada em uma curva salutar, evitando grandes desvios de seu caráter original; as belas tradições do período heroico de sua origem, a lembrança de seu "primeiro amor", foram assim preservadas com mais segurança; os memoriais inestimáveis foram, portanto, guardados com cuidado extraordinário; e as pessoas consideraram, portanto, ser necessário estar constantemente ocupadas com eles e interpretá-los para edificação e instrução, como testemunho de autoridade irrefutável contra a invasão de abusos. Nenhum progresso pode ser permanente, a menos que esteja enraizado no mais alto desenvolvimento do passado, e isso só pode ser apreendido a partir das escrituras. Se a fantasia desenfreada do fiel forma todo tipo de noções irracionais sobre a origem dessas escrituras, através das quais a veneração torna-se adoração e até mesmo idolatria, ou se um sacerdócio reacionário tem inveja da letra sem entender o espírito, ou se a multidão ignorante se contenta com meros sons e degrada a venerável herança à posição de fetiche, ainda assim sempre haverá alguns que penetram mais profundamente nesses registros e que lá descobrem os tesouros escondidos da maioria das outras pessoas. E tais pessoas, tão logo tenha-se alcançado o tempo propício para uma nova manifestação de sentimentos religiosos, para uma nova revelação da concepção religiosa e para uma nova forma de comunidade religiosa, constituem os laços entre um grande passado e uma época inteiramente nova. E, quando da desprezada Nazaré, de onde nada de bom poderia vir,[51] a aurora de uma nova vida brilha sobre a humanidade, ou quando a luz da verdade divina, escondida por eras pelo egoísmo, obscurecida pela ignorância e obscurecida pela superstição, de repente, irrompe com brilho renovado

---

51 João 1,46 [NT].

na alma de um Wycliffe[52] ou de um Lutero, a fonte dessa luz pode ser rastreada para buscas sérias das escrituras na aldeia galileia, no claustro e na cela, e para a impressão profunda feita por eles sobre as almas devotas. (§113)

Outra consequência não menos importante do que a origem peculiar das religiões éticas é a formação de comunidades religiosas mais ou menos substantivas, distintas da comunidade nacional ou política e, em certa medida, independentes dela. Com as religiões éticas, surgem as Igrejas, pois cada uma delas é necessariamente representada por uma Igreja. E permitam-me dizer de passagem que eu não gostaria de dispensar a palavra "Igreja", não como é usada em seu sentido etimológico, mas como denotando a ideia popularmente a ela apegada. Todas as nações germânicas – anglo-saxônicas, escandinavas, da alta e da baixa Alemanha – empregam uma palavra geralmente derivada do grego τὸ κυριακὸν, ἥ κυριακὴ, ou por alguns do latim *curia*, e pelo professor Wackernagel, uma alta autoridade, do celta *cyrch*, mas que, em todo caso, foi aplicada, a princípio, ao local onde as pessoas reuniam-se para o culto, e foi transferida dali para a própria comunidade. Todas as nações românicas, por outro lado, usam uma forma da palavra grega ἐκκλησία – *ecclesia*, *église*, *chiesa* – que na época pré-cristã designava uma assembleia do povo. Mas ultimamente, pelo menos no continente, vários radicais religiosos têm mostrado uma disposição para o ostracismo tanto da palavra *Igreja*

---

52 John *Wycliffe* (1328-1384) foi professor da Universidade de Oxford, teólogo e reformador religioso inglês, considerado precursor das reformas religiosas que sacudiram a Europa no século XVI (Reforma Protestante). Trabalhou na primeira tradução da Bíblia para o idioma inglês, que ficou conhecida como a Bíblia de Wycliffe [NT].

quanto da *Ecclesia*, e para substituí-las pela palavra *Comunidade* ou *Congregação*. As pessoas testemunharam, e talvez elas mesmas tenham sofrido, tanta perseguição religiosa por parte das Igrejas existentes, e tanta oposição por parte delas ao livre desenvolvimento religioso, que preferem a palavra "comunidade" como melhor designação de associação espontânea. Mas temo que isso levaria a uma lamentável confusão de termos e, pior ainda, a uma anarquia religiosa. A comunidade religiosa não é mais a Igreja do que a comunidade cívica é o Estado. Pois não aplicamos a palavra "Igreja" a qualquer forma única ou sistema específico, como o católico-romano, mas ao conjunto de todas as organizações religiosas, onde quer que se situe localmente, assim como usamos a palavra "Estado" ao falar ou de uma monarquia despótica ou de uma constitucional, ou de uma república federativa, ou daquela "única e indivisível", o que, em regra, dá um exemplo edificante de divisões internas. Continuaremos, portanto, a aplicar a palavra "Igreja", em um sentido concreto, às organizações religiosas mais ou menos independentes que abarcam várias comunidades afins e, em geral, em abstrato, a todo o domínio da religião, à medida que ela se manifesta substantivamente na sociedade. (§114)

Essa pequena digressão se fez necessária para estabelecer minha opinião de que a Igreja nasce com o surgimento das religiões éticas. Devemos, no entanto, olhar novamente para trás por um momento, pois o gérmen desse desenvolvimento também se esconde no passado. Nas religiões naturais, a organização do culto ainda coincide com a da vida social e, portanto, de acordo com seu estágio de desenvolvimento, com a família, a tribo, o Estado ou o povo. No chefe da família estão unidas a mais alta autoridade civil e a liderança religiosa. No Egito, o rei e seus filhos são investidos com as mais altas honras sacerdotais, enquanto os outros sacerdotes são meros substitutos, nomeados por eles, seus representantes, que ao mesmo tempo cumprem deveres civis e até militares. O mesmo tipo de coisa aconteceu na Babilônia e na Assíria, onde os reis deram grande importância a seus títulos sacerdotais. A mesma tradição estava tão firmemente enraizada na Grécia e em Roma, que na república ateniense o arconte que conduzia o culto público foi chamado de βασιλεὺς, e na república de Roma o patrício que presidia a antiga *sacra* foi chamada de *Rex*, enquanto a dignidade de Máximo Pontífice foi conferida ao chefe do Estado no momento. (§115)

Gradualmente, porém, as diferentes fases da vida espiritual, ciência e filosofia, arte e moralidade, mas, acima de tudo, a religião, avançam dentro dos limites do Estado para se desvencilhar da supremacia dele. Isso se dá principalmente de duas maneiras. A primeira é que os poderosos sacerdotes são formados e usam o respeito demonstrado pelo povo, e a influência que assim exercem, a fim de superar a supremacia do Estado, ou pelo menos para se impor a ele, ou até mesmo para substituí-lo inteiramente quando encontram uma oportunidade. Tal sacerdócio é, a princípio, uma ocupação que não se dedica apenas à religião, mas rege-se exclusivamente sobre toda a vida intelectual e cuida, enquanto possível, para que a ciência, se já existente, as letras e a arte não se emancipem da autoridade dele. No Estado, também essa classe religiosa faz todo o possível para obter a supremacia e o domínio sobre todas as outras classes profissionais. Para esse fim, ela continua em estreita união com o Estado. Ninguém ainda sonha com a independência da religião e de seus representantes. Mas há duas alternativas. Ou os sacerdotes e estudiosos são os ministros poderosos do rei, ou eles governam o Estado, caso em que, não estando qualificados para a tarefa, geralmente levam seu país à beira da ruína.

Mas, embora o Estado e a religião – esta última ainda representada por uma profissão na qual está centrada toda a vida intelectual, estética e ética do povo – estejam ainda indissoluvelmente unidos, a tentativa dessa classe de ganhar o domínio sobre os poderes temporais é uma prova de que o elemento espiritual, e especialmente religioso, está se tornando mais consciente de sua dignidade e está se esforçando para se emancipar. (§116)

A outra e mais importante maneira é a formação de pequenas associações que visam complementar a celebração do culto público ou superá-lo. Essa tendência manifesta-se também nas religiões influenciadas pelo animismo. No caso dos indígenas norte-americanos, ela leva à formação de pequenos grupos aos quais ninguém é admitido sem antes ter passado por severos testes de autocontrole e perseverança, mas cujos membros são então considerados muito acima do resto de sua tribo e levados a uma relação mais próxima com os espíritos superiores. Entre os polinésios, e até mesmo entre os africanos, associações secretas similares surgem. Nas religiões superiores, também nos encontramos em sociedades do mesmo tipo, mas naturalmente animadas por ideias mais puras e mais em conformidade com a civilização superior – como as várias seitas chinesas, indianas e persas, os essênios em Israel, os hanifitas na Arábia, os mistérios eleusinos, os pitagóricos, os orfistas, os neoplatônicos na Grécia e, para mencionar outro exemplo, as ordens e seitas monásticas na Idade Média. Essas associações raramente sobrevivem às religiões das quais surgiram, e, às vezes, até morrem antes delas. Mas sob circunstâncias favoráveis, quando chega o momento e a necessidade de reforma é urgente, elas se transformam em comunidades maiores, disputando com a religião dominante e, depois de uma luta mais ou menos longa, superam-na completamente. Todas as religiões ou

Igrejas éticas surgiram de sociedades tão pequenas, das quais, via de regra, algum líder altamente dotado tem sido a vida e a alma. E as Igrejas possuem, portanto, certa independência em relação à comunidade nacional e política. A princípio, elas se limitam a seu próprio povo e dirigem seus esforços unicamente para reformar ou substituir o culto nativo. Mas elas ainda não se correspondem com o povo como fazia sua antiga religião. Algumas pessoas, ou mesmo uma maioria, mantêm-se distante e apegam-se à sua fé ancestral tradicional. Em alguns casos, as novas doutrinas são rejeitadas pelo povo de quem se originaram, como foi o caso desde o primeiro momento com o Cristianismo em Israel, e, após um longo conflito, com o Budismo na Índia. E mesmo aqueles que a princípio não aspiram ao universalismo estão sempre prontos, sob certas condições, a admitir os estrangeiros em sua comunhão. Vocês podem notar os turaniano-zoroastrianos mencionados pelo Avesta, os prosélitos do Judaísmo e a conversão do Japão ao Confucionismo, e dos povos drávidas e outros povos não arianos da Índia ao Bramanismo. (§117)

As religiões éticas também, e mesmo algumas das superiores, tais como as dos grupos budistas e cristãos, podem tornar-se Igrejas estatais. Todavia, elas se tornam meramente Igrejas com privilégios em relação a outras, e não como coincidentes com o Estado; e, como tal, formam um corpo distinto e não podem impedir os cidadãos de criar outras comunhões eclesiásticas independentes em relação ao Estado. (§118)

O surgimento de tais Igrejas mais ou menos substantivas é um fator de peso na história do desenvolvimento religioso. Chamadas à vida pela autoconsciência religiosa, elas estão destinadas, e de fato obrigadas, a reivindicar esse princípio em primeiro lugar. De suas origens data a emancipação da religião. Já indicamos como é importante para o desenvolvimento que a pureza da tradição seja preservada e como é impossível que qualquer progresso seja verdadeiro e duradouro, a não ser que esteja firmemente enraizado e brote da tradição. E dessa tradição, estabelecida através de registros sagrados, a Igreja torna-se agora uma guardiã autorizada. A tarefa de seus ministros e de seus organismos é examinar esses documentos e interpretá-los, conciliando os princípios e a doutrina que eles estabeleceram com as necessidades sempre variáveis e profundas de sua época. Ela deve fomentar a verdade religiosa, assim transmitida, aos membros de sua comunidade; e deve defender-se contra os ataques vindos do exterior, proclamando-a em toda parte. Mas ela só pode fazê-lo quando se tornar plenamente consciente de sua própria vocação e quando se dedicar exclusivamente ao desempenho da tarefa para a qual só ela é qualificada e comissionada. Ela tem direito à soberania dentro de seu próprio espaço, o domínio da consciência, da vida espiritual, da convicção religiosa. Nenhum poder no mundo, quero dizer, nenhum poder externo, tem jurisdição alguma sobre ela nesses assuntos. Mas ela perde seus direitos assim que invade um domínio que não é o seu, assim que é acionada por ambição ou interesse próprios, e nega aos outros a liberdade que reivindica para si mesma; assim que começa a dominar o estado, a ciência, a filosofia e a arte, e assim impede o desenvolvimento de outras manifestações da vida espiritual do ser humano. As pessoas julgam mal a Igreja e são injustas com o clérigo de qualquer comunhão que seja quando a consideram como um obstáculo em si mesma no caminho do progresso e a condenam e a desprezam por esse motivo. Mas, via de regra, tal erro de julgamento é causado por sua própria arrogância e ambição mundana. Como guardiã dos mais altos interesses da humanidade, como representante do Infinito no finito, como no mundo ainda não sendo do mundo, ela tem uma vocação sublime, desde que não abdique dela secularizando-se e manchando suas vestes puras no tumulto das paixões políticas, dos conflitos sociais e da luta por interesses materiais; desde que ela continue a se desenvolver e a ser uma comunidade viva, que não se fossilize e não se apegue às formas antiquadas, quando o espírito que sopra onde quer encontra e tem necessidade dos outros; desde que ela não perca a fé no poder da verdade e na independência da religião, perdendo a esperança, assim, em si mesma e em sua vocação, e não procure mantê-las por autoridade extrínseca ou enfaixá-las nas mortalhas de uma múmia – em uma palavra, desde que ela seja a testemunha viva de uma religião viva. (§119)

Quando ela deixa de exercer esse papel, a Igreja ou a comunidade religiosa torna-se um obstáculo ao desenvolvimento religioso, ou, para ser mais preciso, deixa então de contribuir para esse desenvolvimento. Pois o poderoso fluxo de desenvolvimento é mais forte que as represas com as quais qualquer Igreja pode tentar contê-la e segue seu curso apesar dela e sem a ajuda dela. Isso nos leva a considerar uma terceira consequência da origem peculiar das religiões éticas: a individualidade de que elas nascem nunca pode ser totalmente exterminado pelo poder da comunidade. Por outro lado, essa individualidade nunca pode destruir a religião. Não sustento que uma religião ética não pereça quando expulsa pelo poder superior de outra. Mas sei que isso nunca aconteceu. Esse é um fato marcante que merece ser cuidadosamente observado. Todas as religiões naturais da Antiguidade, mesmo as mais elevadas e belas, morreram com os povos aos quais pertenciam – a egípcia e a caldeia, a grega e a romana, a germânica e a eslava, e muitas outras. As religiões éticas, por outro lado, têm uma individualidade vigorosa o suficiente para resistir até mesmo às revoluções mais violentas. O Império Persa tornou-se o prêmio dos conquistadores islâmicos e adotou a religião deles. No entanto, a religião de Zaratustra ainda sobrevive, embora de forma parcial no exílio, e floresce principalmente na Índia, onde encontrou acolhida. A religião de Kong-tse, embora já tivesse um rival no Taoismo popular, encontrou um segundo lugar no Budismo (um sistema desprezado, de fato, pelas classes superiores, mas amplamente difundido entre as inferiores), e ainda assim conseguiu manter seu terreno contra ambos. O mero nome do Judaísmo sugere outro exemplo. Israel está espalhado por todo o mundo. Sua unidade e independência como nação foram aniquiladas. Está misturado com os *goyim*, fala suas línguas, respeita suas leis, obedece a seus príncipes. Mas em todos os lugares leva consigo sua Lei e seus Profetas e permanece fiel a suas antigas tradições. Dois poderosos ramos brotaram de seu tronco, e estes já se tornaram caules amplamente ramificados, mas a velha árvore ainda está firmemente enraizada e em plena floração. Esse é um tipo de desenvolvimento do período ético. Uma comunidade que deve sua origem à devoção individual nunca pode negar totalmente essa devoção, e dela deriva o poder reformador que lhe permite, por muito tempo, acompanhar o desenvolvimento geral. A própria comunidade, como guardiã e intérprete dos registros da revelação de onde ela surgiu, fomenta a devoção individual através de sua pregação e instrução, e inconscientemente ensina os outros a descobrir nela os germes de algo superior ao que ela mesma realizou ou é capaz de realizar. Então, atemorizada por sua própria existência e alarmada pelas concepções ousadas de seus próprios filhos, que não consegue entender, ela os expulsa – ou pode acontecer que eles se retirem voluntariamente, tendo ultrapassado seus antigos limites. Não nos lamentemos por isso como se fosse um retrocesso, pois é realmente um progresso. Lamentemos antes as divisões mesquinhas, as dissensões religiosas e o ódio fanático que, em vez de combater o erro, o persegue. Alegremo-nos com a riqueza sempre crescente das variedades e com a distinção e o vigor sempre crescentes das personalidades. Pois esse é o verdadeiro caminho do desenvolvimento, o único caminho que parte de uma unidade morta ou moribunda, que considera a forma como tudo o que é importante, e ruma para a unidade espiritual, para a comunhão dos santos, que, embora fiel a suas próprias convicções queridas, consegue descobrir a verdadeira devoção sob múltiplas formas e deleita-se com o fato de que cada um pode glorificar a Deus em sua própria língua, a língua que ele melhor entende, inspirando-se em sua própria alma. (§120)

Mas os três pontos principais para os quais chamei a atenção de vocês estão longe de esgotar a questão sobre qual lugar deve ser atribuído às religiões éticas na história do desenvolvimento. Alguns pensaram que essas religiões eram, pelo menos em sua origem, mais ou menos exclusivamente monoteístas ou panteístas e que foi somente em um período posterior que elas aceitaram os remanescentes dos cultos de natureza politeísta. E pode realmente ser sustentado com alguma razão que uma religião que emana da devoção pessoal pode ser necessariamente monoteísta ou panteísta. Outra questão é até que ponto o espiritualismo – que é sem dúvida peculiar às religiões éticas e que se mostra na renúncia cada vez mais estrita ao mundo e na autodestruição, na hostilidade a tudo o que é natural e humanista, na oposição à arte e à ciência, ao comércio e à indústria, e em uma doutrina de redenção que não vê nenhuma maneira de escapar das misérias deste mundo senão pela própria extinção da existência –, até que ponto esse espiritualismo pessimista e ascético pode ser considerado uma evolução

Elementos da Ciência da Religião

religiosa-moral ou se é uma reação exagerada contra o naturalismo que seus adeptos desejavam ultrapassar. Essas questões, porém, não são apenas demasiado amplas para serem tratadas aqui, mas no estado atual de nossa ciência elas não estão suficientemente maduras para serem resolvidas. Por enquanto, elas apenas dão uma indicação dos rumos que nossos estudos devem tomar e ainda exigem uma investigação completa e multifacetada. Em outra ocasião, recorreremos a elas em uma fase futura. (§121)

Há ainda, porém, uma pergunta importante para a qual muitos desejariam uma resposta. As religiões éticas, especialmente aquelas que pertencem ao universalismo, e sobretudo ao grupo cristão, que são as mais elevadas de que temos conhecimento, e as mais avançadas existentes. Seriam elas também as mais elevadas possíveis? Poderíamos dizer que a ciência é incapaz de dar uma resposta, porque se baseia na experiência e só pode lidar com o que é perceptível, com aquilo que já assumiu uma forma definida, e não com o que é futuro e hipotético? A ciência natural, em todo caso, faz previsões, o que o tema confirma. Será que as ciências mentais são incapazes de fazer o mesmo? O desenvolvimento da religião é, como já foi observado, o trabalho da mente humana para criar formas cada vez mais perfeitas para os interesses sempre crescentes de uma alma religiosa. Podemos assumir que esse trabalho está no fim e que o poder criativo da mente humana está esgotado? Observe que a questão não é se ainda podemos esperar uma revelação mais elevada do que aquela concedida à pessoa no Cristianismo. Mesmo aqueles que, como eu, estão convencidos de que o Evangelho, corretamente compreendido, contém os princípios eternos da verdadeira religião podem muito bem conceber que, além das religiões éticas existentes, e provavelmente de seu seio, outras ainda nascerão, que farão melhor e mais completa justiça a esses princípios, e que então talvez exibam um caráter um pouco diferente das religiões que temos chamado de éticas ou sobrenaturais. Aqueles que examinam de perto a época em que vivemos agora não podem estar cegos às novas aspirações que se manifestam de tempos em tempos e que nos permitem formar alguma ideia do caráter que provavelmente será assumido pelas formas mais novas. Essa é nossa resposta geral e preliminar à importante questão. Talvez estejamos em condições de dar uma resposta mais definitiva depois de não apenas traçarmos as gradações do desenvolvimento religioso, mas também de determinarmos as diferentes direções em que ele se move. É sobre esta última tarefa que a nossa próxima conferência será dedicada. (§122)

Conferência VI
Direções do desenvolvimento

Até agora, estudamos a religião nas diversas etapas de seu desenvolvimento. Em outras palavras, direcionamos nossa atenção para as gradações de diferenças entre as diversas religiões e nos esforçamos para classificá-las segundo essas gradações. Isso, entretanto, é apenas uma parte de nossa tarefa. Há também uma diferença específica no desenvolvimento que precisa ser notada, particularmente no que concerne ao seu tipo. Tais diferenças específicas são observadas não apenas no domínio da religião, mas no desenvolvimento humano em geral, nas pessoas, nos povos e em suas famílias. A título de exemplo, no caso de pessoas, aquelas de raro talento, pioneiras na ciência ou filosofia, na arte ou nas letras, iguais em grau, mas com estilos de vida muito diferentes, eu precisaria apenas citar Darwin e Pasteur, Platão e Aristóteles, Leonardo e Michelangelo, Rafael e Rembrandt, Shakespeare e Goethe, enquanto muitos outros exemplos ocorrerão facilmente a cada pessoa. Da mesma forma, os povos da Europa Ocidental estão no mesmo plano de civilização, mas passaram por processos de desenvolvimento muito diferentes. Assim, também essas grandes famílias de povos, ou raças, como são normalmente chamados, de forma não muito feliz, de arianos e semitas, que apresentam um contraste marcante, ainda que igual, em virtude de suas respectivas contribuições para o desenvolvimento geral da humanidade, exceto que o desenvolvimento de um deles ocorreu mais cedo do que o do outro. Isso será suficiente para explicar por que razão faço distinção entre suas diferenças e estágios de desenvolvimento religioso. Pelo termo "direção" entendo uma corrente espiritual animada por um único princípio de religião, ou por alguma ideia religiosa fundamental, mais ou menos independentemente de outras, até suas consequências extremas. Duas religiões podem ser igualmente importantes, embora seu processo de desenvolvimento tenha sido muito diferente. E, inversamente, duas podem ocupar níveis de desenvolvimento muito diferentes e ainda assim concordar em seu caráter. Este é um assunto que também exige ser detidamente estudado pelos pesquisadores de nossa ciência. (§123)

As causas deste fenômeno são óbvias. As diferenças em questão são determinadas, como, no caso dos indivíduos, pela disposição, temperamento e circunstâncias de vida, tanto nas religiões, como nas comunidades, pela nacionalidade, história, vicissitudes e, acima de tudo, por sua origem. Todo desenvolvimento humano é unilateral e mais ou menos de acordo com sua condição inferior ou superior, já que todo ser humano tem defeitos e limitações. Daí surgem várias concepções diferentes, cada uma talvez contendo uma porção da verdade, mas necessariamente todas incompletas. Por isso, o caráter de uma religião, e, portanto, também a direção de seu desenvolvimento, depende principalmente da concepção que as pessoas formam de seu deus ou deuses, de seu entendimento do que é a divindade para o ser humano e, de modo inverso, da relação de Deus, e, portanto, do ser humano que serve a Deus também, com o mundo dos fenômenos. Não é uma concepção filosófica abstrata de Deus, nascida das especulações de um único pensador, mas sim uma concepção para a qual nem sempre se pode dar uma explicação, que emana de um estado de espírito, de uma condição emocional, e que, por fim, é moldada pelo pensamento e pela imaginação poética. É uma expressão de sentimentos por meio de imagens e doutrinas, e sobretudo de celebrações religiosas, por meio das quais os seres humanos buscam a comunhão com sua divindade. Tal concepção, quando convertida na ideia fundamental e predominante de uma religião, embora nem sempre distintamente expressa, marca sua impressão em todo o desenvolvimento subsequente. Outros pensamentos religiosos, considerados legítimos, e recebidos na concepção de outras religiões, nesse movimento caem na sombra, embora talvez não sejam totalmente negligenciados, e até corram o risco de ser lançados totalmente para um segundo plano. E, quanto mais esse for o caso, quanto mais cedo a demarcação for feita, tanto mais unilateral será a vida religiosa em tal religião ou família de religiões, e tanto mais amplo será o abismo que a separa das outras. (§124)

Há que acrescentar às causas gerais dessas diferenças nas religiões as tendências ou direções específicas. Estas são principalmente de dois tipos, correspondendo respectivamente às religiões populares e às religiões éticas. A filologia comparativa, que teve a infelicidade de estar na moda por um tempo e ser praticada, não só por pessoas qualificadas da ciência, mas também por amadores rasos, acabou por cair em descrédito. Isso talvez se deva em parte à sua presunção juvenil de seus supostos resultados e à sua mania de tentar explicar tudo sozinha. Mas aqueles que a ultrajaram com uma reprovação imerecida e a repudiaram por completo simplesmente incorreram no escárnio e em sua ignorância, e privaram-se de um meio inestimável de lançar luz sobre a história do desenvolvimento humano. E um dos resultados incontestáveis dessa ciência, confirmado pela Etnografia, é que os povos podem ser classificados em grupos, de acordo com as línguas que falam. O estudo das religiões também levou a um resultado semelhante. Embora a filologia tenha estabelecido a existência de pelo menos duas grandes famílias de idiomas, o ariano ou indo-germânico e o semita, o estudo das religiões demonstrou que dois grupos distintos de religiões também correspondem a essas duas famílias. Entre os idiomas, assim como entre as religiões dos povos que pertencem a essas famílias, existe uma diferença inconfundível e, ao mesmo tempo, uma semelhança tão inegável que somos obrigados a considerá-las como descendentes de uma língua ou religião pré-histórica. No entanto, não aplicamos simplesmente as doutrinas da filologia ao estudo da religião, como se a afinidade dos idiomas implicasse necessariamente a afinidade das religiões. Sem dúvida, a ciência dos idiomas preparou o caminho para a religião e a colocou sob grandes obrigações, mas não ao ponto de aliviá-la da necessidade de pesquisa independente. Em cada religião também encontramos uma dupla tendência de desenvolvimento: uma peculiar a ela própria, e outra comum com outras; e uma dupla personalidade: uma individual, outra familiar. Sendo assim, no caso das religiões naturais, tanto as inferiores quanto as superiores, esse entendimento só pode ser explicado pelo fato de estarem relacionadas com ou, em outras palavras, de terem surgido de uma religião antiga há muito tempo extinta; embora suas diferenças sejam explicadas pelo fato de que, devido à desagregação de uma matriz em várias outras, estas se desenvolveram de forma independente e assumiram seu próprio caráter peculiar sob a influência de uma variedade de ambientes. Nem mesmo no caso das religiões éticas, embora nascidas da pregação individual, de uma reforma voluntária, que negam inteiramente seu caráter familiar, mesmo quando a reforma não tenha surgido de dentro de sua própria nação, mas foi chamada à vida pela pregação de profetas ou apóstolos estrangeiros. E, neste último caso, nas religiões que temos chamado de universalistas, e onde, como indicamos anteriormente, novos grupos ou famílias de religiões, budistas, muçulmanas e cristãs foram assim formados, ainda podemos traçar distintamente os efeitos posteriores da antiga tendência ético-religiosa. Para o estudante de nossa ciência, este é um dos objetos de pesquisa mais fascinantes e que, às vezes, leva a resultados impressionantes. Devemos agora ilustrar essas reflexões gerais com alguns exemplos da história. (§125)

Para este fim, selecionamos as duas famílias de religiões que nos são mais conhecidas e cujo estudo está mais avançado, embora elas ainda tenham muito espaço para investigações adicionais. Como vocês podem supor, refiro-me às duas que mencionei repetidamente e que, de acordo com os idiomas dos povos que as professam, e por uma questão de conveniência, às vezes, são chamadas de arianas ou indo-germânicas e de semíticas. No entanto, para denotar a direção em que elas se desenvolveram, denominei-as de *teantrópicas* e *teocráticas*. Essas palavras serão prontamente explicadas. A primeira, composta de *theos* ("deus") e *anthrôpos* ("homem"), indica a importância atribuída ao *theion en anthrôpói* ("o divino no homem") e sua relação com Deus; a outra, de *theos* e *kratein* ("governar"), denota que o tema predileto abordado por estas religiões é a supremacia de Deus sobre o mundo humano e sobre a natureza. Agora, todas as religiões são necessariamente tanto teantrópicas quanto teocráticas, em certa medida, ainda que muito diferentes. Em outras palavras, uma religião inteiramente destituída de um desses elementos não seria de forma alguma uma religião autêntica. A adoração, cuja essência é a vida religiosa, assume e postula um sentimento não só de relacionamento, mas também de inferioridade em relação a Deus. Nenhum desses dois elementos pode ser totalmente dispensado, mesmo quando um é cultivado em detrimento do outro e levado a suas extremas consequências. Mesmo nas religiões teantrópicas, o ser humano nunca é equiparado à divindade, pelo menos não à divindade mais elevada, mas está sempre subordinado a ela. E, nas religiões teocráticas, o ser humano também é criado à imagem de Deus e procura aproximar-se de Deus. Dessa forma, esta é proporcionalmente apenas uma diferença, um desses elementos forçando seu caminho para o primeiro plano, nunca excluindo totalmente o outro, mas jogando-o na sombra e assim dificultando seu desenvolvimento. Assim que essa unilateralidade ameaça tornar-se extrema, uma reação instala-se. Portanto, queremos apenas dizer que uma das duas famílias desenvolve-se mais na direção teocrática, enquanto a outra mais na direção teantrópica. O elemento teocrático predomina entre os chamados semitas, e o teantrópico entre os chamados arianos. (§126)

Isso surge desde o início nos nomes gerais que eles atribuem a seus deuses. Tenho apontado que a caracterização de uma religião é feita principalmente de sua percepção das relações entre Deus e o ser humano, entre Deus e o mundo, e isso é com rigor o que normalmente é expresso em tais nomes gerais. Nas religiões teocráticas, todos os deuses de uma forma ou de outra são governantes, poderosos e dominadores. O nome mais comumente dado a eles é *El* ou *Ilu*. O significado original da palavra é incerto. Parece-me provável que signifique "o sublime", "o supremo"; outros, e os próprios semitas, interpretam-no como "o poderoso e o forte". Somente como ilustração, a diferença é imaterial. Em sua cabeça é colocado, às vezes, *El elyon*,[53] o deus mais elevado, sobre cujo sacerdote Melquisedec lemos no décimo quarto capítulo do Gênesis. Ou são chamados de senhores (*Béli, Baalim, Adonim*), termos para os quais os arameus, e os filisteus seguindo seu exemplo, usam outros sinônimos. *Rei, Malique, Sharru* são bem menos usados. Em todos eles, portanto, está envolvida a ideia de domínio e soberania; e dificilmente se deve ressaltar que no Oriente, em todo caso entre os povos que acabamos de mencionar, isso significa uma soberania absoluta e ilimitada. E, portanto, em sua relação com os governantes celestiais, o devoto mais comumente se autodenomina seu "servo" ou "escravizado" (*ebed, abdu*), ou, às vezes, seu "protegido" ou "fiel", ou, no máximo, seu "favorito" (*migir, naram*), como os favoritos dos governantes arbitrários e soberanos absolutos. O máximo da desvalorização de si mesmo em relação à divindade é chamar a si mesmo de seu "cão" (*kalbu, kèlèb*). A dignidade de um embaixador ou profeta de Deus é reservada apenas a algumas pessoas selecionadas. O direito de ser chamado de "filho de Deus" e de dar a Deus o nome de "Pai" pertence, nas religiões teocráticas, somente ao rei como representante e vice-regente de Deus na terra; e em Israel, por exemplo, mesmo isso não é admissível, e ele é apenas o ungido de Iahweh. Tal predominância da mesma ideia de raiz em todos os nomes que denotam a divindade em geral, e naqueles que seus devotos se chamam como tais, não pode ser acidental, mas deve necessariamente estar relacionada com o caráter de tal família de religiões. (§127)

---

53   *Elyon* é um epíteto do Deus de Israel na Bíblia Hebraica. El ʻElyōn é geralmente apresentado em português como "Deus Altíssimo" e, de forma semelhante na Septuaginta, como ὁ Θεός ὁ ὕψιστος ("Deus, o Altíssimo") [NT].

Nas religiões teantrópicas, prevalece uma variedade maior nos nomes gerais ou genéricos dos deuses. E isso era de esperar. Os povos que representam as religiões teocráticas, os semitas, vivem em estreita proximidade com os vizinhos. Os povos arianos que representam as religiões teantrópicas estão espalhados desde os tempos mais antigos por três quartos do globo. Tanto os idiomas como as religiões dos primeiros são muito mais semelhantes do que os dos últimos. E a raiz teocrática também é muito mais facilmente expressa em vários sinônimos do que a teantrópica. Nesse caso, o título mais prevalente da divindade é *deva, deus*[54] (com várias formas cognatas), que significa "os celestiais", ou talvez, originalmente, "os iluminados", e depois, em oposição a estes, em um período posterior pelos iranianos e indianos, *ahura, asura*, "os seres", "os espíritos vivos", um significado que talvez fosse também originalmente o dos termos germano-escandinavos *asas, aesir*. O significado dessas palavras é tão vago e indefinido que *deva* entre os iranianos e *asura* entre os indianos são aplicadas posteriormente apenas aos espíritos malignos. Ambos os povos gostam de chamar seus deuses de "os ricos provedores" ou "os dispensadores do destino" (*bhaga, bagha*) e possuem essa palavra em comum com as nações eslavas (*bogŭ*). O significado próprio do "deus" germânico ainda é enigmático. Em tudo isso, não há nada de característico. Mas é digno de nota que, embora a ideia de soberania dos deuses não esteja aqui de forma alguma excluída, e o título de rei ou soberano seja dado a alguns deles – Varuna é *samrâj*, "o governante do todo", Indra é *svarâj*, "o autogovernante", o deus-sol iraniano é *khshaêta*, "o governante", ou, propriamente, "o luminoso" – os

---

54 Aqui no texto original em inglês é apresentada a forma latina do nome "deus", em vez da palavra inglesa *god* [NT].

deuses, em regra, nunca são designados como tais. E, acima de tudo, devemos ressaltar o quanto as religiões teantrópicas gostam de chamar seus deuses pelo nome de "Pai" ou "Mãe". Assim, no Rig Veda, o mais antigo documento religioso de nossa raça, cerca de dez dos deuses mais elevados são assim denominados. Assim também no Avesta, o livro sagrado dos zoroastrianos, Ahura Mazda, o mais alto e único Deus verdadeiro do sistema, é frequentemente chamado de Pai. E os gregos também chamam Zeus de *patér*, "o pai dos deuses e dos homens", enquanto os romanos têm Júpiter, Diespiter, Marspiter. Nossos ancestrais, mais uma vez, chamaram seus Wodan ou Odin o Alvader, Alfödhr; mas não vou insistir nisso, pois isso foi atribuído a uma influência cristã. Tampouco me esqueço – e já assinalei – que, nas religiões teantrópicas da Antiguidade, essa concepção ainda não possuía o significado grandioso que lhe foi dado no Evangelho. No entanto, ela envolvia a ideia de uma relação mais íntima e estreita. E pergunto novamente se é um mero acidente que o Evangelho de amor paternal de Deus, embora pregado pela primeira vez aos semitas, tenha sido rejeitado por eles e permanecido quase infrutífero, ao passo que foi imediatamente saudado pelos arianos da Europa como a alegre mensagem de salvação. (§128)

De qualquer forma, é patente nos numerosos nomes próprios de uso comum, especialmente entre gregos e indianos, com os quais os pais descreviam seus filhos não apenas como dons de Deus (Theodôros, Theodotos, Teodosios, Diodôros, Devadatta), ou como seus favoritos e eleitos (Theodektês, Theokritos, Theoxenos), mas também muito intimamente relacionados com a divindade (Theogeitôn – isto é, o próximo de Deus – ou Devavatta, "o que Deus tem perto dele") ou mesmo como sendo nascidos dele (Theogenês, Theagenês, Devajnâ). Se o sentimento de exaltação de

Deus e soberania absoluta sobre o ser humano predomina nas religiões teocráticas, nas teantrópicas é a relação íntima entre Deus e o ser humano que entra em primeiro plano, como Arato e Cleantes o exaltaram: "Nós também somos descendência dele",[55] ou como Píndaro ainda disse mais finamente em suas palavras frequentemente citadas: Ἐν ἀνδρῶν, ἐν θεῶν γένος, ἐκ μιᾶς πνέομεν ματρὸς ἀμφότεροι ["Uma é a raça dos homens, uma é a dos deuses, de uma mãe nós dois tiramos nosso fôlego"]. (§129)

Seria muito difícil para nós se eu tentasse explicar em detalhes como essas diferenças de direção são refletidas em todo o sistema de doutrinas. A título de exemplo, mencionarei apenas a doutrina da Criação e do Governo do mundo. Em todas as religiões mais antigas, a Criação é inicialmente concebida como um fazer, uma formação ou uma construção. Mas, quando as pessoas superaram essa concepção infantil, o Deus teocrático cria por Sua poderosa palavra: "Ele fala, e está feito; Ele comanda, e está pronto"; nas religiões teantrópicas, por outro lado, a ideia principal é a emanação; todo o mundo dos fenômenos emana da própria Divindade, e em uma ascensão e queda sem fim de mundos ele é exalado e inalado por Ele. (§130)

No governo do mundo, os deuses das religiões teocráticas são os governantes supremos ou únicos. Mesmo os espíritos malignos, os anjos destruidores, os seres que infligem calamidades e doenças à humanidade, estão sob o comando daqueles e não fazem nada sem sua permissão. Tais são os sete Utucus malignos, enviados por Anu, o deus-chefe da Babilônia, e tal é o Satanás do livro de Jó. Quando, mesmo na mente do semita, surge a questão de como o curso do mundo e a sorte do ser humano podem ser reconciliados

---

55 Atos dos Apóstolos 17,28 [NT].

com a justiça de Deus, a qual lhe causa uma luta angustiante, de modo que "seus passos quase escorregaram", o autor do Salmo 73 consola-se com o pensamento de que a prosperidade dos ímpios é apenas transitória, de que seu fim não pode ser a paz e de que Deus finalmente os envergonhará. E quando, no prólogo daquele mais belo de todos os poemas religiosos da Antiguidade, refiro-me ao livro de Jó que acaba de ser mencionado, os sofrimentos do ser humano justo são representados como uma prova pela qual a firmeza de sua fé e a constância de sua piedade devem ser provadas, a própria história dá a verdadeira solução teocrática. As argumentações de seus amigos de doutrina fizeram com que o pobre sofredor perdesse a paciência. Ele não é subjugado. Ele se queixa da injustiça que lhe é feita. Ele se contenta com seu Criador. Mas agora o próprio Deus entra em juízo com ele e o repreende em um discurso que é realmente uma descrição de Seu onipotente poder como Criador e Governante do mundo. Porque Ele puniu Jó, seu fiel servo, tão severa e aparentemente tão injustamente, e como isso pode ser reconciliado com Sua justiça, é deixado em silêncio. Todo o raciocínio pode ser resumido na pergunta: "Tu és Aquele que criou todas as coisas? És Tu o Todo-Poderoso que governas todas as coisas e que governas sobre todas as coisas?". E a resposta do aflito é penitente e submissa: "Eis que eu sou vil: o que devo responder-Te? Ponho a mão na minha boca".[56] (§131)

O deus teocrático não pode ser limitado. Sua lei governa todos os seres humanos, e ele a administra punindo os transgressores, mas não é restritivo para si mesmo. Ele age a seu bel-prazer,

---

56 Essa passagem está no livro de Jó 40,4. O autor no inglês usa a tradução conhecida por "A Bíblia do Rei Jaime", também conhecida como Versão Autorizada do Rei Jaime (em inglês: *Authorized King James Version*) [NT].

e não é responsável por seus atos. Absolutamente soberano, ele garante ou retém seu favor, e ninguém tem a liberdade de perguntar suas razões. Tudo o que acontece não é apenas sua vontade, mas é também seu trabalho real. Onde quer que, como no Islã, a ideia teocrática seja levada ao extremo, todas as causas e esclarecimentos mediadores são supérfluos. Para tudo, há apenas uma causa, uma explicação: Deus assim o quer. E isso me faz lembrar uma história contada por Alfred von Kremer em uma de suas interessantes obras históricas. Não tenho certeza se é autêntica, mas é genuinamente árabe e altamente característica. Um médico judeu, assim diz a história, uma vez mostrou a um sultão egípcio um frasco cheio de veneno e lhe garantiu que metade de seu conteúdo era suficiente para matar um ser humano. "Sim, mas somente quando Alá o quiser!", exclamou o sultão. Ele então tomou do frasco e o esvaziou em um gole. Felizmente, para o comandante dos fiéis, seu estômago não era tão forte quanto sua fé, e imediatamente rejeitou o veneno, do qual não conseguia segurar tal quantidade. O devoto de Muhammad, que teria morrido com a metade, foi salvo ao tomar todo o seu conteúdo. Sua fé, que merecia tal resultado, obteve, assim, uma vitória triunfante. (§132)

Nas religiões teantrópicas, os deuses são muito poderosos, triunfando sobre os espíritos das trevas e da aridez; eles são os protetores e aliados de seus adoradores, enquanto estes últimos são sempre zelosos em fazer sua vontade. Os temidos poderes da natureza. Gigantes e titãs, jotuns e thursas, Devas iranianos e Asuras indianos, são de fato permanentemente derrotados, mas ainda não são totalmente aniquilados. Essas forças reinam de forma magnânima em seus próprios reinos, sobre os quais os deuses bons não têm autoridade e no qual podem se aventurar no disfarce da mudança de forma, mas apenas para abandoná-lo novamente com toda a velocidade possível; ao passo que, ao contrário, no mito babilônico da descida de Ishtar ao inferno, por exemplo, Allat, a rainha das regiões inferiores, é obrigada pelo comando de Êa, um dos deuses principais, a entregar a deusa que mantém cativa. Mesmo no Zoroastrismo ético, que talvez tenha surgido em certa medida sob influência semita, enquanto Ahura Mazda reina no céu, Angra Mainyu reina no inferno; e, no Vayu, a região entre céu e inferno, a terra e sua atmosfera, ambos se mantêm firmes, de modo que o bom deus não pode impedir que suas puras criações sejam manchadas pelas contracriações do Espírito da Mentira. E assim permanece sempre uma porção do mundo retirada do domínio dos deuses. Seu poder é limitado, sua vontade nem sempre prevalece, e muita coisa acontece que é diametralmente oposta ao seu bel-prazer. Tampouco é sempre certo que essa soberania limitada seja eterna. No Ragnarok, o "crepúsculo dos deuses", Asas e Vans perecerão, e alguns deles viverão novamente apenas no mundo regenerado. E aos ouvidos do aflito Prometeu ressoa a profecia de que o balanço do deus que o atormenta, o agora supremo Zeus, terá fim um dia. (§133)

Outro ponto a ser enfatizado é que a vontade dos deuses nem sempre é a lei suprema no universo. Não vou agora tentar abordar a difícil questão quanto ao poder do destino nas religiões teantrópicas. Se eu tentasse lidar com isso de forma minuciosa, temo que nem o tempo que nos foi concedido, nem meus próprios esforços, nem sua paciência, estariam à altura dessa tarefa. Mas não devo, de maneira alguma, passar totalmente em silêncio. Os poemas homéricos muitas vezes mencionam Aisa ou Moira, termos que foram traduzidos por "fatalidade" ou "destino", e para os quais a palavra Ananque, "necessidade", às vezes, é usada. Agora, a questão sobre quais os estudiosos diferem é se os deuses controlam esse destino e estabelecem essa necessidade, ou se eles mesmos são controlados por ele e obrigados a obedecê-lo mesmo quando contrário a seus próprios desejos. As provas podem ser aduzidas em favor de ambos os pontos de vista. Fala-se, às vezes, de um destino dominante, a moira dos deuses, e o destino, o Aisa, de Zeus. Esse é um argumento a favor do primeiro ponto de vista. Mas há outras passagens em que Zeus consulta o destino e lhe dá efeito, embora se oponha ao seu próprio desejo e ao seu desejo de salvar um de seus favoritos. Isso apoia a segunda visão. Seja como for, moira, ou destino, é em cada caso claramente distinto dos deuses, e, às vezes, é até colocado acima deles. Não é seu próprio decreto soberano que eles proclamam e executam como sendo sua própria vontade, mas uma necessidade, cuja origem não pode ser questionada e que é determinada independentemente da vontade até mesmo dos deuses mais elevados. Essa concepção não é um resultado inevitável do politeísmo, mas ocorre somente nas religiões teantrópicas, e é, de fato, possível somente nelas. (§134)

O mesmo se aplica a duas outras formas, que são, de fato, as duas fases de uma única concepção e que não ocorrem nem são possíveis nas religiões teocráticas, mas nascem diretamente do princípio teantrópico – aludindo à *apoteose* e *encarnação* ou à deificação dos seres humanos e à personificação dos deuses. Mediadores entre o ser humano e Deus, mensageiros que proclamam Suas bênçãos e revelações aos filhos dos seres humanos e, inversamente, colocam suas orações e ofertas diante de Seu trono, esses seres estão presentes em todas as religiões. Ou são deuses, reais e visíveis, mas sempre subordinados, geralmente deuses do sol, do fogo, do relâmpago ou do vento, ou são espíritos celestiais inferiores, ou são seres humanos dedicados a Deus, animados com Seu espírito, dotados por Ele de poderes milagrosos e conhecimentos sobre-humanos, ou favorecidos por revelações especiais. Também não estão ausentes das religiões teocráticas, e quanto menos na proporção em que a própria divindade suprema é mais exaltada acima do mundo e mais amplamente separada do ser humano. Mas a ideia de que um deus pode realmente tornar-se um humano é uma abominação para os adeptos de uma religião teocrática. Que "vós sereis como deuses", eles consideram como uma voz do Tentador. Nas religiões teantrópicas, que são totalmente influenciadas pela concepção dos teantropos, o deus-humano, este, por outro lado, é precisamente o ideal favorito, o objetivo para o qual eles lutam com todas as suas forças. Na teologia, isso se torna a fonte das criações mais ousadas da imaginação religiosa. Os deuses de quem o devoto deseja, com razão, aproximar-se devem tornar-se humanos, embora por um tempo apenas, embora nunca possam assim se despojar totalmente de sua origem celestial ou perder sua divindade. Cada acontecimento de sua história, portanto, difere de tudo o que acontece no caso de outros seres humanos. Do nascimento à morte, sua vida é uma série ininterrupta de milagres. No entanto, estes filhos dos deuses são realmente seres humanos enquanto moram na terra, como Apolo e Krishna, quando cuidam dos rebanhos como pastores, ou como Héracles e Rama, quando, como servos ou exilados, executam tarefas laboriosas e subjugam os inimigos de seus adoradores, ou como os outros *avatares* do deus Vishnu, conforme narram as lendas indianas. Ao contrário, os humanos ou supostos humanos são transformados em deuses. Na apoteose, os mitos dos seres humanos deificados são invertidos transformados em lendas de grandes heróis, profetas ou reformadores de épocas passadas. Tomemos, por exemplo, Ciro, o fundador do grande Império Persa, ou Zaratustra, o reformador iraniano, ou Buda Gautama, o fundador de uma ordem monástica generalizada. Mesmo em sua vida, os príncipes são deificados e concordam com isso no interesse de sua dinastia, ou até mesmo usurpam a própria honra. Essa deificação de príncipes é muito antiga. Nós a encontramos praticada especialmente no Egito desde o período mais antigo. Os primeiros reis babilônicos também prefixaram o sinal da divindade a seus próprios nomes. Mas notemos que, quando o elemento semítico tornou-se mais forte na Babilônia e finalmente alcançou a supremacia, os reis já não se chamavam mais deuses, mas apenas "os favoritos", "os amados" ou "os sacerdotes da divindade". Também em Israel, a pessoa do rei era sagrada, mas somente como ungido de Deus, e não como um deus ou filho de um deus. Os príncipes arianos, porém, são frequentemente chamados de Devas e gostam de traçar sua descendência a partir de alguma divindade. A abolição da realeza na Grécia ou em Roma e a direção mais racionalista da civilização grega impeliram essa ideia por um tempo para segundo plano, mas ela ressuscitou e finalmente morreu na apoteose dos imperadores romanos. (§135)

Mas, se o príncipe é um deus, todo ser humano está realmente destinado a se tornar um deus, e a esse objeto, portanto, todos os esforços dos fiéis das religiões teantrópicas são assim direcionados. Para poder entender essas religiões em plena consciência, estudemos os exemplos indianos. Todas as outras religiões teantrópicas das quais existem registros históricos entraram mais ou menos em contato com o sistema teocrático e foram influenciadas por ele. Isso é provavelmente verdade para as religiões persas, e certamente para as gregas, e assim, de maneira mediada, também para as romanas. Os elementos cristãos e clássicos são inconfundíveis nos Edas, que contêm os documentos mais antigos, embora relativamente recentes, da religião escandinava, mas não na medida em que são mantidos por algumas autoridades. Mas me parece muito duvidoso que os arianos da Índia alguma vez tenham estado sob influência semita, de modo a levá-los a adotar qualquer elemento de uma religião teocrática. Assim, nos familiarizamos com o antropismo em extrema unilateralidade. As oferendas, inicialmente consideradas como uma homenagem aos deuses e como meio de fortalecê-los ou de assegurar sua ajuda, então se tornaram meras celebrações místicas, que não têm nenhuma conexão com nenhum deus definido, mas que se destinam apenas a obter poder sobrenatural para seus fiéis, a fim de que possam neutralizar o poder dos espíritos hostis. Essas práticas logo caíram em descrédito. Esse poder sobre-humano poderia ser obtido melhor de outras formas, como por meio de meditação calma e abstinência. Pois por esses meios, pelo próprio poder e esforços, poder-se-ia alcançar a mocsa ou redenção – isto é, poder-se-ia assim exaltar-se acima de tudo o que é finito e limitado, acima do prazer e da dor, acima do desejo e da aversão, acima do amor e do ódio – e assim se alcançaria uma condição que, coerentemente realizada, culminaria na inexistência, ou seja, no Nirvana budista. Mas, nessa condição, o ser humano se tornaria igual – não, superior – aos deuses. Há inúmeras histórias de penitentes míticos que atingiram um tal nível de abnegação que os deuses tremiam diante de seu próprio poder e domínio, e lutaram contra todo tipo de seduções e impedimentos, a fim de derrubar o santo que assim os superara de sua elevada posição. O panteísmo indiano, que identifica a alma individual com a alma do mundo, abre caminho para diferentes sistemas e para o Budismo, o que é apenas, em pequena medida, uma reação contra o Bramanismo, mas é principalmente uma continuação dele. Isso tem sido chamado de ateísmo, e assim o é do ponto de vista teocrático, bem como do nosso próprio ponto de vista; mas na realidade não é. Ele exalta o ser humano ao trono da mais alta divindade. Foi detectado por estudiosos um antigo mito solar nas lendas de Buda. Mas isso não é razão para que Buda deva ser chamado de uma divindade antiga. Quer histórico quer mítico, estou convencido de que ele foi um ser humano e viveu como tal e foi o fundador de uma ordem de monges, ou pelo menos foi pensado como um ser humano no início, e foi somente depois de ter sido glorificado por seus adeptos que todos os atributos de um deus mais elevado foram unidos a ele e que uma maravilhosa carreira foi tecida para ele a partir dos antigos deuses míticos. Ele, o Râjanya, nem mesmo um brâmane, conseguiu, ao alcançar o *bodhi* ou a mais alta iluminação, exaltar-se acima de todos os deuses. Indra e Brahma, as duas divindades mais altas dos dois períodos anteriores, o védico e o bramânico, são colocados ao seu lado como satélites ministradores. E assim o teantropismo, em seu desenvolvimento unilateral, com um desrespeito quase total pela verdade encarnada nas religiões teocráticas, atingiu seu objetivo final. Deus, no sentido teocrático, foi destronado, e o ser humano se tornou Deus. (§136)

Nas religiões teocráticas, por outro lado, o abismo entre divindade e humanidade torna-se cada vez maior à medida que seu desenvolvimento avança. As histórias são contadas no tempo antigo dos deuses que desceram à terra, mas em uma época em que a habitavam seres de um feitio diferente da atual raça humana; quando ouviu-se falar de poucos privilegiados que gozavam da comunhão com Deus como um ser humano, como seu amigo, mas apenas em épocas passadas; e de profetas, também, a quem outrora foi permitido ver toda a Sua glória, mas que, em Sua aproximação, tremendo, cobriram seus rostos e, quando os descobriram, não viram nada além das saias da veste divina. Mas, com as gerações posteriores, Deus se comunicou apenas através de Seus mensageiros ou anjos, ou revelou Sua vontade em sonhos e visões, através de sinais e maravilhas. Ninguém está agora em comunhão direta com Ele. O deus teocrático habita em segredo. Ele é santo, o que originalmente significava inacessível. O ser humano que O vê deve morrer. Mesmo os deuses inferiores não podem penetrar no céu do Supremo. Na narrativa da enchente babilônica, eles fogem para lá, aterrorizados pelas águas ascendentes, mas só podem se aglomerar ao redor da entrada. Eles não são admitidos dentro dela. Os templos dos deuses teantrópicos estão abertos. São lugares sagrados, mas todo aquele que se aproxima com reverência pode entrar, a fim de adorar e oferecer seus dons, enquanto pessoas ilustres têm até o privilégio de ter suas estátuas colocadas no santuário, ao lado do próprio Deus. Mas os templos dos deuses teocráticos estão fechados dentro de muros altos. Embora estrangeiros, que não são verdadeiros fiéis, podem eventualmente ser admitidos no átrio exterior, o solo sagrado sobre o qual o templo se ergue não pode ser pisado por pés profanos; o templo em si só pode ser adentrado pelos sacerdotes, e, mesmo para eles, com uma única exceção, o terreno mais íntimo do santuário lhes é proibido. No Islã, a mais teocrática de todas as religiões, essas proibições estendem-se até mesmo à região dos lugares santos. E ali, no santuário mais íntimo de sua morada terrestre, onde ninguém além do soberano, que é considerado filho da divindade, ou um ou mais dos sumos sacerdotes, pode entrar em momentos especiais, onde habita a própria divindade suprema em santa calma, não perturbada pelo tumulto dos seus fiéis, velada pelo olhar dos curiosos. Ali ele é representado ou por símbolos místicos, mortos ou vivos, ou por uma imagem, e neste caso, geralmente, pela mais antiga e mais sagrada existente, que não foi feita por nenhuma mão mortal, mas que caiu do próprio céu. Não ali, mas somente em outras partes do templo, podem ser colocadas imagens mais novas, mais finas e mais artísticas. Onde nenhuma imagem da divindade é admitida, como no caso do templo de Jerusalém, onde se diz expressamente que Iahweh habita no mais santo dos santos, entre os querubins que guardam a arca sagrada. (§137)

A mesma diferença característica também se manifesta através do ritual. Mas também nesse caso devemos nos abster de entrar em detalhes e nos contentar apenas com alguns de seus contornos. Mesmo nas religiões teantrópicas não falta veneração aos deuses e até mesmo temor a eles. Mas entre eles e seus fiéis prevalece certa confidencialidade, ou melhor, certa familiaridade, que às vezes beira a irreverência e quase se torna irreligiosa. É apenas uma singeleza pouco sofisticada por parte do cantor védico quando ele diz a seu deus: "Se eu fosse você, e você fosse eu, então, depois de tal oferenda eu deveria lhe dar o que você desejar". Mas é pior quando o fiel não tem o escrúpulo de passar dos limites e enganar a divindade através de truques astuciosos. Refiro-me a histórias míticas como a de Prometeu, em Hesíodo,[57] e a de Numa Pompílio, em Ovídio.[58] Permitam-me apenas lembrá-los delas. Prometeu, o antigo deus do fogo, que gradualmente se tornou um deus-humano, sempre em oposição a Zeus e disposto a enganá-lo todas as vezes que podia, ensina aos humanos, de quem ele é o criador e protetor, como, ao oferecer um sacrifício, repartir as diferentes partes do animal morto: Zeus pode então escolher por si mesmo. Ele esconde as partes comestíveis sob a pele do animal, como se elas não tivessem valor, e as coloca de um lado, enquanto do outro ele exibe os ossos e as coxas cobertas de gordura brilhante.

---

57 *Teogonia*, 535ss [NA].

58 *Fast.*, 3, 339s [NA].

O piedoso Hesíodo, que não suporta a ideia de Zeus ser realmente enganado, representa-o como sendo suficientemente generoso para se contentar com as partes inferiores, embora o ardil não lhe tenha escapado de forma alguma. A versão original da lenda era provavelmente um pouco diferente. Seja como for, o ponto essencial é que nas religiões teantrópicas os seres humanos guardam as melhores coisas para si e oferecem aos deuses o que é de valor inferior para os seres humanos. O mito é etiológico, ou seja, serve como explicação de tais costumes. (§138)

Um mito semelhante forma a base da história marota sobre Numa Pompílio contada por Ovídio, que se destinava a explicar a abolição dos sacrifícios humanos anteriormente em voga entre os romanos, e exigida por Júpiter Elicius, assim como por outros deuses. *Caput*, uma cabeça, é exigida pelo deus. Numa traz-lhe a cabeça de uma cebola, *cepa*. Não, é uma cabeça humana que Júpiter exige! Numa apresenta então um cabelo humano, *capillus*. Não, exclamou Júpiter, uma alma viva, *anima*! Numa tenta em seguida um peixinho, *maena*. Júpiter é, então, bondoso o suficiente para se divertir com a piada e, a partir daí, ele próprio se satisfaz com substitutos para os sacrifícios humanos. Essa história, que certamente não foi inventada pelo poeta, embora contada à sua maneira peculiar, traz à tona a familiaridade do fiel com seu deus ainda mais claramente do que o primeiro. E, aqui, o indivíduo que assim brinca com a divindade não é um Titã rebelde, que procura derrubar a supremacia dos olímpicos, mas o querido amigo dos deuses, o mítico reitor, cujo nome Numa se assemelha aos *nomos*[59] gregos, deriva desta

---

59 *Nomos* (em grego Νόμος) é, na mitologia grega, o *daemon* das leis, estatutos e normas. É marido de Eusébia (deusa da piedade) e pai de Dice (deusa da justiça e vingadora das violações da lei). Nomos é geralmente um aspecto de

última qualidade, e que é considerada pelos piedosos romanos como o destinatário das revelações divinas. No entanto, nenhuma dificuldade parece ter sido sentida em fazer tal santo agir de forma tão estranha para com o deus mais elevado. (§139)

Os sacrifícios humanos, tão gerais em idades bárbaras, embora oferecidos por motivos muito diferentes, continuaram em uso por muito tempo em que prevaleceram as religiões teocráticas, enquanto nas teantrópicas eles foram abolidos muito cedo, exceto em alguns poucos cultos locais primitivos. No Aitareya--Brâhmana, ocorre a história de S'unasépha, o filho de um brâmane que habitava a floresta, cujo pai, impelido pela fome e tentado por uma grande recompensa, prepara-se para matar em honra de Varuna, no lugar do filho do rei, mas é salvo pelos deuses que ele invoca e é adotado pelo sacerdote Visvâmitra como seu filho. Assim também, o sacerdote Calcas exige de Agamenon, que ofendeu Artêmis, o sacrifício de sua filha Efigênia para apaziguar a ira da deusa, mas, quando o rei está prestes a cumprir a ordem, a própria deusa carrega a donzela para Táuris e a torna imortal. Nenhuma menção é feita aos sacrifícios humanos na religião dos povos persas. Na Grécia, eles haviam se tornado a exceção, e na Itália também, onde outrora haviam sido exaltados em vários cultos, mas logo foram substituídos por outras oferendas ou por efígies. No caso dos romanos, vimos que a abolição remonta a Numa. Até mesmo os egípcios, com sua religião meio teocrática, meio teantrópica, já haviam dado o exemplo. Mas eles se mantiveram

---

Zeus, não sendo considerado um deus separado. Nomos é a materialização da lei humana na Grécia antiga. Os sofistas acreditavam que o *nomos* não era necessariamente superior na Grécia, mas que era intermediário e diferente entre as culturas [NT].

nas religiões teocráticas da Ásia Ocidental, pelo menos entre os fenícios, os arameus e os hebreus, que ofereceram seus filhos em sacrifício ao deus do fogo. Quem não se lembra da história de Mesa, o rei de Moab, matando seu filho mais velho em homenagem a Camos, quando sua capital foi cercada pelos exércitos unidos de Israel e Judá?[60] Quão profundamente arraigada estava a convicção de que só assim os deuses podiam ser aplacados e seus julgamentos evitados está evidente no caso dos cartagineses, que mantiveram essas práticas muito tempo após a conquista de sua cidade pelos romanos e que nem sequer o pavor de seus mestres austeros os dissuadiram. Também é bem conhecido o sofrimento dos profetas de Judá para pôr um fim a essa prática cruel e antinatural de seu povo, que era repugnante às suas próprias concepções éticas. Podemos ainda notar como se fala dela na bela narrativa da oferenda de Abraão, que foi concebida para induzir sua extinção. Ela não é desaprovada como tal nem é representada como cruel ou desumana. Pelo contrário, Iahweh o exige, e o pai dos fiéis está imediatamente disposto a obedecer; e isso lhe é imputado como prova de sua fé nas promessas de Deus e de sua devoção. Esse é um caso bem diferente daquele mencionado acima na história indiana, na qual o autor rotula distintamente o brâmane Ajigarta, que mataria seu filho, como um pai cruel e antinatural. O escritor hebreu, por outro lado, embora a ação sangrenta também não seja realizada nesse caso, procede com base no princípio de que Deus pode exigir até sacrifícios desumanos de Seus fiéis e de que eles são obrigados a obedecer mansamente. (§140)

Por que os povos civilizados, muito antes dos gregos e romanos, antes dos indianos e persas e, em certo sentido, de seus

---

60   2 Reis 3,26-27 [NT].

mestres, ficaram tão atrasados neste aspecto? Tem-se afirmado que os semitas são naturalmente mais cruéis e sedentos de sangue do que os arianos, mas nenhuma prova disso foi apresentada. O grande rei da Pérsia, que se gabava de ser de ascendência ariana pura, não foi mais brando nas punições que infligiu aos rebeldes do que os reis semíticos de Assur; e vários dos imperadores romanos, também arianos, se envolveram com eles nesse aspecto. As câmaras de tortura da Santa Inquisição e de nossa antiga gestão de justiça europeia são invenções puramente arianas, cuja refinada crueldade faz o sangue esfriar. Deve haver, portanto, alguma razão diferente. Tampouco se pode dizer que o semita tenha uma vida humana menos valorizada ou que esteja menos calorosamente atrelado à sua própria família. O caso é o inverso. Uma vida prolongada até uma velhice feliz é um de seus desejos mais preciosos; ninguém pode amar melhor seus filhos; ninguém se deleita mais do que ele nas bênçãos de uma descendência numerosa; e, acima de tudo, seus filhos são seu orgulho e sua glória. Mas, ainda mais profundos que esses sentimentos humanos, está enraizado em seu coração o sentimento religioso que predomina nas religiões teocráticas: o do vazio do ser humano na presença dos poderes sobrenaturais dos quais ele se reconhece dependente. Ao Senhor Supremo no céu tudo pertence, tudo o que ele tem, mesmo o que ele mais aprecia. Se Ele o exige, deve ser dado. Com um soberano ilimitado, é impossível raciocinar a respeito de seus mandamentos estabelecidos outrora ou unir-se a ele; e, para que o sacrifício não pareça ser oferecido com má vontade, os gritos da pobre vítima e o lamento da mãe angustiada são muitas vezes afogados por música estrondosa. O elevado desenvolvimento ético dos profetas de Moisés foi necessário para despertar a convicção de que Iahweh, em Sua bondade e misericórdia, renunciou ao seu direito a tais ofertas e, em vez disso, passou a ter prazer em pureza de coração e retidão de vida. Mas a maioria do povo não podia se aventurar a acreditar nessa doutrina. Não que os profetas fossem infiéis à raiz teocrática da altivez e exaltação do poder e supremacia ilimitada de Deus; mas eles têm uma visão mais ética e espiritualista de Sua santidade e, portanto, de Sua supremacia também, uma visão avançada demais para os muitos subdesenvolvidos. (§141)

Esforcei-me em apresentar algumas linhas gerais – e outros exemplos poderiam facilmente ter sido dados – para esboçar as diferenças distintivas entre as religiões teocráticas e as teantrópicas, a fim de transmitir uma ideia do que se entende por diferentes direções de desenvolvimento religioso ou de desenvolvimento unilateral. O que observamos nessas duas grandes famílias de religião também se mostra em outros casos, diferindo cem vezes, em uma escala maior ou menor. Não é nosso propósito traçar os resultados práticos de tal unilateralidade na vida religiosa; mas a questão sobre até que ponto ela prejudica ou promove o desenvolvimento geral da religião não deve ser deixada sem resposta. (§142)

Poder-se-ia imaginar, *a priori*, que isso só prejudicaria o desenvolvimento religioso. Aqui dispomos de dois elementos indispensáveis na religião, que podemos chamar, brevemente, de o Infinito dentro de nós e o Infinito acima de nós, ou, em linguagem religiosa, a soberania de Deus e a afinidade do ser humano para com Este. Agora, como vimos, mesmo onde um princípio é indevidamente cultivado, o outro nunca é totalmente negligenciado, por mais que seu desenvolvimento possa atrasar-se; o fiel parece ter medo de apresentá-lo em qualquer medida para não pôr em perigo a verdade que ele preza acima de tudo; e chega um momento em que essa verdade ofusca tão completamente a outra, a ponto de quase obliterar todos os seus traços. Quando o teantropismo chegou ao

Elementos da Ciência da Religião

extremo de tal unilateralidade, a única escolha que lhe restou foi entre a deificação do mundo e o ateísmo. E quando vimos como não apenas os antigos deuses da natureza mas também os mais elevados, investidos de todo o poder, ou foram colocados à sua frente ou os substituíram – como todos esses objetos de adoração foram gradualmente desinvestidos de tudo o que os tornavam adoráveis, como eles estremeceram diante do poder superior dos penitentes humanos, deixaram-se insultar pelos sagrados cantores para mostrar que eles foram exaltados acima da impaciência e da paixão, e ainda assim foram superados em abnegação pelo Buda, que, por compaixão, se dá como alimento à tigresa para que ela possa alimentar seus filhotes –, quando vemos tudo isso, o ateísmo quase parece preferível. Por outro lado, o sistema que não apenas coloca especial ênfase no princípio teocrático, mas condena todo esforço e trabalho humano, sabedoria e ciência, arte e indústria como inúteis e vãos – até mesmo como pecadores – não deixa ao adorador outra alternativa que não seja curvar-se como um servo ou acovardar-se como um cão. Mas, quando esse extremo é atingido, uma reação salutar está à mão. Parece, portanto, que as raízes ou princípios religiosos aparentemente conflitantes, mas não irreconciliáveis (e faço alusão a muitos outros além dos dois especificados) devem – antes que o pensamento religioso possa combiná-los ou pelo menos remover sua desproporção – percorrer um longo curso de desenvolvimento independente e esforçar-se para atingir a expressão perfeita. Mas, de tal desenvolvimento especial, nada se perde a longo prazo; pois seus frutos são duradouros e, no final, beneficiam o desenvolvimento geral da religião. Cada corrente, assim, seguindo seu próprio curso, rende sua preciosa contribuição para o desenvolvimento como um todo. Tampouco, uma vez estabelecida a equiparação, jamais recairemos na velha unilateralidade, exceto talvez por um curto período, e então apenas em uma extensão limitada. Ainda poderão existir oscilações para a direita ou para a esquerda, mas o equilíbrio é sempre restaurado. (§143)

Isso será discutido mais adiante em uma conferência posterior. (§144)

Conferência VII
Direções do desenvolvimento em religiões particulares e em grupos de religiões afins

Na última conferência, nos empenhamos em considerar o que chamo de direções de desenvolvimento como sendo distintas de suas etapas. Tomando as duas grandes famílias de religião como ilustração, procurei mostrar como cada religião se desenvolve, não harmoniosa e simetricamente, mas unilateralmente, em conformidade com o caráter peculiar de cada família, e como o crescimento da religião não é, portanto, um processo simples, mas um processo muito complexo, produto de uma série de diferentes correntes tributárias. Mas, como estamos longe de ter esgotado o assunto, que não pôde ser tratado adequadamente dentro do tempo que nos foi concedido, voltamos a tratá-lo. (§145)

O que vale para as grandes famílias de religiões também se aplica aos membros que as compõem, tanto para religiões particulares como para os grupos de religiões afins. Deixe-me ilustrar isso também com alguns exemplos. (§146)

Cada nação tem sua característica peculiar, da mesma forma isso ocorrerá com as religiões, que originariamente encontram-se ligadas a essa nação e que, posteriormente, não mais coincidirão com ela. Sei que estou entrando em uma região onde a imaginação muitas vezes toma grandes liberdades; e, embora a ciência não possa avançar um único passo sem sua ajuda, o estudioso que lhe dá demasiada liberdade, sem dúvida, com isso, corre grandes riscos. Hegel foi um dos primeiros a tentar caracterizar as principais religiões. Mas, com toda a deferência ao gênio do grande filósofo, não podemos considerar que seus esforços foram bem-sucedidos. Dessa forma, ele trata a religião chinesa como sendo um parâmetro, a bramânica como fantasia e o Budismo como "a que está dentro de si mesma" (*in-sich-sein*). O primeiro desses epítetos é muito vago e nunca foi muito claro quanto ao seu direcionamento, enquanto os dois últimos poderiam muito bem ser invertidos. Ele poderia ter chamado a religião grega de bela, o que seria aceitável, e talvez aceitássemos também sua descrição da persa como de bondade ou luz, e a do judeu como a de uma sublimidade, embora o último epíteto se aplique também, ou melhor ainda, à egípcia. Mas o que ele quer dizer ao chamar a religião egípcia de enigmática, a menos que ele tenha confundido a egípcia com a esfinge de Tebas? E, com certeza, a religião dos sírios não poderia ser chamada adequadamente de religião do sofrimento. Pois, embora o mito e o culto de Tamuz-Adônis, desempenhe um grande papel na Ásia Ocidental, não se deve esquecer de que as lamentações sobre sua morte são sucedidas por gritos de exultação sobre sua ressuscitação e que o mesmo mito é encontrado no Egito sob o nome de Osíris. Eduard von Hartmann, que de fato possuía dados mais amplos à sua disposição do que Hegel, aprofunda mais o assunto, e suas definições são mais precisas, embora – como seja perdoável para o alemão, mas não para o filósofo – ele tenha lisonjeado indevidamente a religião germânica. A religião deve refinamento estético aos helênicos, os romanos a secularizaram, mas os alemães, de acordo com von Hartmann, deram-lhe uma profundidade trágico-ética. Isso pode ter sido feito pelo mito de Baldur, que, no entanto, talvez não seja nada germânico, mas devido à influência cristã; mas nem o mito de Odin nem o de Thor é especialmente trágico, nem o de Freia ou de Loki são éticos. Mas, embora von Hartmann tenha tido mais sucesso no conjunto, suas breves descrições das características das diferentes religiões são muito parecidas com rótulos passados e nem sempre são estritamente pertinentes. (§147)

Não tentarei, portanto, seguir seu exemplo e substituir outros nomes típicos por aqueles propostos por esses filósofos. Prefiro me aventurar em uma breve descrição das peculiaridades que distinguem algumas das principais religiões das outras. Tomemos, por exemplo, a egípcia. Mesmo em um conhecimento superficial dessa forma de religião, é preciso que cada um, desde o início, perceba o lugar de destaque que é dado, nas concepções religiosas dos egípcios, à vida, em toda a sua plenitude – como evidenciado pela fórmula sempre recorrente, *ānch ut'a seneb*: "vida, bem-estar, saúde" – vida interrompida por um tempo apenas pela morte, sempre se renovando, o Permanente e o Imperecível em meio a tudo aquilo que está mudando e transitório. E essa impressão é confirmada pelo estudo cuidadoso das fontes originais. Destas aprendemos que é um erro supor que os devotos egípcios desprezavam esta vida terrena e que não pensavam em nada e não se preocupavam com nada, a não ser com estar unidos algum dia para sempre com Osíris nos campos de Aaru, ou com sair diariamente no séquito do deus-sol como espíritos de luz. A rica colheita de antiguidades cedida pela exploração dos túmulos – representações e escritos que naturalmente se relacionam com a vida que se segue – fez as pessoas pensarem que esse era o tema favorito e quase exclusivo de autores e artistas egípcios. Outras descobertas, no entanto, provaram que também apreciavam esta existência terrena e que, por essa mesma razão, desejavam prolongá-la em outras regiões "por milhões de anos". E, portanto, seu principal documento sagrado é o Livro dos Mortos, uma coleção de textos cuja eficácia mágica tornaria impotentes os demônios das trevas e da destruição. Em seus túmulos, pelo menos durante o auge de sua prosperidade, eles representavam, por conseguinte, a vida do moribundo como um prolongamento ainda mais belo de sua vida terrena, com todas as suas alegrias e honras. Desse modo, embalsamavam cuidadosamente o corpo de seus mortos; pois não eram acionados por nenhum mero anseio espiritualista ou sentimental de redenção desta miserável existência, mas, ao contrário, pela esperança de sua renovação, o que os impelia a prever a possibilidade de reencontro da alma com o corpo. Pelo mesmo motivo, empenhavam-se em tornar os templos de seus deuses duráveis o suficiente para desafiar os tempos, e todos os que possuíam os meios, reis e poderosos, esforçavam-se para fazer o mesmo por seus túmulos, suas moradas eternas. Por essa razão, também, o símbolo principal de seus deuses não era uma imagem de um deus, mas, de preferência, a de um animal vivo, distinto de todos os outros por marcas especiais, como penhor da proximidade e da eternidade de Deus. O "Ptah sempre-vivo" é o nome do mais sagrado de todos esses animais, o Touro Ápis de Mênfis. As concepções do triunfo da luz sobre as trevas, da fertilidade e do crescimento sobre a esterilidade e a decadência, tema de centenas de mitos antigos e de numerosos símbolos nas religiões éticas, eram comuns aos egípcios com todas as religiões naturais. Mas nenhuma religião da Antiguidade aplicou essas concepções tão enfaticamente à vida humana, ou as elaborou tanto em doutrinas e ritos; de modo que, em uma única palavra, poderíamos chamar de forma justa de religião da Vida Eterna ou da Imortalidade. E aqueles que traçaram a importação dessas concepções de Alexandria para o mundo greco-romano, posteriormente para o Judaísmo, e para o Cristianismo mais antigo, devem estar convencidos de que o Egito contribuiu muito materialmente para o desenvolvimento religioso em geral. A assiriologia, ou o estudo da antiguidade babilônico-assíria, é um ramo mais jovem da ciência do que a Egiptologia. E, portanto, por mais numerosas que sejam as fontes da história, costumes e religião da Babilônia e da Assíria que nos tenham sido reveladas pelas descobertas dos últimos anos, e por maiores que sejam os progressos já feitos na interpretação desses documentos, devemos aqui exercer mais reserva e cautela ao tirar nossas conclusões. Sobre a história da religião babilônica, sabemos ainda pouco mais do que os seus contornos. Não há dúvida, porém, de que a ideia do governo absoluto de Deus, de uma teocracia, formou a base dessa religião, e de que ela era, portanto, genuinamente semita, e de que, mesmo tendo adotado muitas características de uma forma não semita anterior de religião, ela as tinha assimilado de forma independente. Mas, sendo assim seu caráter familiar genérico, a questão que se apresenta aqui é qual era seu caráter especial ou como teria se desenvolvido, à sua maneira, a sua ideia teocrática fundamental. Não desejo ser muito positivo ao afirmar isso. Mas posso dizer que, na melhor das hipóteses, a religião babilônica, da qual o assírio é apenas um ramo, é influenciada pela ideia-raiz da inescrutabilidade de Deus, que surgiu em outras religiões especificamente semíticas também, mas que está aqui mais elaborada. A profundidade insondável e a sabedoria inescrutável são expressas na língua babilônica pela mesma palavra, e essa palavra também significa poder e, em uma forma derivada, uma oração sincera e fervorosa.[61] O governo de Deus como poder supremo de sabedoria impenetrável, de conhecimento profundo e imensurável, me parece ser o dogma principal da doutrina religiosa babilônica. Por sinais e maravilhas, por oráculos e sonhos, os deuses comunicavam algo dessa sabedoria ao ser humano; e o principal trabalho dos sacerdotes e sábios era registrá-los e interpretá-los para os leigos. A fama dessa sabedoria babilônica logo se espalhou por todo o mundo civilizado; mas não devemos julgá-la pelas imposições dos charlatães, que abusaram dela para enganar as almas piedosas em Roma e extorquir dinheiro deles, uma prática que justamente fez o conservador Catão, o Velho, exclamar: *Chaldaeos ne consulito!* ["Não consultem os caldeus!"]. Não é preciso dizer que a mesma ideia religiosa também era familiar para os israelitas. Mas, com eles, foi ofuscada por outra, a da santidade, que surgiu da concepção da inacessibilidade de Deus, mas, desenvolvida em um sentido ético, tornou-se a marca distintiva da religião de Israel. (§148)

As religiões iranianas e indianas apresentam-se claramente como sendo duas religiões pertencentes à mesma família, com as mesmas características familiares e mais estreitamente relacionadas uma com a outra do que com qualquer outra do mesmo grupo, com a possiblidade de desenvolver-se em direções totalmente diferentes. Aqui temos dois povos que viveram juntos por mais tempo do que as outras nações arianas. Isso pode ser comprovado por seus idiomas, que em suas formas mais antigas não são mais do que dois dialetos da mesma língua. Eles também têm uma série de mitos, ideias, nomes de deuses, instituições e costumes em comum. O principal sacrifício de ambos, o Soma e o Haoma, por mais que tenham sido modificados, são os mesmos.

---

61   Ver Fr. Delitsch, *Assyr. Handwörterbuch*, voc. *emuķ and le'u* [NA].

Podemos citar muitos outros exemplos. No entanto, quanta diferença em suas características especiais! Não faço alusão ao fato de que a doutrina religiosa indiana é expressa em uma exuberante mitologia, com um número quase ilimitado de Devas, enquanto o iraniano, pelo menos no mais antigo Zoroastrismo, é notável por sua grande sobriedade, possui apenas sete espíritos celestiais, sendo seis deles meramente com atributos personificados do único espírito mais elevado, e assim aborda o monoteísmo com Sraosha como sendo o único mediador, aparentemente ignorando a antiga mitologia. Com efeito, em primeiro lugar, isso foi o resultado de uma reforma definitiva, da qual, além disso, a influência de ideias estrangeiras não foi totalmente excluída. E, em segundo lugar, o caráter teantrópico da religião iraniana não foi deserdado. Vários deuses arianos antigos, com uma série de mitos, também penetraram no sistema zoroastriano e foram adotados em seu ritual. Essa é outra diferença a que me refiro. Entre os iranianos, descobrimos que uma doutrina prática de moralidade é santificada pela religião e que a agricultura e uma vida estabelecida são deveres religiosos, além de que o cuidado com o comércio, até mesmo a riqueza adquirida pelo trabalho honesto, são todos considerados como grandes virtudes, enquanto os reclusos e os ascetas, embora não desconhecidos, sejam pouco estimados. Entre os indianos, pelo contrário, a contemplação ascética se afasta cada vez mais da vida prática e dos deveres humanos comuns, embora, entre os brâmanes sujeitos a certas limitações, seja considerada a regra de vida mais elevada entre os iogues, jainas e bauddhas. O iraniano espera uma vida de êxtase em comunhão com Ahura Mazda e sonha com um futuro quando todas as criações de Angra Mainyu, o Maligno, que danifica a boa criação de Mazda, serão destruídas; mas, dessa consumação, esta terra será a cena, e, enquanto ele permanecer aqui embaixo, ele terá prazer na vida e apreciará as muitas bênçãos desta existência imperfeita. Para o indiano, esta existência torna-se cada vez mais um fardo, e a causa de toda a miséria, da qual só poderá ser liberado pela fusão com a divindade ou pelo aniquilamento total. O adorador iraniano de Mazda é mantido na terra por sua religião: ele segue uma rota dourada, o caminho cuidadosamente nivelado de decoro e de virtude social; ele acredita que todo o drama do mundo transcorrerá dentro de doze mil anos; e é somente quando ele volta aos seus velhos mitos e deidades é que de sua imaginação, embora tímida, mais uma vez estende suas asas. A imaginação do hindu é inteiramente livre; ele a considera não por milhares de anos, mas por milhares de eras; a segurança de um percurso do meio para ele não é desvendada; em algum momento ele alça as alturas mais vertiginosas da mais ousada especulação e perde-se em um espiritualismo que o torna insensível a tudo mais; e então afunda, por uma reação natural, na lama da mais grosseira e revoltante sensualidade, a qual ele dificilmente se dá ao trabalho de velar sob um misticismo mesquinho. Não é nosso propósito aqui buscar a causa desse fenômeno, desse contraste agudo; eu gostaria apenas de repetir o que eu disse em outro lugar sobre o assunto (em minha obra *Geschichte der Religion im Altertum* ["História da religião na Antiguidade"]). Basta observar que esse contraste não é exclusivamente, ou mesmo principalmente, atribuído à influência estrangeira e às circunstâncias externas, mas também surge do caráter dos próprios povos. A questão que nos preocupa aqui é com o que as duas religiões têm contribuído para o desenvolvimento geral da religião. (§149)

A fim de responder a essa pergunta, permitam-me chamar a atenção de vocês para o caráter do Zoroastrismo. Depois de ter surgido da antiga antítese geral da luz e da escuridão, da vida e da morte, ele se tornou a antítese do bem e do mal, do puro e do impuro. Essa era, portanto, uma antítese ética, mas não no sentido de coincidir com aquela entre este lado da sepultura e o outro, entre o terreno e o celestial, entre o natural e o espiritual. Pelo contrário, o mal na natureza e no mundo do ser humano, físico e moral, é transitório; ele prevalece nos domínios inferiores do Pai das Mentiras e exerce certo poder, embora esteja apenas por um tempo sobre esta morada terrena. Está destinado a ser completamente erradicado um dia. A doutrina zoroastriana constituiu-se na primeira tentativa séria de conformar os interesses e deveres materiais com as necessidades e anseios espirituais da humanidade, bem como de reconciliar o temporal com o eterno, considerando o primeiro como reflexo e preparação para o segundo. A raiz religiosa do Zoroastrismo, expressa pela primeira vez de forma distinta, como a história demonstra que não permaneceu infrutífera, é a de que a vida dos devotos foi um trabalho e uma luta sagrada constantemente dirigida contra o mal e o impuro, naquilo que costumamos distinguir como o mundo da natureza e o mundo do espírito, para que ambos sejam finalmente purificados – em suma, para que todo ser humano devoto, de acordo com sua capacidade, seja um companheiro de trabalho com Deus. (§150)

A Índia estimula o terreno e o perecível a fim de se exaltar sem restrições a esferas mais elevadas. Ela não tenta reconciliar Deus e o mundo, mas explica o mundo como mero espetáculo e ilusão. Sua religião é uma grande tentativa, sem sucesso, de agarrar pela força, assim como se fosse sua presa, o infinito, o ilimitado, o imensurável. Mas só por seu desprezo por toda a realidade, por seu idealismo exagerado, o Bramanismo, a princípio tão exclusivo e limitado a três classes privilegiadas, abriu, no seu desenvolvimento posterior como Budismo, o caminho da salvação para todos os que preenchiam as condições de sua realização e de sua libertação de todos os laços finitos. Assim, essa foi a primeira religião a se manifestar a favor da ideia de uma redenção, uma salvação não destinada a classes particulares ou a um único povo, mas a todos os seres como sendo humanos; e, embora ainda não com plena consciência, foi a primeira a sentir algo da unidade da espécie em suas aspirações para o Infinito, muito antes que essa ideia tivesse ocorrido às mentes dos filósofos gregos ou tivesse sido pregada no Evangelho como uma doutrina positiva. Do seio do Bramanismo nasceu a primeira religião universalista, a primeira religião que tinha a ambição de abraçar toda a humanidade. E, o que quer que se pense de sua doutrina de redenção, o fato de essa ideia ter sido compreendida, professada e realizada de uma forma ou de outra é um dos maiores pontos de inflexão e uma das épocas mais importantes da história do desenvolvimento religioso. (§151)

Embora não tão estreitamente relacionados como os povos indianos e persas, existe uma forte afinidade entre os gregos e romanos, que, juntamente com Israel, foram justamente chamados de nossos ancestrais espirituais, já que herdamos os tesouros de sua importante civilização. Além disso, essas nações irmãs logo foram historicamente ligadas em um contato cada vez mais estreito e vivaz, de tal maneira que é impossível compreender uma, em particular a romana, sem o conhecimento da outra. Isso não requer nenhuma prova, já que todos sabem da poderosa e imponente influência que a civilização, a arte, as letras e a filosofia gregas exerceram sobre a cultura romana, de modo que esta última é realmente uma continuação da primeira, podendo, assim, ser chamada de greco-romana. Essa influência se deu por meio dos etruscos, os primeiros mestres dos romanos, e eles mesmos, como aparece em sua arte e religião, os discípulos e sucessores dos gregos. Seguiu-se, então, o relacionamento com a Magna Grécia, a parte sul da península italiana, onde a cultura grega havia sido estabelecida e difundida; e, por fim, a conquista de Hellas, que sujeitou cada vez mais o povo conquistador e fisicamente dominante à supremacia espiritual de seus súditos. (§152)

E, ainda assim, quantas diferenças existem em termos globais e, portanto, também no desenvolvimento religioso, entre essas duas nações, tão intimamente ligadas por sua linhagem e por suas interações! Os gregos, por sua vez, fizeram mais pelo desenvolvimento da religião do que geralmente se supõe, e é difícil resumir tudo isso em poucas palavras. Sua religião foi designada, com justiça, como a da beleza e do refinamento estético. Naturalmente, pensamos primeiro nos seus raros dotes artísticos, no gênio de seus escultores e arquitetos. Enquanto os escultores, em suas obras-primas, conseguiram representar a beleza ideal em seu encanto, em seu vigor e sublimidade de seus ideais de deuses e, ao mesmo tempo, delinear pureza, seriedade, sabedoria e, de fato, todos os atributos morais dos personagens do Olimpo. Na expressão de suas características, os arquitetos construíram-lhes habitações apropriadas, imponentes e elegantes, mas simples e sóbrias em estilo, e realmente mais grandiosas e impressionantes que os enormes santuários egípcios e babilônicos. Mas lembremos também de seus poetas e autores, que, como Homero, transformaram os antigos mitos da natureza em poesia atraente; ou como os poetas trágicos, em seus dramas, deram forma concreta aos mais profundos pensamentos religiosos em seus heróis sofredores, santificados por sua dor; ou, como Platão, que registraram em obras imortais suas especulações sobre os temas mais elevados que poderiam ocupar a mente humana, a origem e a essência do ser, mas sem sacrificar a profundidade e a riqueza de seus súditos à beleza da forma. O quanto disso tudo eles tomaram emprestado do Oriente não necessitamos determinar agora. Mas, se eles começaram copiando ansiosamente modelos estrangeiros em sua arte plástica, precisamos apenas observar como, ao longo do tempo, eles os aperfeiçoaram e os transformaram em figuras humanas ideais, para que pudéssemos entender quão únicos eles eram como artistas. O mesmo se aplica às suas criações intelectuais. Não é necessário repetir o que eu já disse sobre a purificação à qual ficaram submetidas sua mitologia por parte de suas tragédias e filosofias. Mas permitam-me apenas lembrar-lhes de seus três deuses principais, representados por Homero, como ainda muito unidos, que sucessivamente se tornaram representantes de períodos diferentes na história da religião helênica – Zeus, Apolo e Atena. Zeus, apesar de sua posição elevada e da supremacia e dos atributos espirituais a ele atribuídos, ainda é distintamente um deus da natureza, o deus celestial do trovão e da chuva. Apolo, cujo significado físico original ainda é reconhecível, mas que agora está muito mais distante da natureza, ainda é o revelador da vontade do Altíssimo e o que protege do desastre e da peste, mas é, acima de tudo, o deus que encarna toda a riqueza da vida espiritual grega da época, o deus da poesia, da música e do canto, da sabedoria e do autoconhecimento, o irmão das Musas, e, ao mesmo tempo, o deus da redenção e da reconciliação, o mantenedor da paz entre todos os helenos, preeminentemente o deus nacional, mas altamente reverenciado também pelos estrangeiros. E, por último, Atena, a virgem austera, cujo caráter luminoso é inteiramente transferido para o domínio da mente, que se converteu no verdadeiro representante celestial de tudo aquilo que o capital intelectual do mundo antigo reverenciava e aspirava como o mais alto dos objetivos, de modo que só podemos conjecturar o fenômeno natural do qual ela foi outrora a personificação. Não há dúvida de que os gregos foram os primeiros a conceber, como exemplo para todas as idades, o divino como o eternamente belo, para criar uma encarnação ideal aos ideais espirituais, e assim conciliar a religião com a arte, o sagrado com o estético. (§153)

Mas a relevância de seus serviços para a história do desenvolvimento religioso não está aí de forma alguma esgotada. Sendo o povo grego uma nação de artistas e poetas, não foi menos rico em termos de filósofos e pensadores. Os representantes oficiais do desenvolvimento religioso poderiam considerá-los suspeitos denunciando-os, líderes populares poderiam ter incitado contra eles a multidão, um poeta que abominasse a inovação poderia zombar de suas comédias, mas a oposição, a perseguição e o escárnio não impediram esses filósofos gregos de tomar até mesmo a religião e o divino como súditos para sua contemplação; e ao fazer isso eles descobriram verdades eternas e expressaram ideias que só obtiveram reconhecimento geral em um período muito posterior, quando o Evangelho fez brilhar sua luz. Se chamarmos os helenos de um povo de artistas e poetas, devemos acrescentar com justiça que eles foram um povo de pensadores. E, ao elemento religioso, eles uniram o intelectual e o estético; não só santificaram a arte pela religião, como foi feito por outras nações, mas glorificaram a religião pela arte mais elevada, a mais perfeita de sua categoria, e, sobretudo, também na religião buscaram a verdade. (§154)

Esses dotes, esses esforços estéticos e filosóficos, determinaram o caráter de sua religião, um caráter que a diferenciou de forma notável de todas as outras e da romana em particular. Por ser uma religião predominantemente aristocrática, também foi derrubada pela democracia. Em nenhum lugar da Antiguidade, exceto talvez na Índia, e lá de uma maneira muito diferente, o elemento individual afirmou de forma tão marcante sua superioridade em relação ao comum e ao tradicional; em nenhum lugar uma série de grandes mentes tão ilustres exerceu tamanha influência dominante sobre o desenvolvimento da religião. Em nenhum outro lugar o domínio sacerdotal recuou tanto; e, onde os sacerdotes têm realmente qualquer poder, eles só o obtêm participando ao máximo do progresso espiritual de sua época e apropriando-se de seus resultados. Essa é a religião da humanidade em seu sentido mais nobre. (§155)

Com os romanos, pelo contrário, não é o elemento pessoal, individual, mas a sociedade que predomina. O número de seus deuses que têm um caráter fixo e uma personalidade definida é extremamente limitado, e suas características nunca são tão claramente definidas como as dos deuses gregos. A maioria das ideias sobre seres superiores que eles formaram para si mesmos são pouco mais do que abstrações concebidas como espíritos, tais como virtudes, inclinações, operações, nas quais os traços persistentes do animismo são inconfundíveis, como em Aius Locutius, o gênio da voz de advertência, e em Aesculanus e Argentinus, os espíritos tutelares das moedas de cobre e prata, além de muitos outros. A mitologia deles é notavelmente pobre. A maioria dos grandes deuses que atuam nela são emprestados dos gregos ou da Ásia Menor, às vezes mantendo seus nomes não latinos, com representações plásticas e rituais estrangeiros, ou misturados com deuses ou deusas nativos, ou ainda muito modificados e despojados de seu caráter e funções originais, como ficará óbvio em uma comparação de Mercúrio com Hermes, ou de Minerva com Atena, entre outros casos. Os romanos sempre sentiram certo temor de tornar os poderes divinos muito parecidos com os seres humanos; foi apenas com hesitação e de longe que eles seguiram o antropomorfismo dos helenos. As qualidades que os distinguiram e lhes permitiram fundar um poderoso império (*Tu regere imperio populos, Romane, memento!*),[62] e por suas leis governar não só os povos da Antiguidade, mas também as gerações posteriores, muito depois da queda de seu império – qualidades que Mommsen[63] caracterizou como um sentimento profundo da generalidade ao particular, como a dedicação e o sacrifício do indivíduo à sociedade – essas qualidades também influenciaram sua religião. Eles não possuíam nenhuma imaginação esportiva, nenhuma sublimidade poética, nenhuma profundidade filosófica, nenhuma rica variedade, mas sua preocupação era prática, o necessário, tudo metodicamente arranjado em uniformidade cinza. Mas em sua hierarquia firmemente estabelecida, em constante expansão e desenvolvimento, a religião romana exibia o maravilhoso poder de uma comunidade inabalável em sua fidelidade à tradição, de onde o Cristianismo derivou um modelo para sua primeira grande organização que desafiou os tempos. (§156)

Deixe-me lembrá-los de que as duas direções que estamos comparando, representadas por esses povos arianos, não são raramente consideradas em contato entre si, quer como duas religiões rivais, quer simplesmente como duas visões conflitantes da vida dentro da palidez da mesma religião. Entre os chineses, por exemplo, é o primeiro caso. Lá encontramos o Confucionismo um tanto

---

62 "Lembra-te, ó Romano, de que governarás os povos com seu poder!" (*Eneida*, VI, 851-853) [NT].

63 Christian Matthias Theodor *Mommsen* (1817-1903) foi um historiador alemão, considerado um dos maiores especialistas em história da Antiguidade latina de todos os tempos. Foi Nobel de Literatura em 1902, por se tratar do maior mestre vivo da arte da escrita histórica, com uma referência especial à sua obra monumental sobre a história de Roma [NT].

Elementos da Ciência da Religião

sóbrio, a religião do sábio Kong, que no século VI a.C. reestruturou o culto imperial então existente, uma religião que consistia principalmente no culto aos espíritos, especialmente aos antepassados falecidos, e na observância de uma moralidade elaborada, adaptada à prática e aplicada à vida privada, social e política. E ao lado dela encontramos o Taoismo, a religião cujos adeptos apelam para Lao-tse, contemporâneo um pouco mais velho de Kong-tse, com suas ousadas, profundas e muitas vezes sombrias especulações, seu amor à solidão e a fuga dos deveres da vida prática, sua crença sem limites em milagres – uma religião que, entre um povo subdesenvolvido, incapaz de seguir o voo sublime do Mestre, degenerou em uma sombria superstição, uma combinação da mitologia antiga com uma moralidade pobre e as mais tolas feitiçarias. E, para ilustrar como as duas tendências acima mencionadas podem se manifestar lado a lado na mesma religião, basta que eu remeta à própria experiência do que acontece no mundo cristão ao seu redor e do que a história do Cristianismo ensina. Por um lado, encontramos um idealismo mundialmente menosprezado, e uma piedade e uma vida monástica e eremita que tem várias características em comum com a dos indianos. Por outro lado, encontramos uma tentativa de combinar as exigências da vida religiosa com as da vida prática, em uma tentativa de cultivar o espiritual sem abandonar o terreno – que, se levada ao extremo, seria apta, consciente ou inconscientemente, a converter a religião em uma mera moralidade caseira, mas que, corretamente entendida, pode abrir caminho para uma solução da grande questão da vida: a reconciliação do humano e do divino, do finito e do Infinito no ser humano. (§157)

Mas não será mais preciso discutir isso por enquanto. Os exemplos que esbocei aqui são suficientes para demonstrar que o processo de desenvolvimento, como já disse, é um fenômeno muito complexo e que não prossegue em linha reta, ou com perfeita regularidade, mas que ora de um lado, ora do outro, o pensamento religioso e a vida são especialmente cultivados, de modo que cada religião, cada seita, cada tendência contribua com sua parte para o desenvolvimento geral. Porém não podem fazer isso, não podem gerar frutos para esse fim, quando permanecem isoladas e falham em suas características devido a um preconceito exagerado. De fato, uma reação se instala de modo geral, mas essa reação é geralmente uma revolução violenta, uma repulsa no extremo oposto. O espiritualismo extravagante da Índia, que tentou elevar-se acima de toda sensualidade e esmagar todos os sentimentos humanos, mesmo as mais nobres paixões e os mais puros sentimentos, para que o ser humano se tornasse um espírito absolutamente livre, como o Altíssimo, levou inevitavelmente aos excessos hediondos e às orgias revoltantes das seitas da tradição Shákti e à doutrina e prática do naturalismo mais brutal. Todos sabem o que aconteceu com a castidade, a pobreza voluntária e o abandono mundial de muitas ordens monásticas, e quantas vezes uma mística extravagante (diferente de uma mística salutar) os arrastou das alturas etéreas do puramente divino, para os quais, como Ícaro, tentaram elevar-se, para o degrau da mais grosseira sensualidade. É claro, por conseguinte, que a reação, especialmente quando de caráter revolucionário, não conduz necessariamente ao progresso, mas, quando é levada a um passo extravagante, fatalmente a prejudica. Tem sido pensado por alguns que uma lei do desenvolvimento pode ser descoberta aqui – uma "lei do progresso por reação", ou, como um escritor americano recente, Samuel Johnson,[64] a

---

64 *Oriental Religious in their Relation to Universal Religion*, i, 18s; veja também *Theol. Tijdschrift*, viii, 1874, 256s [NA].

expressa, *a lei da autorrecuperação por reação*, uma lei da qual Guizot, mais do que cientificamente, disse que ela impede que ideias e instituições falsas sejam levadas até onde seus princípios logicamente justificariam. Eu mesmo formulei uma vez a lei da seguinte forma: "O desenvolvimento, incluindo o da religião, ocorre sempre sob a forma de uma elaboração consistente e aplicação de uma tendência definida, que, sendo ela mesma uma reação das visões prevalecentes no período anterior, leva a outra reação semelhante, e assim, através de sua própria unilateralidade, ao progresso". Mesmo essa forma já não me satisfaz mais. Mas a verdade é que ela contém uma grande e inconfundível verdade, como se vê pelo que acaba de ser dito. O desenvolvimento é o produto de correntes diferentes, cada uma seguindo seu próprio curso até o extremo, desde que finalmente convirjam, mas não se forem desviadas de repente para direções totalmente diferentes. O equilíbrio deve ser restaurado. Se seu barco se inclina e ameaça virar, vocês certamente tentarão restaurar o equilíbrio dele e evitar o perigo deslocando de repente e vigorosamente todo o peso para o lado oposto. No entanto, isso é exatamente o que a reação geralmente faz. Toda reação, mesmo quando se disfarça sob o nome de antirrevolucionária, embora na realidade seja uma mera reprimenda, é em sua essência revolucionária. É útil como um aviso, assim como uma febre é salutar como a indicação de uma doença. Pode ter o efeito de abrir os olhos dos sábios e prudentes, dos pensadores mais profundos, dos médicos qualificados da humanidade, para a necessidade de medidas corretivas e para a restauração do equilíbrio perdido. Mas a reação não pode mais ser feita. Ela não pode, por si só, trazer alívio, pois geralmente julga mal tudo o que é bom e verdadeiro no sistema que se opõe a ela. Deixada a si mesma, ela só pode levar do mal ao pior. Pois é, de fato, um sintoma de doença que exige cura e, no máximo, dá uma indicação da forma de cura e dos remédios a serem aplicados. (§158)

Neste momento, essa cura só pode ser feita pela reconciliação, pela qual o equilíbrio é restaurado, ou (para usar uma imagem mais adequada) pela qual as tendências, aparentemente antagônicas e incompatíveis devido à sua unilateralidade, são fundidas em cooperação harmoniosa. Mas essa combinação ainda será, naturalmente, incompleta, pois tudo o que é humano é imperfeito e será, a princípio, uma aspiração, um ideal a ser realizado lentamente; no entanto, será pelo menos um passo na direção certa. O vínculo que une o que antes era separado fica mais acentuado por esse motivo. Pois ele nos ensina a valorizar como igualmente legítimos – não como sendo necessário para o pensamento e para a vida religiosa – os elementos em cada tendência em que o oposto tende a se descuidar ou a julgar mal, e assim preserva o que é bom em cada um e o torna propício para o desenvolvimento futuro da religião. A famosa trilogia de Hegel, *tese, antítese, síntese*, possa, talvez, ser mais chamada de uma especulação *a priori* aplicada à história do que de uma hipótese bem fundamentada derivada dela, e, em todo caso, não se aplica invariavelmente ao desenvolvimento da humanidade; mas é realmente mais completa, e, portanto, mais apropriada, do que a lei da *autor-recuperarão por reação*. A restauração e o progresso não são resultados de antíteses, pois estas nos fazem cair de um extremo a outro; mas são produzidas unicamente por síntese, quer esse processo seja empregado de forma consciente ou involuntária pelo embotamento de forças contrárias colocadas em colisão. Se, portanto, houver alguma lei desse tipo, preferimos chamá-la de lei do progresso por síntese ou reconciliação. Mas veremos depois que é apenas uma fase, uma única manifestação, da lei principal que rege todo o desenvolvimento, inclusive o da religião. (§159)

Chamemos esse fenômeno do que quisermos, é um fato, e não um mero capricho de fantasia ou produto da especulação. Quando duas correntes de desenvolvimento, que até agora funcionavam com seus próprios cursos separados, encontram-se e unem-se, surge uma forma mais avançada de religião, ou, como deveríamos chamar na vida natural, uma nova e mais rica variedade, o produto de um cruzamento. Um exemplo precoce disso é a religião de Zaratustra. Ela ainda pertence, sem dúvida, às formas teantrópicas de religião, mas é muito mais fortemente marcada por elementos teocráticos do que outras, como a indiana. Isso foi sentido há muito tempo; e os traços de influência semítica mais particularmente têm sido procurados. Mas não há nenhuma prova baseada em registros históricos que possa ser apresentada aqui. As origens da reforma zoroastriana ficaram demasiadamente obscuras; e a hipótese de que ela se deu em um período relativamente recente e de que sua nova doutrina foi emprestada da filosofia grega deve ser considerada um erro. Não podemos dizer que circunstâncias históricas lhe deram um impulso ou de onde procedia o espírito que transformou o antigo culto iraniano aos Devas em um culto principalmente ético a Ahura. Mas é certo que o Zoroastrismo se baseia em uma reconciliação, não apenas, como já dissemos, entre as demandas práticas e celestiais, como também e principalmente, entre as ideias tradicionais dualista-teantrópicas e o monismo teocrático tão claramente expresso na exaltação de Ahura Mazda, o criador do céu e da terra, muito acima de seus satélites, e na doutrina quase puramente monoteísta dos primeiros registros. (§160)

O Judaísmo se apresenta como outro exemplo. É bem sabido que existe uma grande diferença entre a ainda pura doutrina teocrática do Mosaísmo antes do cativeiro e a doutrina judaica posterior, mesclada com uma variedade de ideias teantrópicas.

Essas mudanças, particularmente a elaborada doutrina dos anjos e demônios, e notadamente a escatologia, que era desconhecida para o Israel antigo, foram até agora atribuídas ao convívio dos judeus com os persas. Os pesquisadores estão agora mais inclinados a atribuir essas diferenças ao desenvolvimento nativo espontâneo. Estou convencido, porém, de que as novas doutrinas foram emprestadas, mas antes dos caldeus ou dos babilônios do que dos iranianos. Mas, deixando essa questão em aberto, sabemos, com certeza, que existem aqui duas correntes diferentes, embora tendo surgido no seio da mesma nação, que se encontram e se unem. A consequência é que o Judaísmo se desprende dos grilhões do particularismo e transforma-se de uma religião puramente nacional em uma religião quase universalista – isto é, genericamente humana –, abrindo, assim, o caminho para o Cristianismo. (§161)

A religião greco-romana, por sua vez, percorreu um caminho diferente. Toda a sua história foi uma constante e sistemática transferência de ideias e usos gregos para uma edificação firmemente estabelecida do culto romano. A religião grega em si não foi de forma alguma desmembrada. Sua forma, como se reflete na rica literatura do mais talentoso dos povos da Antiguidade, derivou-se do contato com o Oriente. De caráter teantrópico por sua descendência, ela trouxe traços inconfundíveis da influência das ideias teocráticas. Seria uma tarefa muito importante e atrativa, embora muito difícil, determinar o quanto a religião grega ficou devendo aos povos da Ásia Menor com os quais os helenos se associaram, e o quanto mediata ou imediatamente aos semitas. Mas a isso não podemos nos ater neste momento. Nem me atreveria a declarar a opinião que formei sobre esse assunto, pois deveria exigir uma explicação detalhada dos fundamentos sobre os quais ele se baseia. Não deveria, entretanto, chegar ao ponto de afirmar, como alguns estudiosos de renome, que o resultado mostraria quão pouco isso ou aquilo era originalmente grego, e como de longe a parte maior e mais importante havia derivado do Oriente, e especialmente dos semitas, embora profundamente assimilada pelos gregos, modificada por seu espírito e suas necessidades, e, sobretudo, glorificada por seu gênio artístico. Mas, mesmo que não assumamos, por ora, nada além do que é admitido por todos os investigadores imparciais, e mesmo que não tenhamos nada comprovado além dos elementos estrangeiros nos mitos de Héracles, de Europa, de Pigmalião, a serviço do Zeus cretensiano, dos Cabires da Samotrácia, de Apolo, Dionísio e Afrodite, nos Mistérios, na filosofia pitagórica e estoica, ainda assim não se pode negar que discernimos aqui pela primeira vez a reunião e união do Oriente e do Ocidente, e que a religião grega nunca poderia ter alcançado seu pleno desenvolvimento, que o pensamento religioso grego nunca poderia ter cedido o material do qual o dogmático cristão teceu sua primeira veste, a menos que, desde um período muito precoce, as visões teantrópicas tivessem sido modificadas pelas teocráticas, e a menos que a mística oriental tivesse se casado com o racionalismo grego. (§162)

No Cristianismo, essa confluência das duas grandes correntes de desenvolvimento é consumada. Enquanto o Budismo alcançou o limite extremo na direção teantrópica, e toda a divindade se uniu no iluminado, voltando, porém, a degenerar-se em uma mitologia complexa e em abjeta superstição, o Islã, em seu monoteísmo quase fatalista, representa uma teocracia de extremos, e ao mesmo tempo retrocede em grande parte ao velho particularismo, o Cristianismo une as duas doutrinas opostas de transcendência e imanência por sua concepção ética da paternidade de Deus, que abrange tanto a exaltação de Deus acima do ser humano quanto o relacionamento deste com Deus. O Cristianismo representa a diversidade de religiões e famílias de religiões e, portanto, possui uma adaptabilidade, ou flexibilidade como tem sido chamada, o que explica sua grande riqueza e variedade de formas. Em mais de um aspecto, e mais do que qualquer outro credo, é a religião da reconciliação; e é nesse sentido também que ele combina aqueles elementos aparentemente irreconciliáveis da vida religiosa que são representados separadamente e desenvolvidos isoladamente em outras religiões e em outros períodos de maior ou menor duração. Pois reúne também outros elementos além das doutrinas opostas da teocracia e do teantropismo. Por isso, em sua proclamação do Reino de Deus, que existe não só no futuro ou exclusivamente no céu, mas em nós mesmos, e que também deve ser realizado na terra, e em sua bela doutrina da comunhão dos santos e da fraternidade de todos os seres humanos e sua igualdade diante de Deus, visa à união mais próxima de todos as pessoas, seja qual for sua origem, língua ou cor; mas deixa o indivíduo perfeitamente livre, ao declarar a unidade do espírito como o único vínculo da comunhão, e cada ser humano como o único responsável por sua própria consciência – bem diferente do Budismo, que esmaga toda individualidade, na medida em que revoga a personalidade e impõe a cada eleitor a obediência passiva aos poderes acima dele. O Cristianismo não é hostil ao mundo nem se mistura com ele e, portanto, não tem um preconceito otimista nem pessimista; valoriza e enaltece ao máximo a abnegação e a renúncia a tudo por um objeto devocional, mas condena a autoabnegação sem objetivo, o jejum e a abstinência por seu próprio bem, como se fossem meritórios em si mesmos. Contrasta o austero profeta do arrependimento, em sua veste de pelos de camelo,[65] que não

---

65 Referência aos hábitos nazireus de João Batista, conforme Mateus 3,4 [NT].

Elementos da Ciência da Religião

comia nada além do que o deserto oferecia, com o muito maior "Filho do Homem, que veio comer e beber", o bondoso Mestre que se sentava em festas e casamentos com fariseus e publicanos, com amigos e discípulos. Ele se proclama como a luz do mundo, o sal da terra, penetrando e santificando tudo pelo fermento de seu espírito. (§163)

Não sustento que a reconciliação destas antinomias e que a confluência destas tendências divergentes tenham sido plenamente realizadas no Cristianismo histórico. "Ainda as encontramos frequentemente ali, lado a lado ou em conflito; às vezes uma, às vezes outra, a ideia religiosa é cultivada com preferência especial, encarnada em diferentes Igrejas e seitas, e defendida por seguidores tendenciosos. Mas nós também encontramos – e isso a distingue de todas as outras religiões éticas, mesmo a mais universalista das quais tem de fato apenas uma norma de vida religiosa –, também encontramos dentro da palidez do Cristianismo todas as diferentes tendências, e todas apelando com algum direito à mesma autoridade". (§164)

Por conseguinte, estou longe de dizer que a reconciliação de todas as diferenças religiosas que até agora dividiram a humanidade foi alcançada. Esse trabalho tem sido levado adiante no mundo cristão por quase dezenove séculos, em parte inconscientemente, em parte idealizado; mas, embora tenha dado frutos, está longe de estar concluído. Toda a história da religião, vista por fora, é a história de uma sucessão de uma grande variedade de formas unilaterais de religião, nas quais os elementos religiosos se misturam de forma diferente, e que se entrelaçam, brotam, florescem e perecem, ou pelo menos deixam de crescer. A história do Cristianismo é a continuação dessa história prévia, mas de uma forma mais perfeita, multifacetada e abrangente. Quero simplesmente dizer que, se nos dermos ao trabalho de penetrar no âmago do Evangelho, no qual todas as variedades da vida cristã têm origem, lá encontraremos a solução desses conflitos em seu gérmen e princípio. Não digo isso de forma parcial em relação à religião que eu mesmo professo. Se eu tivesse de expressar minha plena convicção religiosa, deveria confessar que a verdadeira religião, a religião da humanidade, foi revelada em Cristo, uma religião que cria formas sempre novas e superiores, mas sempre defeituosas por serem humanas, e que assim se desenvolve cada vez mais na e através da humanidade. Mas essa é uma questão de fé, e aqui devo manter minha posição puramente científica e imparcial. Mas mesmo desse ponto de vista, e como resultado da investigação histórica e filosófica, sustento que o aparecimento do Cristianismo inaugurou uma época inteiramente nova no desenvolvimento da religião; e que todas as correntes da vida religiosa do ser humano, uma vez separadas, se unem nela; e que o desenvolvimento religioso consistirá doravante em uma realização cada vez maior dos princípios dessa religião. (§165)

Conferência VIII
Leis do desenvolvimento

Fiz várias vezes alusão às leis do desenvolvimento. Tais leis existem? E, se assumirmos que existam, estaremos em condições de descortiná-las com os meios ao nosso comando? Em outras palavras, elas estão dentro do escopo da ciência humana? (§166)

Há mais de vinte anos, respondi afirmativamente a essa pergunta sem hesitar. Escrevi um artigo no *Theologisch Tijdschrift* de 1874 sobre "As leis do desenvolvimento da religião", que chamou a atenção na época, até mesmo fora da Holanda, tendo sido aprovado por muitos, mas contestado por outros. Foi uma primeira tentativa de deduzir, a partir de fenômenos religiosos, não uma lei única – algo que já havia sido tentada por outros –, mas um sistema completo de leis sobre esse desenvolvimento. Teria sido isso muito ousado ou precipitado, ou foi apenas uma prova da presunção de nossa ciência ainda tão jovem? Mas, a menos que a ciência esteja estagnada, devemos, de vez em quando, lidar com perguntas difíceis e pelo menos tentar respondê-las. Se a resposta for insatisfatória, ela poderá servir de estímulo para pesquisas posteriores, e não precisamos nos desesperar para encontrarmos a verdadeira solução. Muito do que escrevi à época, eu deveria reformular, e, de fato, modifiquei várias vezes minhas palestras acadêmicas sobre o tema. Admito que o título do artigo não era muito exato. Eu não deveria ter dito "As leis do desenvolvimento

Elementos da Ciência da Religião 203

da religião", mas "As leis do desenvolvimento na sua aplicação à religião". Pois, na realidade, eu queria apenas sustentar que as leis que regem o desenvolvimento da mente humana também se aplicam à religião, embora sua aplicação possa diferir na forma e nos detalhes. Mas, ainda assim, mantenho minha opinião sobre o artigo como um todo e não alterei meu ponto de vista inicial. Se tais leis – ou se se preferir chamá-las de regras, formas, condições necessárias, pelas quais o desenvolvimento espiritual está vinculado – não existissem e se não conseguíssemos formar ideia alguma de que elas correspondem à realidade, seria melhor desistir totalmente da Ciência da Religião como uma ilusão carinhosa. Não deveríamos sequer ter o direito de falar de desenvolvimento, pois essa ideia é envolvida necessariamente por regras e leis. (§167)

Há uma escola de historiadores de renome que conduziram pesquisas históricas em busca de novos caminhos e que, acima de tudo, enfatizaram um exame cuidadoso e minucioso das fontes originais – e isso têm toda a nossa simpatia – mas que não ouviram falar de algo como leis históricas. Nenhum dos que assim se apresentaram, conforme eles declararam, obteve reconhecimento geral; o caminho frequentemente seguido pela história não é necessariamente uma lei que deve ser sempre seguida; é impossível falar aqui de leis naturais, como a lei da gravidade; e, mesmo que assumíssemos que tais leis existem e funcionam, estaria além de nossas faculdades imaginativas considerá-las. Meu velho amigo e colega, o falecido professor Acquoy, uma autoridade do mais alto nível entre os historiadores do Cristianismo, não poderia falar, sem certo escárnio, sobre o que ele chamou, com uma espécie de respeito irônico, de os tipos mais elevados de escrita histórica, e particularmente o que ele chamou de hierografia nomológica. Nenhum historiador sério precisa se preocupar com a questão sobre se existe uma lei de acordo com a qual a história cresce. "Deixe que o filósofo estude essa questão se agradar a ele". Bem, nós fizemos o favor de examinar a questão, embora não reivindiquemos a distinção de sermos filósofos. Ou melhor, devemos fazê-lo, quer nos agrade quer não, porque é a tarefa e o dever da ciência. Se o historiador se contenta com uma descrição genérica da história e, assim, exclui seu departamento de conhecimento da esfera da ciência propriamente dita, ele é livre para fazê-lo; sua limitação talvez seja propícia à precisão e confiabilidade de seus resultados. Mas, embora lhe sejamos gratos pelos resultados e admitamos que eles devam ter sido cuidadosamente considerados, nos recusamos a ficar satisfeitos; e consideramos nosso dever perguntar o que eles nos ensinam a respeito do desenvolvimento da mente humana em diferentes direções. (§168)

Procuremos, entretanto, entender-nos reciprocamente de maneira distinta. A Ciência da Religião não é uma ciência natural, mas uma ciência do intelecto e, portanto, não há dúvida aqui sobre as leis naturais. O elemento mecânico é totalmente excluído. Não sustento que os fenômenos da história, e em particular da história da religião, se repitam com a mesma regularidade do dia e da noite, do verão e do inverno. As tentativas que têm sido feitas para provar isso através das estatísticas de casamentos, suicídios, casos de insanidade e crimes dentro de um determinado espaço de tempo, eu as considero como fracassos absolutos. Estou muito longe de sustentar, por exemplo, como às vezes é feito, que um sistema de proteção é sempre o maior inimigo do progresso. Com efeito, pode ser provado que isso muitas vezes tem prejudicado a prosperidade das nações, dificultado suas ligações e impedido sua atividade produtiva de fazer voos mais altos; e temos o direito de supor que esse será sempre o caso sob as mesmas circunstâncias.

Mas pode haver condições nas quais ele seja de grande utilidade para fomentar uma atividade em desenvolvimento e para evitar o destino das consequências de uma luta desigual, da concorrência desleal e de práticas indignas. Isso se aplica também à esfera da religião. Também foram tiradas conclusões injustificáveis de fenômenos frequentemente recorrentes. Sacerdotes e teólogos muitas vezes se opuseram a reformas salutares; e muitas pessoas, observando isso, inferiram que a teologia é prejudicial à religião e que um sacerdócio é sempre um mal. Não raro aquilo a que as autoridades do Estado e da Igreja se opuseram como sendo inicialmente doutrinas falsas e heréticas, realmente, representam verdades há muito mal compreendidas e que, longe de contaminarem a vida religiosa, de fato a elevavam e a refinavam; mas podemos admitir, sem considerar isso uma lei, como faz um conhecido historiador eclesiástico, que os hereges estão sempre certos. A pureza e o rigor da moral, às vezes, parecem declinar com o aumento da devoção de certo tipo – mas só aparentemente, pois, se houvesse aqui alguma relação de causa e efeito, o inverso seria o caso –, mas esse fenômeno, imperfeitamente observado, tem sido aceito por vários filósofos autodenominados como um terreno suficiente para supor que a religião é perniciosa para a vida moral. Seria fácil reproduzir muitos exemplos. Mas é igualmente fácil ver que não há realmente nenhuma questão de leis no caso. Isso é mero dogmatismo, prejudicial tanto para a pesquisa científica quanto para a vida prática. (§169)

Sobretudo, não devemos nos esquecer de que as leis da história são muito diferentes das leis do desenvolvimento. Admitamos que as primeiras, assumindo que existam e funcionem, não podem ser desvendadas por nós; pois não temos como garantir que o que aconteceu centenas ou milhares de vezes de uma determinada maneira acontecerá sempre da mesma forma; nem podemos determinar o que deve acontecer como leis permanentes, pois isso não depende apenas das condições que podemos verificar, mas também dos elementos incalculáveis da individualidade, do livre-arbítrio pessoal de cada indivíduo; e que tudo isso, portanto, está além de nossa compreensão e que excede nossas possibilidades. Mas nenhuma pessoa inteligente negará que as melhores disposições precisam ser guiadas com discernimento, formadas e cultivadas, e dotadas de uma esfera de ação suficientemente ampla para permitir que se afirmem, que é uma lei de desenvolvimento. E, de fato, o famoso ditado, segundo o qual os sinais dos tempos não são menos certos que os sinais do céu, já implica que não é o acaso ou o capricho, mas que Deus governa a humanidade por leis racionais – ou seja, por leis perceptíveis à nossa razão. E a Ciência da Religião, a menos que deva perder sua posição como ciência, deve tentar rastreá-las; deve dar conta das leis que estão em vigor também nesse domínio; deve determinar as condições às quais o desenvolvimento da religião está sujeito e definir o que é realmente o desenvolvimento religioso. A história da religião é algo totalmente diferente de uma velha loja de curiosidades. É totalmente diferente de uma mera coleção de antiguidades organizada com habilidade e bom gosto; é a exposição da vida religiosa do ser humano e, portanto, um tema adequado para a investigação filosófica. Terá ela rendido resultados definitivos? Será que já descobriu tais leis? Já dei uma resposta afirmativa a essa pergunta e não vou negá-la agora. Mas permita-me, por ora, tratar o assunto como uma pergunta aberta e falar menos positivamente. Não estamos tentando, neste momento, construir um sistema, mas apenas esboçar uma introdução à Ciência da Religião. E, ao fazê-lo, não precisamos esconder ansiosamente nossa convicção do que já foi descoberto, mas devemos ter em vista nossa tarefa principal: traçar o caminho que temos de seguir para fazer descobertas. E, para fazer o menor progresso possível em qualquer ciência, precisamos do que foi corretamente chamado de hipótese de trabalho. Portanto, por ora, apresentarei a vocês as leis do desenvolvimento, as quais foram recepcionadas com tanta desconfiança, como mera hipótese de trabalho indispensável. As observações antropológicas e históricas apresentam vários problemas, dos quais não devemos omitir a tentativa de solução. É necessário encarar tais problemas de frente. O simples fato de conhecê-los e, especialmente, de descrevê-los com exatidão já produziu bons resultados. Dessa forma, vamos nos esforçar para fazer isso, mas não sem antes oferecer algumas sugestões para sua solução. (§170)

A primeira questão que se coloca é: que influência o desenvolvimento em outros domínios tem exercido sobre o da religião? Que tal influência exista não há nenhuma dúvida. O fato de ser inevitável resulta da mera constatação de que a mente humana, por diferentes que sejam suas operações, é realmente uma só; e é claro que estamos aqui falando apenas do desenvolvimento intelectual, e não do desenvolvimento físico do ser humano como um simples animal. Agora, mesmo quando este último não está em questão, às vezes, é feita uma distinção entre o desenvolvimento material e mental, ou intelectual, estético e moral – entre progresso econômico e bem-estar temporal, denominado material, e o progresso na ciência, na filosofia, na arte e na moral, designado como mental. Essa distinção, no entanto, não tem fundamento, ou é, pelo menos, imprecisa. Todo desenvolvimento genuíno é intelectual, e mesmo o desenvolvimento que é chamado material é simplesmente o da mente humana aplicada aos objetivos materiais e revelando-se em uma variedade de invenções que facilitam as interações, que alegram a vida e trazem seus prazeres ao alcance de números cada vez maiores. São testemunhos da crescente supremacia da mente humana sobre a natureza física. Não devem, portanto, ser excluídos de nossa presente investigação. A religião também deve experimentar a influência de tal progresso, embora, é claro, esteja menos intimamente ligada a ela do que ao progresso filosófico e ético. Todos esses tipos de desenvolvimentos humanos podem ser abraçados na palavra "civilização", entendida em seu sentido mais amplo, para que a questão também possa ser apresentada desta forma: que influência a civilização exerce sobre o desenvolvimento da religião? (§171)

A resposta que milhares e milhares deram e ainda dão a essa pergunta é decididamente desfavorável. Toda civilização, dizem eles, quer aumente o prazer da vida tornando-a cada vez mais subserviente, quer deleite olhos e ouvidos pelas criações das belas artes ou da música, quer tente regular tudo pelo pensamento racional, quer se proponha a estabelecer uma doutrina de moralidade à parte da doutrina divina, é prejudicial à religião. Corrompendo-a e a deteriorando, impedindo seu desenvolvimento, sendo até mesmo hostil a ela, e, se lhe fosse permitido um alcance amplo, rapidamente lhe daria um fim. Essa visão é perfeitamente natural e inteligível. Ela surge a partir de duas causas diferentes. Em primeiro lugar, ela se baseia no mau uso feito de uma civilização mais desenvolvida e nas visões bárbaras que a levam a assumir uma atitude hostil à religião. Não escapa aos devotos que a valorização dos prazeres da vida e a crescente facilidade de compartilhá-los muitas vezes levam à luxúria e autoindulgência, e, se não teoricamente, pelo menos na prática, ao materialismo; que quando há uma mania pela arte, e as pessoas não se importam com mais nada e estão totalmente absorvidas por ela, a seriedade da vida sofre, e perdemos o sentido do bem e da verdade. Eles ouvem a ciência – não a ciência verdadeira, que é modesta, e que, à medida que avança, vê mais e mais de maneira distinta que, embora saiba mais do que antigamente, ainda resta muito que ela não sabe –, eles ouvem a ciência superficial, que se apropria e desfila os resultados das investigações dos outros, proclamando em voz alta que a religião é praticada, que a fé é imaginação e que somente a ciência pode resolver todos os enigmas da vida. Eles veem outras pessoas desistindo de suas religiões a fim de substituí-las por certo tipo de filosofia ou pelo que eles chamam de uma doutrina independente de moralidade. E, temendo perder completamente sua religião, a herança mais querida de seus pais, *Vindicamus haereditatem patrum nostrorum!*[66] exclamam e afastam-se com repugnância de uma civilização que, em seu julgamento, só pode proceder do Maligno. (§172)

A outra causa pode ser encontrada em si mesma, em sua própria miopia. Eles não veem que a forma de religião em que foram educados, e à qual estão afeiçoados de coração e alma, é apenas uma das formas de religião, e que esta é inteiramente independente de tais formas; que as formas podem mudar e variar sem sacrificar as ideias eternas e as aspirações imortais que constituem a essência da religião. Eles mais sentem que compreendem que sua forma de religião, com a qual se identificam, não está mais de acordo com o estágio atual da civilização, mas, sim, com um estado mais antigo, repousando sobre uma visão muito diferente da vida e do mundo daquela que agora se tornou predominante entre os mais esclarecidos. Assim, eles se retiram ansiosamente

---

66 "Reivindicamos a herança de nossos pais!" (1 Macabeus 15,34 segundo a *Vulgata*) [NT].

da influência de tudo aquilo que pensam que pode minar a única manifestação genuína da verdade divina. (§173)

A história dos povos e das religiões testemunha a ampla difusão de tais pontos de vista. Eles se apresentam no desprezo e na renúncia do mundo impelidos por profetas austeros do arrependimento, monges e eremitas, por seitas e Igrejas pietistas, pelos taoistas chineses, yatis indianos, iogues, nirgranthikas, śramanas, bhikkhus, ou qualquer outro nome, pelos essênios, terapeutas, heraclistas, pelas ordens rivais de monges medievais, pelos quakers e morávios, e por vários religiosos da época moderna. Eles se revelaram de modo menos agressivo na perseguição do filósofo Anaxágoras e do escultor Fídias, amigos de Péricles, no cálice de veneno de Sócrates, na estaca de mártir de Giordano Bruno e em todos os horrores sangrentos perpetrados pelos defensores de formas ameaçadas de religião, onde inconscientemente manifestaram sua vontade de fé. (§174)

Um artigo importante sobre o ideal nomádico do Antigo Testamento foi publicado recentemente pelo professor Karl Budde, de Estrasburgo, no *Preussische Jahrbücher*.[67] Esse é o ideal dos adoradores radicais de Iahweh, que fizeram o melhor que puderam para manter a forma mais antiga e a "raiz" da religião à qual eles estavam tão fortemente ligados. Vislumbres disso ainda são claramente obtidos, aqui e ali, no Antigo Testamento. Mas o sistema não é levado a um extremo como o de Jonadab,[68] o queneu, filho de Recab e fundador da seita dos recabitas, que deu aprovação a Jeú quando este último, em nome de Iahweh, matou os filhos de Acab e os servos de Baal. A fim de preservar a pureza

---

67   *Anuário Prussiano* [NT].

68   2 Reis 10,15-31 [NT].

de sua religião, os recabitas habitavam em tendas, proibiam a agricultura e abstinham-se do vinho, não pelo ascetismo, mas porque a cultura das videiras estava associada ao culto a Baal. Nesse caso, temos um exemplo da renúncia de certos tipos "de vida social que colocavam em risco uma forma específica de religião, combinada com uma extirpação impiedosa daqueles que se desviaram dessa forma". Em nome da religião, uma vida pastoril é, nesse caso, tão fortemente infundida como a agricultura imposta pelos zoroastrianos como o único tipo de ocupação que agrada a Ahura Mazda. Mas, afinal, o que isso nos ensina? Que uma oposição tão obstinada à marcha da civilização é desfavorável ao desenvolvimento da religião. Ela pode, de fato, garantir certo grau de pureza para uma forma definida de religião, mas a condena à estagnação. Podemos respeitar a firmeza dos devotos severos do deserto, que renunciaram a todos os confortos e prazeres da vida estabelecida, para que pudessem continuar a adorar o deus de seus pais da maneira antiga. Mas devemos concordar com o professor Budde na resposta que ele dá à pergunta se teria beneficiado a religião se Israel tivesse adotado o ideal nômade de Jonadab, filho de Recab. "Certamente não", diz ele. "Um javismo puro teria sido, de fato, estabelecido assim, mas apenas esmagando todos os germes e princípios de um desenvolvimento superior – o javismo de um tipo passado, do qual deveríamos recuar horrorizados se o encontrássemos na vida real". O javismo foi desenvolvido por outros e enriquecido, mas sem a menor redução de sua pureza. Foi pelos grandes profetas dos séculos VII e seguintes, dos quais dois dos mais antigos, Oseias e Isaías, ainda partem do ideal nômade, mas que aprenderam a ver em Iahweh o Senhor de seu país, cujos gloriosos dons os seres humanos podem desfrutar sem hesitação como suas bênçãos. (§175)

Com base no que foi dito, concluímos que, para afastar a religião de qualquer outro desenvolvimento humano, afastando-a inteiramente da influência da civilização, serviria somente para sustentar uma forma específica de religião que não estivesse mais em acordo com as novas circunstâncias da civilização atual, mas que inevitavelmente a condenaria à estagnação. As pessoas têm todo o direito de defender sua religião contra os efeitos perversos do luxo, contra os encantos sensoriais da arte, contra o racionalismo de uma ciência unilateral, contra o ceticismo da filosofia e contra as usurpações de uma doutrina independente da moral; e, por absoluta rejeição de tudo isso, elas poderiam efetivamente alcançar seu objetivo. Porém, essa seria uma medida radical, que privaria a religião de todas as vantagens que seu desenvolvimento poderia obter de uma civilização verdadeira e saudável. Isso é o que os alemães chamam proverbialmente de "jogar fora a criança junto com a água do banho". Os sábios líderes espirituais de Israel e de outras nações talvez tenham sentido isso, mas agiram com muito tato e discrição ao alterarem seus ideais e objetivos religiosos conformando-os com as visões modificadas da vida e do mundo, exigidas pelo avanço da civilização. Pois, de fato, a religião não pode deixar de ganhar ao acolher as influências do refinamento das maneiras, da elevação da percepção moral, da purificação do gosto artístico, da luz da ciência e das ousadas especulações da filosofia. Todo o desenvolvimento, inclusive o da religião, se dá por meio da assimilação. (§176)

Seria necessário um capítulo à parte para demonstrar em detalhes como essa verdade se confirma através dos ensinamentos da história, ou melhor, como ela é fruto da pesquisa histórica. Portanto, abordarei apenas algumas das principais questões. A doutrina relativa a Deus e às coisas divinas torna-se cada vez mais clara e definida e, ao mesmo tempo, mais profunda e simples; as ideias selvagens, confusas, vagas e em constante mudança de imaginação desenfreada são peneiradas, classificadas e reduzidas a alguns dogmas principais, depois às máximas e, por fim, aos princípios e a um princípio primordial. A concepção de Deus se torna mais racional e sublime: de um ser bruto e material, torna-se cada vez mais espiritual; de um ser total ou parcialmente animal, Ele se torna cada vez mais humano e sobre-humano; e, à medida que a humanidade se torna mais intensamente atenta às mais altas qualidades da natureza humana, também as atribui em perfeição à divindade. À medida que se desenvolve a civilização nobre, no melhor sentido do termo, e o aumento do conhecimento, o esclarecimento dos pontos de vista, o aperfeiçoamento do gosto, o refinamento do sentimento moral e o domínio da natureza geram no ser humano um senso cada vez mais elevado de seu valor como pessoa, assim também eles modificam materialmente sua concepção de sua relação com a divindade. O medo, então, cede gradualmente lugar à confiança, o servilismo cede à devoção, não menos fervorosa, mas emanando de uma fonte mais pura e, portanto, voluntária. O ser humano não mais considerará Deus meramente como o Soberano Todo-Poderoso, cujo capricho cego ele deve temer, cuja ira inescrutável ele deve se esforçar para evitar; mas olhará para Ele como o Santo, cujos olhos são puros demais para contemplar a iniquidade, e perante o qual somente o pecador deve tremer na consciência de sua culpa. Quando a moralidade tiver deixado de ser uma lei e tiver sido fundida e consumada no princípio do amor, quando todo eudemonismo[69] e todo desejo de

---

69 Filosofia que se baseia na procura pela felicidade ou por uma vida feliz, leva em consideração tanto o aspecto particular quanto o global e caracteriza como

recompensa tiverem sido banidos, a atitude do ser humano para com seu Deus se tornará, então, a dos filhos para com o Pai que os ama, e a quem eles amam, e buscará sua única recompensa no cumprimento de seu destino, e sua única felicidade na comunhão com seu Criador. (§177)

As celebrações religiosas, suas tradições e costumes, ou, em uma palavra, as formas de culto, acompanham mais lentamente a evolução civilizatória. As doutrinas, os cultos e as celebrações em sua origem são muito semelhantes, tendo surgido a partir de uma mesma disposição religiosa e tendo respondido às mesmas necessidades espirituais. Mas, por mais tenazes que sejam os sistemas doutrinários e os dogmas tradicionais, as celebrações religiosas e as organizações são ainda mais. As visões e concepções religiosas são imperceptivelmente, e mais ou menos inconscientemente, alteradas, a princípio; com o decorrer do tempo, no entanto, as modificações se tornam tão severas, que os fiéis adeptos do antigo sistema começam a percebê-las, e os conflitos surgem de forma inflamada. Mas as formas de culto se mantêm por muito mais tempo, muitas vezes muito depois de terem deixado de satisfazer a qualquer desejo real, e assim perdem completamente sua razão de ser. Finalmente, no entanto, neste caso também, o abismo se torna demasiadamente perceptível para escapar à atenção; e novas formas e tradições, embora muitas vezes não sem uma luta séria, ou mesmo uma revolução inteira, são substituídas por elas. É curioso, contudo, como isso acontece lentamente, quanto tempo as velhas imagens deformadas, completamente banidas do lar e da praça, são valorizadas nos templos como mais sagradas do

---

benéficas todas as circunstâncias ou ações que encaminham o indivíduo à felicidade [NT].

que todas as outras; quanto tempo os símbolos e representações do que é repugnante à decência são tolerados nos lugares santos e no cerimonial sem ofensa geral, e quanto tempo um culto se agarra a ritos bárbaros, sangrentos e degradantes, condenados e proibidos tanto pela lei como pela moralidade nas relações humanas comuns. Muitos até se ofendem porque seu rei não mais permitirá que seu Deus habite em uma tenda ou em um recinto pobre, enquanto ele mesmo reside em uma casa de cedro ou em um palácio suntuoso, ou porque um Péricles invoca a ajuda dos mestres da escultura e da arquitetura para representar e abrigar dignamente os deuses. Os judeus e cristãos, que consideravam seu Deus demasiado elevado e santo para ser representado de forma visível, pareciam aos gregos e romanos pouco melhores do que os ateus. Uma religião que não exige outro sacrifício além de toda a dedicação do coração e da vida, que não dá nenhum valor a estabelecer formas de oração, murmuradas sem pensar e repetidas sem fim, das quais não se pode omitir uma sílaba sem destruir sua eficácia, uma religião que, ao contrário, aprova qualquer forma de oração que brota de um coração devoto e de uma alma pura – uma religião assim é, à primeira vista, aos olhos de muitos, uma religião incompleta. Em suma, a influência do desenvolvimento geral ou da civilização se manifesta em todos os departamentos da vida humana, mas na religião por último, porque a religião atingiu as raízes mais profundas na mente humana e está inseparavelmente ligada à personalidade do ser humano. E isso me faz lembrar uma expressão marcante que já foi usada pelo famoso orador francês Athanase Coquerel: "Para me fazer mudar minha opinião, basta apresentar provas convincentes do que é errado; mas, para me privar de minha convicção religiosa, será preciso me rasgar de cima a baixo". (§178)

No entanto, as reformas que uma civilização mais desenvolvida exige na esfera da religião, assim como em outros setores, certamente, cedo ou tarde acontecerão. O progresso no campo intelectual, estético, ético e até mesmo nas esferas sociais e políticas, exercem uma influência educativa sobre a religião; e a religião certamente acabará por assimilar tudo aquilo que torna sua crença mais clara e profunda, o que tornará a disposição do ser humano para com Deus e seu modo de adorá-lo mais puro e digno, e que tornará a comunidade religiosa mais independente e mais bem adaptada aos seus propósitos. Isso tem de acontecer. E por quê? Porque o espírito humano é um só. Aqueles que consideram a civilização como um mero elemento externo, uma forma a ser imitada, uma moda a ser seguida, provavelmente não observarão sua inconsistência em relação à religião tradicional. Mas aqueles que estão profundamente imbuídos dela, que marcharam com o desenvolvimento da era, não poderão descansar satisfeitos com uma religião que ainda se encontre em um estágio muito aquém. Seu conhecimento é mais amplo e mais bem fundamentado, aprenderam a arte comum de refletir, seu gosto artístico e seu sentimento moral são purificados, e formaram visões inteiramente novas da vida e do mundo. Portanto, é impossível agora tolerar concepções infantis e práticas inconvenientes que constituíam a religião de uma geração anterior; eles sentem a necessidade de harmonizar sua religião com a civilização em que foram educados. A única alternativa seria abandonar completamente os frutos do desenvolvimento ou então a própria religião. Os recabitas de todas as idades e povos escolheram a primeira alternativa. Em vez de sacrificar sua religião – ou seja, sua forma ancestral de religião, que erroneamente a confundem com a própria religião –, ansiosamente se isolam de qualquer progresso. Outros, espíritos fortes, como eles modestamente se chamam, ou pensadores livres, que, em regra, parecem considerar-se livres para não pensar em nada, e honestamente equivocados também, a partir de falsas premissas de que a religião pode ter apenas uma forma na qual ela deve permanecer de pé ou cair, e não estando preparados para perder as bênçãos da civilização, escolhem a segunda das alternativas acima e rompem com a religião por completo. Mas a humanidade não pode encontrar descanso em nenhuma dessas alternativas desesperadas. Ela não deixará sua tarefa inacabada, mas sempre coroará cada estágio de desenvolvimento, trazendo a religião também em harmonia. A atração que sente pelo divino, pelo Infinito, é demasiado poderosa e dominadora para permitir que descanse satisfeita com sua concepção ou com um modo de entrar em relação com isso, que chegou a ser repugnante a seu gosto artístico avançado ou a seu sentimento moral, ou em desacordo com seu discernimento científico e filosófico. E essa atração a constrange a tecer uma peça de vestuário apropriada a partir do novo material. Ou, em linguagem teológica, a cada fase superior do desenvolvimento geral corresponde uma nova revelação religiosa. (§179)

Gostaria, então, de perguntar: estamos indo longe demais ou pressupondo demais, acreditando que aqui estamos discernindo uma lei suprema do desenvolvimento em sua aplicação à religião, a lei da *unidade da mente?* O ser humano se encontra em um incômodo dilema, que tem se tornado intolerável, quando uma determinada esfera de sua vida espiritual, neste caso a religiosa, fica muito atrás das outras – o seu conhecimento, o seu senso de beleza, a sua moralidade e as suas visões da vida e do mundo que ele amealhou no decorrer de sua vida. A dor de sua luta interior o obriga a harmonizar sua religião com essas visões da vida e do mundo, reformando-a. Uma religião particular que não acompanha a civilização e assume uma atitude hostil a ela irá sofrer e definhar se esta última ficar em vantagem; mas, se, por outro lado, a própria religião prevalecer, seus adeptos serão privados das benesses dessa civilização. Uma civilização particular, no entanto, que menospreze o elemento religioso e contente-se com o progresso que fez em outros departamentos não dará frutos duradouros e logo se estagnará ou declinará. Ou, resumidamente, o desenvolvimento da religião é a indispensável consumação de todo o desenvolvimento humano e é imediatamente exigido e promovido por ele. (§180)

Mas o problema que estudamos hoje está ligado a outro que não pode ser explicado pela lei da unidade da mente e, portanto, deve ser contabilizado de outra maneira. Quero dizer que o isolamento é prejudicial ao desenvolvimento, enquanto a convivência com outros geralmente o promove. Digo em geral porque há uma exceção a ser notada posteriormente. (§181)

Esta é uma proposta geral que se aplica a todo desenvolvimento intelectual ou, melhor dizendo, humano. Em termos individuais, qualquer pessoa pode assistir a esse fenômeno em seu próprio ambiente. A pessoa que obstinadamente se isola, que ignora todas as ideias que não foram formadas em sua própria mente, e faz ouvidos de mercador a todas as ideias e convicções diferentes das que lhe foram dadas, mantém-se restrita e acanhada, constantemente corre em círculos e não consegue avançar um único passo. Não é necessário um grande conhecimento de história para nos ensinar que o mesmo acontece com as nações. Quais foram aquelas que desenvolveram uma civilização superior e, portanto, desempenharam uma parte mais importante na história do mundo, e assumiram a liderança de todas as outras? Não foram as que se afastaram ciosamente das suas relações com os outros ou as que não entraram em contato com outras, banindo tudo que era estrangeiro e agarrando-se tenazmente às tradições de seus antepassados. Certamente, aquelas únicas que, por meio da conquista ou pelo intercâmbio intelectual ou pelo comércio e navegação, entraram em contato permanente com outras nações mais ou menos desenvolvidas é que se beneficiaram da rica experiência alheia. Todas as nações realmente históricas da Antiguidade – os egípcios e asiáticos ocidentais, os chineses, os indianos, os persas, os helênicos e os italianos – deslocaram-se de outros lugares para seus lugares históricos de moradia e ali se misturaram com uma população nativa. Outros, como os japoneses no Oriente, os alemães e os celtas da Europa, só alcançaram a plenitude de suas capacidades através da influência de uma civilização estrangeira – isto é, os chineses e os greco-romanos – como, de fato, também acontece com os povos citados acima. E o mesmo foi o caso com os habitantes originais da América. Nesta, os natchez do norte, os muíscas do sul, os povos maias e os astecas do México, e os quíchua e os aimarás do Peru ultrapassaram seus congêneres em desenvolvimento, mas todos haviam imigrado de outros lugares para as regiões onde sua civilização mais avançada, embora bárbara, cresceu. Pelo contrário, os habitantes da Arábia Central, provavelmente a terra natal dos semitas, permaneceram mais tempo afastados do convívio com o mundo exterior e ficaram assim por muito tempo como os mais atrasados dos semitas, embora somente quando se abriram a uma nova perspectiva para o mundo exterior é que se descobriu que eles eram uma nação altamente rica. E praticamente a mesma observação se aplica aos povos eslavos.

Não preciso esclarecer mais sobre esse ponto da história moderna. Esses são fatos bem conhecidos. Os povos que se mantiveram afastados da influência estrangeira permaneceram estacionados, mas aqueles que, não por meio de conquistas e migrações mas por relacionamento intelectual, correspondências, ciência e ensino religioso, estão em constante contato com o que acontece no mundo esclarecido ao seu redor certamente irão progredir. (§182)

Ninguém, acredito, negará isso, ou pelo menos ninguém que esteja habilitado a expressar uma opinião. Mas muitos negam que aquilo que se admite ser verdade para a civilização geral tenha alguma aplicação às religiões em suas mútuas relações; e essa é uma opinião que não podemos ignorar. (§183)

Em nenhum lugar o espírito de exclusividade é tão dominante como na religião. Muitas pessoas de bem lutam ansiosamente para manter sua religião livre do contato com os outros, para que as ideias falsas e heréticas do seu ponto de vista não a contaminem e a façam degenerar. Nas religiões da Antiguidade, foram os deuses estranhos que as pessoas procuraram repelir, mas sem negar sua existência nem contestar que eles poderiam ser seres poderosos, benevolentes e adoráveis em seu próprio domínio e para seu próprio povo. Os adeptos das religiões éticas, por outro lado, rechaçam todas as divindades, com todos os seus vários cultos, que entram em conflito com as concepções dominantes de suas próprias religiões ou que parecem depreciar a honra de seu único Deus ou deuses verdadeiros. E, em certa medida, isso é razoável, e para os vulneráveis pode até ser necessário por algum tempo, desde que seja apenas uma precaução temporária aplicada em certos casos, e não equivalendo a uma exclusão absoluta. Mas a história da religião testemunha amplamente o fato de que a religião nunca se desenvolveu realmente, exceto quando várias religiões diferentes tiveram contato entre si. Apesar de tais casos serem abundantes, um exemplo notável pode ser suficiente. Israel – cuja religião supera todas as religiões da Antiguidade em pureza e elevação, e deu origem a duas outras que contam seus adeptos por milhões entre as famílias mais talentosas dos povos, os semitas e os arianos – conhecia pessoalmente todas as principais religiões da Antiguidade. Os israelitas tinham visto o incenso egípcio queimando diante do touro Ápis de Mênfis, o sempre sobrevivente Ptah, e diante do touro Mnévis do deus Sol; tinham visto seus vizinhos cananeus e compatriotas adorando os Baalim e as Astartes, e os filhos de fenícios e moabitas passando pelo fogo para sua divindade; às margens dos rios da Babilônia haviam testemunhado as procissões solenes de Marduc e Nabû, e depois ouviram falar de Ahura Mazda, o deus de Koresh e Dario, que mais se assemelhavam ao seu próprio Iahweh; haviam sido, para tristeza e horror dos fiéis, espectadores da invasão de seu templo sagrado em Sião por deidades assírias e egípcias com todas as hostes do céu, e por Zeus do Olimpo e Júpiter Ótimo Máximo Capitolino. E não foram poucos os que em Israel se ajoelharam diante de todos esses deuses e até queimaram seus filhos diante de Moloc. Mas, ainda mais lealmente, o núcleo do povo se apegou ao seu próprio culto mais puro. Quanto mais claramente os pensadores religiosos em Israel se tornaram conscientes de sua mais elevada e melhor pertença, quanto mais plenamente desenvolvidos estavam todos os grandes e gloriosos elementos adormecidos em germes em sua própria religião. No entanto, isso não foi meramente uma adoção de todos os modos estrangeiros de adoração. Pelo contrário, pode-se até dizer que eles imitaram uma série de elementos estrangeiros e os adaptaram à sua própria religião. Seu horizonte religioso foi, assim, ampliado, a concepção que eles formaram de seu Deus nacional foi imediatamente enriquecida e suavizada, e seu serviço religioso foi elevado e enobrecido. Neste caso também, como no do desenvolvimento geral, a assimilação havia sido mais ou menos conscientemente trabalhada. Como em Israel, bem como na Grécia e em Roma, bem como entre os persas e os germânicos, assim tem sido em toda parte e sempre. (§184)

A explicação desses fatos históricos decorre naturalmente de tudo o que já foi dito. Antes de prosseguirmos, observemos que não estamos falando de uma mera imitação ou adoção. Isso também ocorre, mas não nos conduz a nada e não produz nenhum resultado. Os fenícios, em algum momento, imitaram os egípcios em tudo, não apenas adotando suas formas externas de civilização e modelos artísticos, mas até mesmo substituindo os deuses do Egito por seus próprios ou, pelo menos, atribuindo-lhes igual posto. A mesma coisa foi feita pelos antigos etíopes sob a influência da dominação egípcia. Mas em nenhum dos casos o desenvolvimento da religião foi menos afetado. Enquanto um sistema estrangeiro continuar estranho, desapropriado e sem absorção, será incapaz de conduzir a uma vida espiritual mais elevada e de provar ser mais deficiente do que o próprio sistema nativo original. Como um exemplo de assimilação genuína e frutífera, por outro lado, vejamos o que o gênio dos gregos fez de Apolo e Artêmis da Ásia Menor, e como eles converteram as Astartes carentes e austeras da Ásia Ocidental em Afrodite e Artêmis. Também não há aqui uma mera relação de mestre e discípulo. É desnecessário, em regra, que uma religião seja mais avançada ou mais pura, a fim de que possa influenciar o desenvolvimento de outra. Confrontadas com uma religião inferior à sua, as pessoas estão ainda mais conscientes de seus próprios méritos e mais ansiosas para desenvolvê-la. Tanto Israel como a Hellas dão uma prova disso. Como no caso dos indivíduos, assim será no relacionamento mútuo entre as religiões, os elementos heterogêneos atuam de forma benéfica. Aqueles que são mais avançados, e, portanto, superiores, ao mesmo tempo atraem e repelem, mas conquistam no final; e a fusão de duas formas de religião, a princípio, hostis, dá origem a um novo desenvolvimento que, certamente, será mais rico e pleno do que seu antecessor. (§185)

Vamos sintetizar essas considerações. Quando percebemos que as relações intelectuais com os outros promovem o desenvolvimento, enquanto o isolamento e a reclusão o prejudicam, e muitas vezes o paralisam; quando notamos que o contato não só com pessoas de um plano mais dotado, talentoso e avançado, mas também com os inferiores e menos favorecidos, proporciona um poderoso impulso ao desenvolvimento, pois faz com que as pessoas ou comunidades descubram seus poderes adormecidos, e as estimula a um melhor uso destes; e quando vemos que tudo isso é confirmado também pela história da religião – penso que aqui encontramos uma lei do desenvolvimento que se aplica também à religião e que eu a formularia da seguinte forma: (§186)

"Todo desenvolvimento, além da capacidade natural da humanidade e dos povos, é resultado do estímulo dado ao autoconhecimento pelo contato com um estágio diferente de desenvolvimento, seja ele superior ou inferior". (§187)

E, se transferirmos essa lei geral para nosso próprio domínio particular, duas regras práticas decorrem dela. Primeira: "A religião que atingirá o mais alto desenvolvimento é aquela que está mais ativa para os elementos verdadeiramente religiosos em outros formatos". Segunda: "O desenvolvimento religioso é mais bem promovido pelo livre relacionamento de suas mais diversas manifestações". (§188)

Antevejo, porém, que muitos, ao ouvirem essas regras, se oporão a elas, e suas objeções não devem ficar sem resposta. Eles perguntarão: será que a religião, quando assim for permitido, constantemente associada à arte, à ciência e à filosofia, a uma civilização refinada, mas humana e, portanto, sempre um tanto corrupta, corre o risco de ser privada de seu doce sabor e de seu vigor e, para agradar aos seus companheiros, de ser induzida a abater algo de suas estritas exigências e a perder algo de sua seriedade? Será que ela não deverá, no meio do mundo, ser inevitavelmente contaminada e, finalmente, tornar-se ela mesma mundana? Não se deve temer que, ao estudar opiniões tão divergentes e ao buscar a verdade religiosa em tantos sistemas diversos, as pessoas se tornem desleais à sua própria religião, tendo abalado suas convicções e, finalmente, em total perplexidade e desespero, exclamarem: "O que é a verdade?". Essa liberdade de pensamento não levará à falta de princípios e à indiferença pela pureza e verdade de sua própria religião, frutos preciosos de tantos conflitos e de um processo de desenvolvimento tão longo e difícil? Ou, para aderir à nossa esfera científica – pois as objeções mencionadas são todas de caráter prático –, não é da verdadeira natureza da religião separar-se de um mundo profano e buscar a solidão exaltada por nosso piedoso poeta Lodensteijn? (§189)

> Ó santa solidão!
> Em comunhão com meu Deus,
> se eu fosse um só contigo! (§190)

E a religião, ao se deixar levar pela corrente do desenvolvimento geral, não negligenciará insensivelmente seu próprio desenvolvimento interior? Groen van Prinsterer, o antigo líder do então pequeno partido político-religioso na Holanda que se autodenominava "antirrevolucionário", costumava dizer: "Em nosso isolamento está nosso poder". Isso não se aplica à religião em todos os lugares e sempre, e não é precisamente no isolamento dela que está o poder dela? (§191)

Sou o primeiro a admitir isso tudo. E vou ainda mais longe, sustentando que, quanto mais a religião se desenvolver, mais ela avançará no que eu poderia chamar de "castidade" – ou seja, mais ela recuará ao expor o que ela considera mais sagrado ao olhar curioso e ao julgamento não qualificado do *profanum vulgus* ["o povo comum"], um mundo muitas vezes irrefletido e superficial. Muito menos se desejarmos vê-la liderada e controlada por qualquer poder estranho e, assim, privada de sua independência; pois, como mostrarei mais tarde, sua independência aumenta com seu desenvolvimento progressivo, sendo uma de suas indicações. E o que se aplica à religião em geral se aplica a cada comunidade religiosa em sua relação com as demais. A intolerância é uma insuficiência desagradável, e aqueles que exigem liberdade para si mesmos são obrigados a concedê-la aos outros. Mas cada comunidade, cada Igreja, para ter algum valor e contribuir para o desenvolvimento religioso do ser humano, deve ser consistente, formar, manter e reivindicar o seu próprio caráter. Ela não tem apenas o direito, mas é solenemente obrigada a fazer isso. (§192)

Não suponha, entretanto, que seja proibido ou inviabilizado pelas leis acima mencionadas que procuremos deduzir da história. Os que consideraram o significado da palavra "assimilação", que usei deliberadamente, compreenderão prontamente isso. O desenvolvimento, como já disse, é promovido pela assimilação; a religião assimilará o que é bom e verdadeiro da cultura geral; e cada forma de religião assimila o que é bom e verdadeiro em outras formas. Mas isso significa que a religião deverá ceder e adaptar-se às exigências da cultura do mundo, aos caprichos da mudança da moda, aos ditames nem sempre irrefutáveis da ciência ou aos sistemas filosóficos que possam ser derrubados por uma geração que venha a lhe suceder? Isso significa que uma Igreja deveria simplesmente copiar e tomar emprestadas as formas de uma comunhão diferente, sua doutrina e culto, embora em desacordo com seu próprio caráter e estágio de desenvolvimento, ou que ela deveria adotar certo ecletismo? Eu praticamente já respondi a essas perguntas. Assimilação é apropriação daquilo que conduz ao próprio crescimento e que aumenta os seus próprios bens espirituais. O desenvolvimento, portanto, não deixa de ser um processo puramente interno. (§193)

No que diz respeito à objeção prática de que a lei do desenvolvimento está repleta de perigos, não a negamos – mas ela só será perigosa para os mais fracos, para aqueles que não têm convicção religiosa própria, para aqueles que não estão enraizados e fundamentados em sua fé. Se vocês estiverem fracos e doentes, permaneçam em seu quarto e fechem as janelas, pois o ar puro, o sopro da vida para os saudáveis, pode ser fatal para vocês. Por isso, há condições e períodos na vida religiosa em que seu isolamento, pelo menos por algum tempo, pode ser salutar e até mesmo necessário. Mas a religião viva exige o ar livre das relações intelectuais com a cultura geral e o desenvolvimento religioso da humanidade. (§194)

Todo crescimento, todo desenvolvimento, toda vida é uma batalha, e nenhuma batalha está livre de perigos. Mas, quando o espírito ou princípio vital é sadio, ele estará amparado pela luta e, no final, superará os perigos. Eu novamente me lembro do povo de Israel. O coração deles era saudável. As concepções que fizeram com que os fracos se desviassem entre eles foram, portanto, bem recebidas pelos profetas animados pelo Espírito Santo e utilizadas de forma independente por eles a fim de exaltar e ampliar sua própria religião. E essa religião, aperfeiçoada e consumada, tornou-se a religião das nações mais desenvolvidas do mundo. (§195)

Conferência IX
Influência do indivíduo
no desenvolvimento da religião

Prosseguiremos agora nossa investigação sobre as leis do desenvolvimento, tanto as gerais como as religiosas, ou, para expressá-la de forma mais modesta e prudente, sobre os requisitos para a promoção do desenvolvimento. (§196)

E a primeira pergunta que me proponho a discutir é: que lugar a pessoa enquanto indivíduo ocupa no processo de desenvolvimento, e até que ponto ela contribui com ele? Como esse problema é um tanto complexo, ele está propenso a ser negligenciado, mas por isso mesmo é da maior importância. O fato de isso ter recebido tão pouca atenção é provavelmente o resultado de um equívoco, já que alguns supõem que o desenvolvimento sempre significou um crescimento inconsciente, o que excluiria a cooperação dos indivíduos. Mas eles se esqueceram de que o "desenvolvimento da religião" é uma espécie de termo elíptico, denotando, como já assinalei, o desenvolvimento do indivíduo religioso. Nossa ciência não é tanto uma ciência natural quanto a da linguagem; é histórica e preocupa-se com os seres racionais. (§197)

Outros pensaram que o indivíduo somente exerce sua influência nos estágios superiores de desenvolvimento; e vocês se lembrarão da classificação das religiões de Whitney, baseada nessa

Elementos da Ciência da Religião 229

ideia: aquelas que são fruto do desenvolvimento inconsciente, e aquelas que são fundadas por determinadas pessoas. Não preciso repetir minhas objeções a essa classificação, pois já as afirmei. Mas a noção sobre a qual ela repousa não deve passar despercebida, pois contém um elemento de verdade, já que não se pode negar que, à medida que a humanidade cresce e progride na civilização geral, a individualidade se torna mais pronunciada. Em um estado menos desenvolvido, as pessoas são muito mais parecidas; os indivíduos têm, portanto, menos autoridade sobre suas respectivas tribos e sobre seus contemporâneos, e, se seus nomes subsistirem, logo serão esquecidos. Isso não acontece até uma etapa posterior, quando o ser humano se torna mais claramente consciente do poder e da independência de sua mente e de sua capacidade intelectual, momento em que surgem aqueles indivíduos com dotes raros, superando de longe seus semelhantes, que lideram em vez de serem liderados e que, porque abrem novos caminhos, são combatidos, odiados e perseguidos por muitos, mesmo pela grande maioria, mas que são ao mesmo tempo reverenciados, seguidos e obedecidos por um número cada vez maior de fiéis discípulos – às vezes, deificados e adorados – e cujos nomes, nesse caso, serão lembrados com gratidão, mesmo por gerações distantes. Mas não é menos provável que também nos tempos pré-históricos, aos quais a imaginação dos ancestrais gostava de se referir às façanhas de seus semideuses e heróis, os ancestrais de sua nação e os fundadores de seu Estado, tudo o que era novo, todo progresso, reforma, descoberta, invenção, deve ter se originado no cérebro de um único indivíduo, ou, no máximo, no de vários ao mesmo tempo, embora a generalidade das pessoas (como de fato ainda acontece com frequência) não pudesse dizer quem foram os autores dessas novas ideias. Os nomes desses autores, no entanto, caem no esquecimento. Uma prova de que o poder da personalidade se fez sentir mesmo naquele tempo primitivo, do qual nenhum registro histórico é preservado, é encontrada nas inúmeras lendas heroicas de povos muito diferentes que encontramos, não apenas entre gregos e indianos altamente cultos, babilônios e chineses, mas também entre povos primitivos e bárbaros como os indígenas pele-vermelha da América, os polinésios e muitos outros. Poucos dos heróis dessas lendas podem, de fato, ser considerados como pessoas históricas – pois, se entre eles há pessoas glorificadas como Sargão[70] e Ciro,[71] a maioria deles consiste em deuses personificados, que são representados como salvadores em tempos de necessidade, que evitaram desastres, foram inventores das artes, fundadores da civilização, moderadores das maneiras grosseiras e protetores de seu povo. Mas tais lendas não teriam surgido, e a transformação das divindades em humanos de origem divina não teria ocorrido, nem mesmo o pensamento de tais ações, repletas de bênçãos para a humanidade, poderia ter sido concebida, a menos que as pessoas tivessem experimentado a influência de indivíduos mais dotados, e que tivessem reconhecido o quanto elas deviam à sua entidade. A força dessa argumentação até agora não foi notada. (§198)

Ninguém nega que na história geral e também na da religião, além de nossa própria sociedade, certos indivíduos se destacam sobre todos os outros em conhecimento, caráter, talento e gênio, e

---

70 *Sargão* da Acádia, também conhecido como Sargão, o Grande, foi um rei acádio célebre por sua conquista das cidades-estado sumérias nos séculos XXIV a.C. e XXIII a.C. [NT].

71 *Ciro* II, mais conhecido como Ciro, o Grande, foi rei e fundador do Império Aquemênida, que reinou entre 559 e 530 a.C., ano em que morreu em batalha com os masságetas. Pertencente à dinastia dos aquemênidas [NT].

que o progresso em todas as direções se deve principalmente ao seu trabalho; tampouco se nega que as comunidades religiosas sejam fundadas ou reformadas por essas pessoas, e que os sentimentos religiosos mais puros e pensamentos religiosos mais profundos tenham sido por elas difundidos em primeiro lugar, sentimentos esses que foram cultivados nas próprias almas delas, pensamentos que amadureceram nas mentes delas, e que, em suma, acenderam uma nova luz na esfera da religião e interpretaram uma revelação superior. Contestar isso seria negar todo o curso da história e ser cego ao que todos nós vemos acontecendo ao nosso redor. Mas as pessoas avaliam esses fatos de maneira diferente. A concepção mais comum e mais ou menos superficial e popular, sobre a qual alguns até formaram uma doutrina científica, é de que na história humana grandes personalidades foram imprescindíveis e de que todo progresso e desenvolvimento devem ser considerados como tendo emanado somente deles, enquanto permaneceram isolados, como criações inexplicáveis e misteriosas, entre seus semelhantes. Uma visão diametralmente oposta é de que tudo isso é apenas aparência e de que esses indivíduos realmente não têm nenhum valor, ou de que, pelo menos, eles somente expressaram o que já vivia no coração de todos e que eles são apenas os instrumentos inconscientes e sem vontade do que foi gerado na mente de todos no espírito da comunidade. Nesse caso, também a verdade está provavelmente entre os dois extremos. Em todo caso, não posso concordar com nenhum desses pontos de vista. (§199)

Não há dúvidas de que os acontecimentos reais da história humana são muito diferentes dos contos de fada com os quais divertimos as crianças. Aqueles espíritos poderosos que iluminam e confortam o mundo, libertando-nos dos laços da ignorância e da miséria, abrem novos caminhos, tornando-se, assim, os salvadores e pioneiros de seus semelhantes: a humanidade. Todavia, nem mesmo o mais talentoso dos gênios nunca está completamente sozinho; mas, como nasceram e foram criados no meio de um povo particular, de uma comunidade e de um círculo de amigos e relações próprias, eles se desenvolveram sob a influência destes e compartilham suas noções muitas vezes muito imperfeitas da natureza, da alma, da história e do mundo em geral. Nesse sentido, eles são de fato os filhos de sua era e de seu povo, os produtos de um desenvolvimento anterior. Mesmo suas novas jornadas, as ideias que expressam de uma forma nova e original, são algo absolutamente inédito, mas já pairam diante da mente de outros, que, portanto, são os primeiros a acolhê-las. Eles tiveram seus precursores, acima dos quais se elevam como gigantes, os quais talvez se considerem indignos de desatar os cordões de seus sapatos, mas que ainda assim prepararam o caminho para eles. Eles são, por assim dizer, esperados, esses grandes reformadores e fundadores da religião, e, por isso, são alegremente aclamados como redentores. E, se eles respondem aos longos anseios e aspirações da geração em que vivem, é, em parte, porque essas mesmas aspirações aceleraram o germe da vida superior que adormeceu em suas próprias almas. (§200)

Mas será que isso significa que eles mesmos, de fato, não são nada fora do comum, que, como ensina Hegel, eles são meros "instrumentos sem vontade nas mãos do mundo do espírito", de modo que, embora desempenhem um papel importante na história, são apenas atores que não escreveram o drama em si, ou mesmo como marionetes, movidos por uma mão invisível? Devemos nós, como Buckle e outros, considerá-los apenas como meios de comunicação, nos quais as ideias e o autodesenvolvimento são refletidos, de modo que está fora de questão falar de indivíduos

Elementos da Ciência da Religião

proeminentes ou de sua influência no desenvolvimento? Ou devemos, com Macaulay, reduzir toda originalidade e todo gênio ao dom de uma maior receptividade às ideias dos outros, para que as pessoas assim dotadas sejam simplesmente como indivíduos que se elevam um pouco mais do que os outros e que, portanto, apenas recebem os raios de luz um pouco mais cedo do que os habitantes do vale?[72] Certamente que não! Que espírito religioso realmente grandioso, que destacado pioneiro no domínio da religião não sentiu um poder "que não lhe pertencia" e que vinha trabalhando dentro dele, trazendo luz à sua mente e paz à sua alma? Qual deles não reconheceu isso e o expressou em muitas e variadas figuras e imagens? Quem sustentará que eles estiveram plenamente conscientes da grande importância e das consequências profundas e momentâneas de sua atividade reformadora, ou que sempre visaram intencionalmente à grande revolução na história humana, a qual eles trouxeram à tona? Quem negará que eles foram testemunhas porque foram constrangidos, porque sentiram um impulso interior e irresistível? Mas quem, a menos que ele tenha se despedido de todo sentimento de discriminação, compararia esse impulso interior, esse constrangimento da consciência de um ser humano, com a manipulação de marionetes com repetições instruídas por um cordel? Não sejamos tão precipitados como agora para abordar os difíceis problemas do determinismo e a possibilidade de conciliar a dependência do ser humano com sua liberdade. Mas podemos nos aventurar a dizer isso. Aqueles que veem uma revelação de Deus na luz que – certamente não sem a terem buscado avidamente e ponderado profundamente sobre ela – despertou em suas mentes uma revelação diante da qual se curvam e, ao mesmo

---

72 Ver passagens citadas por S. Hoekstra, Bzn., Zedenleer, I. 189s [NA].

tempo, uma convocação de Deus à realização à qual se dedicam, de fato se tornaram um com Deus na vontade, mas certamente não são, por isso, sem vontade. É sua própria vontade que os aciona, mais poderosa e mais verdadeiramente do que se obedecessem às suas inclinações inferiores, ao seu amor pela facilidade e ao medo do ser humano. A verdade em cujo serviço eles se alistam, seja qual for sua fonte, e por mais que a tenham alcançado, tornou-se sua posse, e, ao segui-la e proclamá-la, eles escutam apenas os ditames de seu próprio coração. (§201)

Se, por conseguinte, rejeitamos inteiramente a especulação idealista acima, ainda mais firmemente devemos nos recusar a aceitar a doutrina do positivismo materialista que diz: os grandes pensadores que reverenciamos como criadores de uma nova religião, como reformadores e profetas, não são nada mais do que reflexos ou meios de comunicação de ideias autodesenvolvidas! O que, afinal de contas, não passa de uma simples frase! Que ideias são essas que se desenvolvem por si mesmas, como se fossem bacilos espalhados pelo ar – ideias que os indivíduos altamente dotados nem sequer fazem suas, mas que são meramente refletidas neles? "Palavras, palavras, palavras", como diz Hamlet. Macaulay, por quem como escritor e orador tenho grande respeito, disse quase a mesma coisa em uma figura de linguagem diferente, que já citei, mas cuja figura não é nem mais clara nem mais apta. Em vez de falar de ideias que pairam no ar, ele faz brilhar uma luz. Mas onde, como e por quem a entidade se revelou? E a única diferença entre os mais e os menos dotados, entre gênios e pessoas comuns, é que os primeiros contemplam a luz um pouco mais cedo do que os segundos. Sabemos por antecipação que essas comparações são mancas, mas esta não tem sequer uma perna sobre a qual se apoiar. Pois, certamente, não se pode afirmar que a luz do sol chegue aos habitantes do vale por intermédio daqueles que subiram um pouco mais alto. Seja como for, o objetivo é negar toda a originalidade àqueles que são reverenciados pela humanidade como seus pioneiros e mestres, seus salvadores e reformadores. O desenvolvimento ao qual eles aparentemente deram um impulso já existia e apenas culmina neles, de modo que, na verdade, não estamos em dívida com eles por nada de novo. (§202)

Discordo totalmente disso. Por maior que seja a influência, no julgamento daqueles que se posicionaram na primeira fila da história, e particularmente na religião, poderemos estar dispostos a atribuir ao seu povo e ao seu tempo, à sua formação e ao seu meio, mas sempre restará algo que vai além, que não foi levado em conta; e é apenas isso que lhes permitiu utilizar de forma independente o que receberam de outro lugar, o que lhes deu tal poder sobre seus semelhantes, e que os distingue de todos os outros, por mais que se pareçam com eles em concepções e visões. E esse algo é a sua individualidade, o seu caráter. O trabalho dos reformadores religiosos é comumente considerado, muito em parte como a revelação de novas verdades ou a pregação de doutrinas até então desconhecidas. Mas não é só isso, nem mesmo a parte principal. É, sobretudo, o despertar de um novo espírito, de um sentimento religioso mais puro. Tampouco será sempre necessário que os reformadores digam, mas, sim, que sejam algo novo. E o meio mais poderoso de inspirar um espírito novo e superior é precisamente a personalidade do reformador, seu caráter individual, a única coisa que ele não deve a seus antepassados ou contemporâneos, mas que é dele por natureza e que a ciência pode analisar, mas não pode explicar. (§203)

Há pessoas que têm se esforçado muito para tentar provar, nem sempre com boas intenções em relação ao Cristianismo, que nenhuma das palavras de Jesus, da forma como foram transmitidas nos Evangelhos, é original, mas que todas elas podem ser encontradas de forma desconexa e esporádica nos escritos dos rabinos judeus e dos filósofos gregos. As semelhanças me parecem menos marcantes do que as pessoas gostariam de supor, e a maioria delas são um tanto rebuscadas. Mas, mesmo se o que eles alegam for verdade, mesmo que todo o Evangelho tiver sido compilado a partir de uma grande variedade de escritos judeus e gregos, o que parece muito improvável, a julgar pelo caráter de seus primeiros adeptos, ainda assim dois fatos são inegáveis, os quais, na verdade, são apenas um. O primeiro deles seria que todas as verdades, que se diz já terem sido reconhecidas, estão aqui reduzidas a um grande princípio; e, o outro, que um personagem foi o principal impulsionador, que percebeu esse princípio em si mesmo e em sua vida, e, ao fazê-lo, despertou o entusiasmo por ele em seus discípulos. (§204)

A força da personalidade é o fator mais importante no desenvolvimento, principalmente na esfera da religião, mas também em outras esferas espirituais, de uma forma mais intensa do que é comumente suposto. Comunidades, Igrejas e escolas também contribuem para ele, mas não na mesma medida, e muitas vezes de forma mais negativa do que positiva. Mesmo quando o desenvolvimento está aparentemente progredindo silenciosa e gradualmente por si mesmo, a influência de indivíduos pode geralmente ser rastreada, embora nem sempre sejam gênios extraordinários ou celebridades históricas. Toda a história do desenvolvimento da religião prova que o Verbo deve sempre se tornar carne para que possa habitar no coração humano. (§205)

Uma tentativa foi feita para classificar indivíduos em diferentes categorias de acordo com a influência que eles exercem sobre o desenvolvimento, como, por exemplo, (1) espíritos criativos, tais como profetas, gênios, heróis; (2) aqueles que se utilizaram de novas criações e as tornaram úteis para o bem geral, tais como entusiastas e devotos, classe à qual pertencem apóstolos e evangelistas; e (3) aqueles que podem, com razão, apreciá-las e recebê-las – enfim, os fiéis. Essa classificação não é descabida, embora se possa dizer que os profetas, geralmente, pertençam à segunda categoria, ou, pelo menos, nem sempre são espíritos criativos. Em todo caso, devemos ter em mente que o professor Hoekstra, o autor dessa classificação, acrescenta que não é possível traçar nenhuma linha de demarcação e que algumas das personalidades mais proeminentes reúnem várias das qualidades citadas. Talvez, com a mesma reserva, especialmente no que diz respeito ao desenvolvimento religioso, a seguinte classificação possa ser considerada preferível. O primeiro lugar é ocupado por aqueles que encontraram uma nova ordem de coisas, com os quais começa uma nova era da história, fundadores de religiões e poderosos reformadores; ao segundo pertenceriam seus precursores, assim como seus discípulos, que foram os primeiros a compreendê-los e a serem inspirados por eles, como apóstolos, missionários, profetas e pregadores que proclamam as boas-novas; na terceira classe, seriam colocados santos e testemunhas, que, por sua vida e morte, e grandes pensadores, que por sua instrução, seja oral seja escrita, selariam e estabeleceriam firmemente a nova fé; por último, viriam os personagens mais práticos, que testemunharam isso no mundo cotidiano por sua vida e trabalho. Mas outra distinção deve ser feita, pelo menos no mais alto desses grupos, entre aqueles cujas mentes superiores e aqueles cujos poderosos personagens exercem influência, entre pessoas de luz e pessoas de liderança. (§206)

Seria um estudo interessante e intrigante perguntar qual foi o papel da mulher no desenvolvimento da religião. Seria de esperar que elas se sentissem mais atraídas pelo seu elemento emocional do que pelo intelectual, mais pelo concreto do que pelo abstrato, e que valorizassem mais o sentimento do que a doutrina. Suas manifestações filosófico-religiosas, suas distinções dogmáticas, as deixariam indiferentes, a menos que, por seus argumentos, vocês as privasse do objeto amado da adoração delas da glória e majestade divina dele; e, nesse caso, elas se voltariam contra vocês e se apegariam ao objeto adorado com todo o amor mais apaixonado, ou, talvez – como não é raro acontecer nos dias de hoje –, elas desistiriam completamente de sua religião. É somente sob compulsão que as Raquéis desistem de seus terafins;[73] e a *Meleket* ["Rainha"] dos Céus[74] estava mais próxima e era mais querida pelas mulheres de Jerusalém do que o Santo de Israel que habita no mistério. Tem sido erroneamente sustentado que as mulheres são obstinadamente apegadas a formas antigas e que, portanto, são mais propensas a dificultar do que a promover o desenvolvimento da religião. Faça-as acreditar que alguém é um herege perigoso, um inimigo de sua religião, e elas avidamente acrescentarão feixes de madeira em torno da fogueira dele, como a velha mulher cujo zelo arrancou do moribundo John Huss a exclamação *Sancta simplicitas!*[75] Mas deem-lhes uma pessoa que elas possam

---

73 *Terafins* são ídolos com forma humana, grandes ou pequenos, análogos às imagens dos antepassados reverenciadas pelos romanos. Para a relação entre Raquel e os terafins, ver Gênesis 31,19 [NT].

74 Citada em Jeremias 7,18; 44,17.18.19.25 [NT].

75 *John Huss* foi um teólogo da virada do séc. XIV. É considerado um dos precursores da Reforma Protestante e pregava contra a corrupção na Igreja e a ostentação no alto clero. Sua principal discussão girava em torno de ser Cristo o líder da Igreja e não o papa e os cardeais. Esse papel foi fundamental para o despertar da Igreja Protestante. Considerado herege, foi condenado à fogueira 6 de julho

amar, e as Marias e Salomés permanecerão fiéis eternamente. Não tenho conhecimento de que a história registre algum caso de que uma religião de destaque tenha sido fundada por uma mulher, mas nos encontramos com mulheres no papel de sacerdotisas, pitonisas, profetisas e santas, e, sobretudo, como mensageiras do amor divino, que, com mão gentil, se esforçam para aliviar a pobreza, a doença e outras misérias desta existência terrena. Elas estão devotadas a uma serena consagração e contribuem incalculavelmente para a preservação dos elementos místicos e devocionais da religião. (§207)

Como em toda a vida espiritual, assim também na vida religiosa, a pessoa ou indivíduo é um potente motor de desenvolvimento. A ciência deve então ficar satisfeita em reconhecer este fato ou deve ir um passo além e tentar explicar como os pioneiros do desenvolvimento religioso chegaram a ser o que são? Temo que tal tentativa seja infrutífera ou, pelo menos, que a investigação desse difícil problema ainda não esteja tão avançada a ponto de permitir qualquer hipótese de sua solução. A menos que nossas fontes falhem ou não fluam com muita frequência, muito de cada personalidade pode ser explicada psicologicamente por sua nacionalidade, o espírito de sua idade, sua linhagem, educação, volume de sua leitura, carreira, esfera de atividade e outras circunstâncias especiais. Mas sempre há algo que não pode ser considerado

---

de 1415. Antes de ele arder em chamas, uma inocente senhora, sem entender o que estava acontecendo, colocou um pequeno feixe de lenha embaixo do mártir, quando, então, este disse: *Sancta simplicitas!* ["Santa ingenuidade!"] [NT].

como tal, e isso é o principal fator. Não podemos, por exemplo, explicar como é que de duas ou mais pessoas colocadas no mesmo ambiente, filhos da mesma família e educadas pelos mesmos pais, uma cresça para ser uma pessoa de talento, um gênio, muito acima de seus contemporâneos – embora não muito acima do nível médio da humanidade –, enquanto as outras permaneçam insignificantes e comuns: como o irmão de Rembrandt, por exemplo, que se tornou um moleiro comum como seu pai, enquanto o próprio Rembrandt alcançou um lugar entre os três ou quatro maiores pintores do mundo; ou como o irmão de Beethoven, cujo talento principal consistia em extorquir dinheiro do ilustre mestre, que assim amargurou sua vida; ou como os irmãos do governante mundial Napoleão, o "rei herói", como o chama Carlyle,[76] que representou os reis de forma tão indiferente. Alguns pesquisadores, em desespero, poderiam dizer que quase invocaram a ajuda da psiquiatria para tentar explicar a genialidade como um desvio da vida espiritual normal, como um transtorno do intelecto. Médicos como Brinton procuraram a fonte principal da inspiração religiosa na vida sexual e a associaram à histeria; enquanto Sprenger, outro médico, um estudioso árabe e biógrafo de Muhammad, colocou grande ênfase no fato de que o profeta era um epiléptico; e uma afirmação semelhante foi feita inclusive em relação ao apóstolo Paulo. Assim, gradualmente, nos lançamos à patologia. Mas, certamente, é uma verdadeira inversão da ordem das coisas procurar a fonte de ideias inspiradas nos desequilíbrios da mente e nas afecções mentais, que, muitas vezes, são causadas pelo excesso de trabalho mental e pela angústia da alma, ou pelos pensamentos

---

76 Thomas *Carlyle* (1795-1881) foi um escritor, historiador, ensaísta e professor escocês durante a era vitoriana [NT].

esmagadores que são, ao mesmo tempo, tanto a salvação do pobre ser humano fraco quanto sua ruína. (§208)

Em todo caso, mesmo que esse problema não fosse insolúvel, como acredito que seja, só poderíamos abordá-lo aqui de passagem, pois ele pertence mais à ontologia da religião do que à morfologia, com a qual estamos agora preocupados, e está intimamente ligado ao problema da origem da religião, na qual nossa investigação deve culminar. Devo, no entanto, procurar dar alguma resposta aqui a várias perguntas que podem ser feitas e que, de fato, já foram feitas. Primeiramente: "A influência do indivíduo produz realmente todos os efeitos que lhe são atribuídas? A reforma, a regeneração espiritual e a inspiração, que aparentemente são causadas pelas palavras e obras de um indivíduo, não são realmente o resultado da ideia que as pessoas formam delas, o resultado da imaginação, e não da observação? Não observamos, em todas as relações dos seres humanos, que todo aquele que se sente atraído, que admira, que ama, inconscientemente, idealiza o objeto de sua veneração e amor, seja ele príncipe ou estadista, orador ou erudito, líder ou mestre popular, esposa ou mãe, e que cria para si mesmo uma concepção deles que está muito longe de estar de acordo com a realidade? E isso não está acima de tudo na religião?". "Em torno da personalidade do reformador, o grande mestre, o fundador da religião", argumenta-se ainda, é que "surgem as lendas ampliadoras. Geralmente, ele é exaltado a uma esfera sobrenatural, e é somente então que seu poder sobre a multidão se aperfeiçoa. Aqueles que se aproximaram dele, os mais desenvolvidos, aqueles cuja fé é mais ardente e vigorosa, não dependem dessa ideia para fortalecer sua crença; mas aqueles que só podem apreciar o espiritual quando ele participa do milagre parecem precisar de tal ajuda e, por isso, são influenciados, não pela própria pessoa, mas sim pela ideia que têm dela". Há, sim, certa verdade nesse raciocínio. Mas não há nada de novo e surpreendente nele, exceto para aqueles que são suficientemente simples para supor que qualquer uma de nossas percepções é puramente objetiva. A influência da personalidade certamente consiste em parte no que se pensa e no que se acredita dela. Ou, em linguagem platônica, podemos expressá-la assim: ela consiste, pelo menos em parte, no εἴδωλα, ou imagens, dadas por uma personalidade e refletidas na mente dos outros. A reverência ao outro, seja ele quem for, o apego, a obediência e a devoção que isso implica, são, em certo sentido, idolatrias, mas são muito permissíveis. Ou, em outras palavras, gênios e pioneiros não são os únicos ativos em seu trabalho espiritual, nem aqueles sobre os quais agem são unicamente passivos; mas ambos são ativos ao mesmo tempo. Se a vida emana deles, é porque desperta germes vivos que estão dormentes no coração dos outros e porque os faz eclodir. Seu espírito criativo dá, por assim dizer, voz e forma ao que até então havia sido impotente, embora potencialmente presente no seio dos outros. São eles que despertam essa vida, que criam essa forma: são eles o sol, sem cujos feixes de fomento os germes morreriam e a vida adormecida nunca acordaria. Na raiz dessas criações de fantasia poética já referidas, está uma realidade inconfundível. Seus heróis nunca teriam sido assim exaltados se não tivessem sido diferenciados por seus ricos dotes, por seu grande poder moral, por seu profundo discernimento e, sobretudo, por seu caráter. Contudo, atrevo-me a dizer que a maioria deles eram provavelmente maiores e mais elevados do que jamais tenha sido sonhado pela maioria daqueles que os exaltaram tanto. E, mesmo que não possuíssem todas as virtudes e poderes que as pessoas lhes atribuíam em gratidão pelo que lhes haviam concedido, e em entusiasmo pelo que haviam sido, sua verdadeira grandeza não consistia nelas e só podia ser apreciada por poucos. Ninguém talvez nunca os tenha entendido completamente. (§209)

Há ainda outra questão. Admitindo que o desenvolvimento da religião seja promovido especialmente pela personalidade, será que essa vantagem não é mais do que compensada pelo prejuízo causado por outros, e não menos poderosos, personagens hostis ao progresso, que se esforçam ao máximo para manter o estado de coisas existentes? Assim que aparece em cena uma pessoa de dons notáveis ou de devoção fervorosa, que deixou de encontrar a salvação nas formas tradicionais de religião e esforça-se para libertar outras também do jugo dessas formas, ela é contestada vigorosamente, não apenas pelos ignorantes, não apenas pelos representantes oficiais da religião estabelecida, seja por interesse próprio seja convicção, mas até mesmo pelos profetas inspirados, pelos paladinos do antigo sistema, não menos talentosos que ela própria. E são muito mais fortes do que ela, porque geralmente têm o poder temporal ao seu lado, o poder da maioria, do braço secular, e o de um sacerdócio há muito estabelecido, e porque se apoiam em uma organização poderosa e firmemente fundada, em vez de ter a árdua tarefa de construir uma nova. No entanto, não se deve supor que elas impeçam o desenvolvimento da religião. Primeiramente, não podem fazê-lo; pois a história prova que o novo sistema, se for realmente uma revelação mais clara da verdade religiosa, uma forma mais elevada e mais pura de vida religiosa, deverá sempre triunfar no final. Mas elas também contribuem inconsciente e involuntariamente para o processo de desenvolvimento. É um erro pressupor que é apenas esse o trabalho dos reformadores. Estes só podem participar dele desde que não abandonem o terreno histórico, desde que a reforma esteja enraizada na tradição; e os representantes da história, os defensores da tradição, são os vindicadores da ordem estabelecida das coisas. Os reformadores genuínos, aqueles que fundaram qualquer sistema permanente, são ao mesmo tempo conservadores e progressistas –, homens como Lutero, Zwínglio e Calvino, e não como Karlstadt ou Servet, embora estes últimos certamente não tivessem de ter sido perseguidos como animais selvagens ou queimados na fogueira. (§210)

Mas devemos olhar com mais profundidade para esse assunto, para ver se podemos descobrir alguma lei geral de desenvolvimento que diga respeito especialmente à religião e que requeira ser estudada por nós a partir desse ponto de vista especial. (§211)

Ao pesquisarmos a história como um todo, à primeira vista ela parece ser apenas uma série de histórias especiais, sucedendo-se umas às outras, ou, às vezes, correndo paralelamente – histórias de povos que crescem e florescem por um período mais ou menos longo, mas todos, mesmo aqueles que tomaram a liderança e dominaram os outros por seu poder ou por sua cultura superior, pereceram, para serem substituídos por outros. Mas o espectador atento verá nela algo mais do que mera mudança e variedade caleidoscópica; sob a superfície, ele detecta um progresso constante. A sociedade humana e a cultura, como um todo, não apenas pressupõem novas formas, mas estão em contínuo crescimento; e essas novas formas são em geral mais ricas, mais abrangentes, mais puras e mais elevadas do que aquelas que elas substituem. Nada essencial do antigo se perde: cai na sombra por um tempo, mas finalmente reaparece, embora de forma diferente. A unidade e continuidade do desenvolvimento geral da humanidade, uma doutrina que justifique a história como um registro, não apenas das sucessivas etapas da vida social e cultural, mas da sociedade e da civilização como um todo, há muito foi reconhecida por todos os estudiosos sérios e filosóficos de história, que são os únicos juízes competentes. A história dos indivíduos é, ao mesmo tempo, a história da humanidade. (§212)

Será que isso se aplica também à religião? Encontramos aqui também formas diferentes que se sobrepõem. Mas será que podemos identificar nisso alguma unidade? O fato é que a religião tem se mostrado até agora indelével. Ela passou por muitas lutas e crises difíceis, quando aqueles que estavam ansiosos para se livrar do jugo dela e aqueles que a amavam temiam que ela perecesse no conflito e fosse substituída pela filosofia, pela arte ou pela ciência, ou, no máximo, por uma nova doutrina de moralidade. Tais esperanças já foram frustradas, tais medos provaram-se infundados. Formas religiosas foram descartadas, comunidades religiosas inseparavelmente ligadas a uma nação ou governo moribundo pereceram com ela, mas a religião em si sempre sobreviveu aos períodos mais críticos e sempre reafirmou seu domínio sobre os corações das pessoas com força crescente. Mas existe alguma conexão entre o velho estado das coisas e o novo? Existe unidade? Ou o fio se rompe a cada vez e um novo se ata? Há continuidade? Ou há uma constante ascensão e queda, uma alternância de renascimento e decadência, de progresso e recaída, em que o terreno ganho é perdido novamente, em que, se fosse impossível deter o declínio, haveria o risco iminente de uma aniquilação total? (§213)

A primeira questão a ser respondida é se há aqui unidade, uma conexão, um fio condutor. Isso, de fato, já ficou evidente em nossas perguntas anteriores e no que eu disse a respeito da contribuição de cada religião, ou, pelo menos, de cada religião histórica, para o desenvolvimento religioso – uma contribuição assumida e utilizada de forma independente por um sistema posterior que assuma a liderança, de modo que nunca se perca nada de material que possa promover o crescimento da religião; além disso, de nosso estudo das correntes de desenvolvimento, que durante muito tempo fluem através de seus próprios canais distintos, mas que, ao fim e ao cabo, sempre se unem; por último, de todo o curso da história da civilização, cuja unidade pode agora ser tomada como demonstrada, e da qual a história da religião é, em certo sentido, uma subdivisão, e não a menos importante. Onde quer que nos encontremos em solo histórico sólido, e quando nossas fontes são suficientemente abundantes, observa-se a forma como uma nação se une a outra, como a civilização romana floresceu sob a influência da etrusca e da grega, e esta, por sua vez, sob a orientação da asiática ocidental; como os povos da Ásia Ocidental foram os discípulos da Babilônia e do Egito, enquanto a civilização babilônica também deu seus frutos à Ásia Central, provavelmente em um período muito precoce, mas certamente após a fundação do Império Persa; e por último, como, desde as conquistas de Alexandre, a arte e as letras indianas sentiram a influência do espírito grego, enquanto, ao contrário, a filosofia e a religião indiana não tiveram uma participação insignificante na formação da filosofia grega posterior, especialmente a neoplatônica e a neopitagórica. Em relação ao que aconteceu antes da era histórica registrada, não podemos falar de forma tão assertiva. Mas podemos nos aventurar a assumir que o que sabemos dos tempos históricos aplica-se geralmente também à pré-história. Quanto mais profundamente penetramos no passado, o que novas descobertas nos permitem fazer constantemente, mais claramente vemos que nem mesmo os povos mais antigos dos quais temos qualquer registro foram isolados, mas que mesmo assim cada estágio de desenvolvimento foi associado e conectado com outros. Ainda há estudiosos que se recusam a admitir que a religião babilônico-assíria contém uma série de elementos emprestados do povo sumério, cujo antigo lar foi conquistado pelos semitas, um povo cuja civilização esses estudiosos ignoram e de cuja existência até duvidam. Estou convencido de que eles estão enganados. Mas, mesmo que tivessem razão, mesmo que os semitas tivessem sido os primeiros a estabelecer ali sua civilização, mesmo que a chamada língua suméria fosse apenas uma forma muito peculiar e incompreensível de escrever o assírio, mesmo que os babilônios tivessem inventado suas próprias cartas e não tivessem tido professores estrangeiros de escrita, não podemos fechar nossos olhos para o fato de que sua religião contém muitos elementos não semitas, sejam estes elementos estrangeiros sumérios, acadianos ou outros. Ultimamente, tem sido feita uma tentativa muito engenhosa e erudita de provar que mesmo a civilização e a religião chinesa e egípcia devem sua origem à Babilônia. Isso não é impossível, mas dificilmente posso considerar como comprovado. E, embora devamos proceder com muita cautela nesse assunto, não me parece de forma alguma improvável que exista alguma conexão entre a Babilônia e o Egito. (§214)

Pode-se estar inclinado a dizer que a prova da unidade do desenvolvimento também supõe a prova de sua continuidade ou progresso ininterrupto. Mas as duas coisas não são exatamente a mesma. Há uma conexão entre a Renascença e a antiga civilização greco-romana, há uma conexão entre a Reforma de Lutero, Zwínglio, Calvino e o Cristianismo primitivo. Mas, entre uma e outra, encontra-se a Idade Média, que não precisa ser chamada de uma noite de barbárie absoluta para nos convencer de que eles estavam mais distantes da civilização da Antiguidade e do Cristianismo paulino do que a Renascença estava da primeira ou a Reforma da segunda. Na história, incluindo a da religião, há períodos de declínio e retrocesso ou, pelo menos, de estagnação aparente que supostamente provam que o desenvolvimento não é contínuo, mas, às vezes, é interrompido, embora possa retomar seu curso em um período posterior. (§215)

Mas devemos nos acautelar de sermos enganados pelas aparências. Os chamados períodos de declínio, nos quais se pensa que a religião esteve à beira da ruína, nos oferecem a prova mais consistente de que o desenvolvimento religioso, longe de estar parado, está sempre progredindo. O que é que declina? A religião? De forma alguma, mas apenas uma ou mais formas específicas de religião. E por quê? Porque elas já tiveram o seu auge. Porque não satisfizeram mais as necessidades religiosas que ao mesmo tempo se desenvolveram sob a influência de uma civilização mais avançada. Sem dúvida, durante tais períodos de transição, há muitos que não podem mais descansar satisfeitos com as formas antigas e que são incapazes de criar ou de apreciar ou compreender o que lhes é oferecido como tal, os quais se decepcionam completamente com a religião e imaginam que não têm mais necessidade dela. E é por isso que a religião parece estar terminando. Porém, tão pouco é assim, que justamente em tais períodos emergem poderosos espíritos dos quais emana uma nova revelação de vida religiosa, uma revelação ainda mais elevada do que a anterior, mas enraizada nesta última. E o que vemos então acontecer? A religião, que parece estar perdendo seu domínio sobre a sociedade, concentra-se em pequenos grupos de espíritos semelhantes, que, geralmente, se reúnem em torno de algum líder distinto que surgiu em seu meio. Ou ela revive em algum profeta pela graça de Deus, inspirada acima de todos os outros, em quem todo o desenvolvimento religioso anterior culmina, mas apenas através dele para ser ainda mais desenvolvida. Parece que o elemento religioso na humanidade, justamente quando aparentemente está prestes a se extinguir, se concentra em um ponto central, a fim de irradiar de novo com um brilho que dá vida. Os chamados períodos de declínio podem, portanto, ser chamados de pináculos cintilantes na história das religiões, anos de graça e salvação, épocas clássicas, esculpidas na mente da humanidade e acarinhadas na memória de reformadores posteriores, para ousar e os inspirar para seu trabalho e combate – estações curtas, mas gloriosas, de renovação da vida, de entusiasmo jovem, de esperança alegre. (§216)

Portanto, mais uma vez é o poder da personalidade que afeta essa renovação. Mas que tipo de pessoas são afetadas por ela? Aqueles que flexibilizam as formas de religião existentes, muitas vezes de uma forma um pouco indelicada, indiscreta e com pouca compaixão pelos fracos, a fim de demostrar que essas formas não correspondem mais às exigências de um sentimento religioso mais desenvolvido. Assim como aqueles que se esforçam para inspirar com uma nova vida o sistema anterior em sua forma original, com sua doutrina primitiva e instituições clássicas, com o objetivo de resgatar a religião. São provas vivas de que a religião não fica parada, mas que está sempre se desenvolvendo, e, em certo sentido, também contribuem para seu crescimento. Mas os espíritos criativos, aqueles dos quais a nova vida emana, não têm esse preconceito. Absorveram todo o sistema antigo, não analisaram um simples esboço dela nem a rejeitaram levianamente, mas o ponderaram e o vivenciaram através dela; compreenderam tudo o que nele era permanente por meio da experiência de suas próprias almas piedosas e, em vez de destruí-lo, cumpriram-no. Shakyamuni o tinha procurado nas escolas dos brâmanes antes de se manifestar como o Buda para todos que estavam envergados pelas misérias da existência. Lutero também havia lutado em oração em sua cela, havia cumprido fielmente tudo o que a estrita regra monástica lhe havia imposto, havia visitado a Cidade Santa a fim de satisfazer os anseios de sua alma pela paz, antes de dar testemunho de sua própria experiência e de declarar publicamente que a paz deve ser buscada de outra forma. E vocês sabem quem foi que disse que veio não para destruir, mas para cumprir. (§217)

Um eminente estudioso[77] tentou recentemente provar que o desenvolvimento da religião é realizado somente pelas pessoas a quem ele chama de extáticos. Ele se refere a videntes, místicos e afins. Mas temo que estejamos aqui ultrapassando os limites de uma mística saudável, à qual não podemos negar seu devido lugar na religião, e nos desviando para uma mística mórbida e fanática. Motivados por um espírito divino, cheio de Deus, caminhando como que vendo o invisível, percebendo o Infinito nesta existência finita, assim têm sido os criadores de uma nova vida religiosa. Não fora de si mesmos como um remédio – homem ou xamã, foram eles mesmos que o criaram, conscientes de seu objetivo e plenamente conscientes de sua vocação. Embora houvesse entre eles alguns que não pudessem se elevar inteiramente acima das concepções imperfeitas de seu tempo e que, às vezes, ficavam sobrecarregados pelos pensamentos que se amontoavam sobre si mesmos, há um, pelo menos, cuja vida religiosa estava em perfeita harmonia com sua vida terrena, que falava como alguém com autoridade, mas com a calma sublime e o autocontrole de um Sábio, o Mestre de todos, porque Ele sempre foi mestre de si mesmo. (§218)

Permitam-me resumir o que afirmei até então. A religião se desenvolve por intermédio das pessoas, porque é o atributo mais pessoal do ser humano. Deve constantemente tornar-se humana para que possa continuar a ser do domínio do humano e crescer

---

77 Duhm, *Das Geheimniss in der Religion* [NA].

com o humano. Pois tais espíritos religiosos criativos imprimem o selo de sua genialidade em um longo período de desenvolvimento; renovada e focada neles, a vida religiosa irradia a partir deles ao longo das sucessivas gerações. Essa é a grande lei da continuidade do desenvolvimento religioso. (§219)

Conferência X
Fundamentos do desenvolvimento da religião

Aproximamo-nos agora do encerramento de nossas indagações acerca do desenvolvimento da religião e devemos hoje sintetizar seus resultados. Há ainda uma grande pergunta a ser respondida: em que consiste essencialmente o desenvolvimento da religião? Essa não é a mesma pergunta que fizemos no início, quanto à natureza do desenvolvimento em geral, que inclui também a religião. O desenvolvimento, como vimos, não é uma sobreposição do velho por algo novo, algo diferente, heterogêneo ou não, mas é o crescimento a partir de um germe, no qual reside tudo o que depois brota dele; por desenvolvimento da religião não pretendemos sinalizar uma vaga abstração, mas simplesmente o desenvolvimento dos seres humanos e, portanto, de toda a humanidade religiosa. Foi necessário começar com essa definição para que pudéssemos conhecer o tema preciso de nossa pesquisa. Mas a resposta acima não resolve a questão quanto aos elementos fundamentais para o desenvolvimento da religião. Só agora podemos dar a resposta real a essa pergunta, como resultado de toda a nossa pesquisa. (§220)

O problema com o qual temos estado ocupados se apresenta tão complexo e intrincado, que não entendemos ser possível oferecer uma solução muito sucinta. Tivemos de rastrear o desenvolvimento da religião não apenas em suas sucessivas fases ou estágios, mas também em suas diferentes direções, para questionar até que ponto ela está ligada ao desenvolvimento geral e para tentar descobrir algumas das leis às quais ela obedece ou pelo menos para estudar os fatos dos quais tais leis podem ser deduzidas. A questão agora é: que unidade pode ser encontrada em todos esses fatos? Qual é a lei fundamental da qual as diversas outras leis dependem? O que em sua essência é o próprio desenvolvimento religioso? Agora que estou preparado para responder a essas perguntas, estou mais do que nunca consciente do fato de que minha resposta será apenas uma tentativa bem-intencionada, mas que espero que nos leve para um pouco mais perto de nosso objetivo. (§221)

Em primeiro lugar, pretendo desobstruir o caminho, rejeitando várias respostas que outrora foram dadas, pois me parecem insatisfatórias. (§222)

Há quem afirme que o progresso da religião significa simplesmente progresso da moralidade e que o desenvolvimento da religião consiste unicamente em torná-la mais ética. Tal afirmação era de esperar daqueles que identificam a religião quase inteiramente com a moralidade e que a consideram apenas como uma forma peculiar de vida moral, uma forma superior de acordo com alguns, mas uma forma inferior de acordo com outros. Mas isso não nos satisfaz, pois não negamos a estreita conexão entre moralidade e religião, embora estejamos convencidos de que cada uma tem sua própria esfera e que, embora não estejam separadas, elas devem ser diferenciadas uma da outra. Referimo-nos ao caráter ético das religiões mais elevadas, em comparação com o caráter mais naturalista das inferiores. Admitimos esse caráter ao dar o nome de ética a uma das duas grandes categorias entre as quais dividimos as religiões de acordo com seu estágio de desenvolvimento. Mas vocês devem se lembrar que só as chamamos assim por uma questão de concisão e que as descrevemos como religiões de revelação ético-espiritualistas, das quais é óbvio que não consideramos somente o elemento ético como sua única característica. Além disso, afirmei expressamente que, embora essas religiões sejam as mais elevadas que conhecemos entre as religiões existentes, podemos bem imaginar uma forma ainda mais elevada, que, sem dúvida, apresentará características um pouco diferentes. Todas as religiões superiores que conhecemos surgiram de um ressurgimento ético, mas não devemos confundir aquilo que dá o último e mais poderoso impulso a uma reforma com a própria reforma em si. Todo progresso, não apenas na moralidade, mas no conhecimento e na ciência, na filosofia e na percepção racional, na arte e no senso de beleza, exerce necessariamente uma influência sobre a religião, como já assinalei expressamente. Mas, como a religião assimila do desenvolvimento geral o que quer que conduza ao seu próprio desenvolvimento, não é, por isso, idêntica à ética, assim como não é idêntica à filosofia ou à arte. Todas elas são manifestações do espírito humano e todas respondem a certas necessidades do intelecto ou das emoções do ser humano; mas nenhuma delas, nem mesmo a moralidade, é capaz de suprir a carência que só a religião pode satisfazer. (§223)

Ainda há mais a dizer em favor da opinião de que a essência do desenvolvimento da religião pode ser resumida na fórmula "do sensorial ao espiritual"; e veremos imediatamente que ela contém certa porção de verdade. Mas não podemos aceitar essa resposta como conclusiva. Não somos ainda espíritos puros nesta existência terrena, e o elemento sensorial nos engana tanto quanto o espiritual. É em vão a tentativa de matá-la; e, se a suprimirmos impiedosamente, ela se vingará inexoravelmente, mais cedo ou mais tarde. Mas essa não é, de forma alguma, a missão da religião: sua tarefa é antes estabelecer a devida harmonia entre natureza e espírito. Ela não pode nem é capaz de erradicar o natural, mas deve santificá-lo com o espiritual. Ao que já foi dito sobre esse assunto, não preciso acrescentar mais nada. (§224)

Por outro lado, se supostamente a religião deve se tornar um mero sentimento ou uma condição emocional, manifestando-se em ações, e durante toda a vida, a qual ela eleva e santifica – e que gradualmente devamos deixar de lado todas as formas e desistir de tentar formar uma concepção do Inefável e do Infinito ou fazer qualquer tentativa, por palavra ou ação, de nos colocarmos em relação a ela, e que devamos, portanto, deixar de lado tanto a doutrina quanto os rituais –, temo que devamos, então, ter de deixar de lado a própria religião. Sabemos muito bem que nenhuma linguagem humana é capaz de expressar perfeitamente o sobrenatural, o divino, o Infinito; e que uma concepção precisa de Deus está fora de questão, que nenhuma ideia, por mais sublime que seja, pode ser totalmente adequada para denotar o objeto de nosso louvor; e que nossa adoração, embora oferecida em espírito e em verdade, não é mais do que o balbuciar débil de crianças. Mas demandamos essas formas. E a religião também exige que elas garantam sua existência e a salvem de toda a dissolução. A alma devota requer símbolos, imagens e figuras, mesmo que expressas apenas em palavras, para encarnar sua religião. Pois, embora a religião deva habitar na alma humana como uma posse espiritual, ela deve alcançar essa alma através dos sentidos, através dos olhos e dos ouvidos. (§225)

E, portanto, quando o professor Siebeck descreve como um dos sinais do desenvolvimento religioso "quando o espiritual no não espiritual passa para o primeiro plano e torna-se independente", ele expressa certa dose de verdade pela qual lhe daremos todo o crédito; mas não podemos aceitar a antítese entre espiritual e o não espiritual em sua descrição, especialmente por estar ligada à concepção da religião na qual ele funda sua *Religionsphilosophie* – quero dizer a ideia de que sua essência consiste na renúncia do mundo (*Weltverneinung*). Todo o dualismo espiritual e não espiritual, religioso e mundano, pertence, sem dúvida, a um estágio mais elevado de desenvolvimento religioso do que a um estágio anterior e mais materialista, mas a um estágio que em todos os eventos superamos. Não podemos mais ficar satisfeitos com esse dualismo, mas nos esforçamos pela harmonia e reconciliação. A consagração mundial deve agora substituir a negação do mundo em que uma época anterior buscava sua salvação. (§226)

Ou será que o desenvolvimento da religião se manifesta sobretudo no sentido de se tornar cada vez mais o único objeto da vida e o governante supremo do mundo? Essa visão tem sido expressa algumas vezes, e tem se presumido que a religião só atingirá a maturidade plena quando obtiver a posse única e indivisível do ser humano e da vida humana. Mas isso não tem nada que ver com seu desenvolvimento. Todos os tipos de religiões em estágios muito diferentes de desenvolvimento visam a essa supremacia exclusiva; tentaram afirmar sua autoridade em cada esfera e procuraram obter jurisdição sobre todo o pensamento racional e imaginação criativa, pesquisa científica, moralidade e instituições políticas e sociais. E não é raro que tenham tido sucesso. Mas sempre em grande prejuízo da humanidade, que, assim impedida na livre expansão de seus poderes, foi miseravelmente mutilada e não ousou mais aspirar ao verdadeiro, ao bom e ao belo, mas foi obrigada a conformar-se a certas tradições religiosas e preceitos sacerdotais e, assim, foi seriamente prejudicada no cumprimento de seu destino. E, sobretudo, em detrimento da própria religião, que assim se tornou odiosa em vez de atraente, impôs um jugo às pessoas em vez de libertá-las; e, em vez de estimulá-las a um cultivo constante de todos os dons divinos delas, extinguiu o espírito delas, cortou as asas delas e paralisou as mais nobres aspirações delas. Se isso pode ser chamado de crescimento da religião, é um crescimento selvagem, que deve ser aferido no interesse da própria religião, pois de outra forma poderia se revelar fatal para ela. A religião tem sua própria tarefa na vida humana, a de consolar, reconciliar, santificar e realizar o Infinito no finito: que essa tarefa permaneça válida; que ela governe sua própria esfera, a fim de exercer uma influência abençoada sobre tudo o que é humano. A supremacia exclusiva sobre os domínios dos outros é tão prejudicial para o governante quanto para o governado. (§227)

A visão acima também não é mais aceitável quando formulada de forma diferente, como, por exemplo: "O desenvolvimento da religião consiste no aumento de seu poder de despertar as emoções religiosas". A. J. Balfour, o chanceler desta universidade, um raro exemplo de filósofo e estadista juntos, discutiu uma visão semelhante com referência à arte, em sua importantíssima obra *The Foundations of Belief* ["Os fundamentos da crença"], com notas introdutórias ao estudo da religião (Londres, 1895, p. 59ss) "Mesmo nesses períodos", diz ele, "quando o movimento da arte é mais marcante, é perigoso supor que o movimento implica progresso, se isso subentender o aumento do poder de excitar emoções estéticas". Ele ilustra então o perigo de tal suposição a partir do caso da música, cujo desenvolvimento desde os tempos antigos tem sido tão grande em sua opinião que dificilmente pode ser exagerado. No entanto, a posição e a importância da música em comparação com outras artes, até onde ele pôde descobrir, não foram visivelmente alteradas. Quatrocentos anos antes de Cristo, sua importância era tão grande quanto é hoje: era tão grande nos séculos XVI, XVII e XVIII como é no XIX. De onde ele conclui que "esse incrível desenvolvimento musical, produzido pelo gasto de tanta genialidade, pouco acrescentou à felicidade da humanidade; a menos que, de fato, aconteça que nessa arte em particular um nível constante de sensação estética só possa ser mantido através de doses crescentes de estímulo estético". Não sou nenhum juiz da música. Mas, se as premissas forem sólidas, a conclusão é bastante correta. O desenvolvimento da música não é reconhecido graças a nenhum poder maior que ela exerça sobre o presente do que sobre as gerações anteriores. Seu poder tem permanecido o mesmo; mas, para manter esse poder, tem sido obrigada a acompanhar o desenvolvimento geral da humanidade. (§228)

Em todos os casos, isso se aplica à religião, que mudou a mente humana e despertou suas emoções religiosas tão poderosamente há vinte ou trinta séculos como o faz nos dias de hoje. Houve períodos na história em que ela possuía uma influência muito maior do que, em sua forma predominante, ela exerce, pelo menos agora, sobre o coração da grande maioria da humanidade civilizada. Nenhuma alma devota de hoje em dia pode desejar mais fervorosamente a comunhão com Deus do que o salmista judeu, que tinha sede do Deus vivo como o cervo que avança para as correntes de água. Guilherme I da Prússia, quando colocou a coroa imperial sobre sua própria cabeça, a fim de indicar que a recebeu da mão de Deus, não podia sentir mais profundamente sua dependência de Deus do que o grande Nabucodonosor quando testemunhou que devia tudo – sua soberania, suas conquistas e toda a sua vida – a Marduc, o grande Senhor da

Babilônia. Nenhum peregrino da Idade Média pôde entrar no Santo Sepulcro com mais emoção do que a vivida pelo peregrino chinês Fa-Hien[78] quando, quatro séculos depois de Cristo, visitou a rocha de Rajgir,[79] onde seu Mestre, o Buda, um dia pregara, e com lágrimas de afeto a adornou com flores e candeias e a perfumou com incenso.[80] Em suma, os sinais e o essencial do desenvolvimento da religião não devem ser buscados no aumento ou extensão de seu domínio sobre os corações dos seres humanos. Para que o padrão de sua influência não diminua, para continuar sendo capaz de satisfazer exigências mais elevadas e desejos mais complexos, ela deve se desenvolver proporcionalmente com o progresso geral. Essa é uma lei que já consideramos. Mas ela não dá uma resposta à pergunta que temos diante de nós: em que consiste essencialmente o desenvolvimento da religião? (§229)

Portanto, é hora de passar dessas discussões críticas para uma resposta mais positiva. (§230)

Se traçarmos cuidadosamente o curso do desenvolvimento religioso, observaremos de imediato um movimento contínuo de uniformidade para uma diversidade cada vez maior. Sem dúvida, as religiões inferiores ou menos desenvolvidas, as naturistas, até onde ainda existam, e as animistas são inúmeras, incontáveis como as famílias e tribos que ainda vivem lado a lado sem terem

---

78 *Fa-Hien* (337-c. 422), também conhecido como Faxian, Fa-hsien e Sehi, foi um monge budista chinês e tradutor que viajou a pé da China até a Índia para adquirir textos budistas [NT].

79 *Rajgir*, que em sânscrito significa "casa do rei", era a antiga capital dos reis de Mágada até o século V a.C., quando Ajatasatru mudou a capital para Pataliputra. Nessa época, era chamada de Rajgrih (Rajagria), que se traduz como "o lar da realeza" [NT].

80 *Foe Koue Ki*, xxix [NA].

sido unidas em uma única grande nação. Incontáveis também, naquela fase, são as divindades ou espíritos de diferentes nomes; e até mesmo aquele venerado como o mais exaltado ou, pelo menos, como o mais poderoso e mais temido dos espíritos celestiais é conhecido em cada tribo por um nome diferente. Mesmo onde ainda detectamos vestígios de uma unidade anterior, como entre os indígenas norte-americanos e os polinésios, nesse caso o nome do Espírito Supremo é apenas dialético, enquanto vários de seus satélites retêm os mesmos nomes; no entanto, cada grupo, após a dispersão da nação outrora unida, adota uma religião própria e a distingue cuidadosamente das demais. Podemos, portanto, supor que a maior diversidade prevaleceria aqui, para ser sucedida por um maior consenso em um nível posterior e superior. No entanto, não é esse o caso. Embora exista uma diversidade infinita de nomes e de detalhes, existe realmente uma grande uniformidade. Todos esses deuses e espíritos, por mais diferentes que sejam seus nomes, todos esses rituais, que as pessoas não estão dispostas a trocar pelos de seus vizinhos, assemelham-se uns aos outros. As religiões influenciadas pelo animismo nos cansam com sua monotonia sem esperança. Onde quer que encontremos o animismo, as mesmas características se repetem, tanto no que diz respeito à sua fundação quanto no que se refere às suas manifestações. Em todos os lugares, encontramos o mesmo tema, ligeiramente variado, mas infinitamente repetido. Os mesmos costumes, totalmente disparatados e sem sentido que parecem aos civilizados, mas deduzidos logicamente das premissas animistas, que são encontradas entre as nações amplamente diversificadas, que não podem supostamente tê-las derivado por tradição ou adoção de um lar ancestral comum; elas são encontradas nas ilhas da Polinésia e Melanésia, assim como entre os hotentotes da África do Sul, e também como uma sobrevivência entre os iranianos zoroastrianos, e até mesmo em Roma, onde o Flâmine Dial,[81] o sacerdote de Júpiter Ótimo Máximo Capitolino, atuou com a máxima gravidade. (§231)

O número de religiões diminui ainda mais quando estados maiores são formados, unindo um grupo de tribos em uma única nação, e quando as religiões dessas tribos também são fundidas em uma única religião nacional ou estatal. No entanto, a diversidade ainda aumenta. Vimos como a ariana e a semita, ou, como preferimos chamá-las, as religiões teantrópicas e teocráticas, diferiram uma da outra. Essa característica familiar está necessariamente enraizada na diferença de caráter entre os povos arianos e semíticos primitivos. Mas os dois povos gradualmente se dispersam, à medida que uma seção após outra abandona seu lar original. Novas nações são formadas e, com essas nações, novas religiões, e, enquanto todas essas religiões, como dissemos, conservam mais ou menos seu caráter familiar, cada uma novamente se desenvolve de forma independente, de modo que mesmo os povos mais próximos, como os indianos e persas, os gregos e romanos, embora conservando os nomes de muitos dos deuses e muitos costumes inalterados, modificaram consideravelmente sua religião em suas características particulares. E, à medida que a civilização avança, as diferenças aumentam muito. As religiões naturais, nem mesmo excluindo as semiéticas, assemelham-se muito mais na doutrina

---

81 O *Flâmine Dial* (em latim: *Flamen Dialis*), na Roma Antiga, era o alto sacerdote de Júpiter, um importante cargo religioso. Quando o cargo estava vago, três pessoas descendentes de patrícios casadas de acordo com a cerimônia do *Confarreatio* (matrimônio tradicional romano) eram nomeadas pelas assembleias do povo. Um dos três era eleito (*captus*) e consagrado (*inaugurabatur*) pelo pontífice máximo. A versão feminina do cargo era conhecida como "Flamínica Dial" [NT].

ou na mitologia e na prática sacrificial do que as éticas. Há, por exemplo, mais diferenças entre algumas das Igrejas e seitas cristãs, embora todas elas apelem para a mesma Bíblia, do que entre a mitologia de Homero e a dos Vedas. Quanto maior for o desenvolvimento, podemos até dizer, maior será a diversidade. Tomemos, por exemplo, as três religiões mundiais, como as chamaremos por uma questão de concisão – o Islã, ainda meio individualista, o Budismo e o Cristianismo. Todos elas procuraram reunir toda a humanidade em uma grande unidade, mas todos se dividiram em vários grupos diferentes e tendências divergentes, e as duas últimas foram denominadas como Igrejas distintas; enquanto o Cristianismo, sem dúvida o mais desenvolvido das três – que começou proclamando que "um é nosso Pai no céu, e todos somos irmãos" – é o mais dividido de todas, tendo sido logo dividido em duas grandes Igrejas rivais, uma das quais, a mais desenvolvida das duas, está novamente subdividida em numerosas Igrejas e seitas diferentes. Portanto, parece que, onde a religião mostra a maior vitalidade, o número e a diversidade de suas formas e manifestações também serão maiores, que novas variedades surgirão constantemente e que o curso do desenvolvimento é da unidade à pluralidade, sendo sua essência a diferenciação. (§232)

Esse é, sem sombra de dúvida, o caso. Mas é apenas um lado da verdade, uma parte apenas do curso percorrido pelo desenvolvimento. Examinemos o outro lado. (§233)

Pois há outro fenômeno a ser observado com tanto cuidado nesse contexto quanto a constante ascensão de novas variedades ou o progresso por diferenciação. Não menos importante, e em paralelo com esse movimento, podemos detectar outra corrida ao longo de toda a história da religião: um constante esforço depois da unificação. Não quero com isso me referir à fusão de religiões de diferentes tribos e regiões em uma religião oficial do Estado, como, por exemplo, vimos acontecer na Babilônia e no Egito. Pois não se trata de uma ocorrência puramente religiosa. É o resultado natural de uma alteração das condições políticas. Não decorre das exigências do fiel ou da reflexão religiosa, mas somente dos interesses do Estado que exigem tal união, embora isso não deixe de exercer uma grande influência sobre o desenvolvimento da religião. Foi também o Estado que induziu o grande Ciro a se proclamar na Babilônia como tendo sido convocado pelo principal deus babilônico para emancipar a nação oprimida e como um de seus mais fiéis adoradores; e foi o Estado que induziu Dario Histaspes a compensar a falha de Cambises no Egito apresentando aos sacerdotes de Mênfis um novo touro Ápis e erguendo um templo para Amon-Rá de Tebas no oásis de El-Khargeh, embora talvez esses monarcas possam ter visto alguma semelhança entre esses deuses e seu próprio Ahura Mazda. Mas não era apenas o interesse político que costumava reunir em certas épocas algumas tribos de indígenas norte-americanos, frequentemente inimigas mortais, para a celebração de ritos comuns com a fumaça do cachimbo da paz nas pedreiras de Red Pipestone; nem foi a política que fez com que os gregos, apesar de suas muitas diferenças, se reunissem em centros religiosos como Olímpia e Delfos, para, como um povo unido, adorar o Pai dos deuses e dos humanos, no primeiro, e seu amado filho, o revelador da vontade divina, no segundo. Tampouco, pelo menos em sua origem, podemos detectar um motivo político naquelas religiões que admitem outras nacionalidades que não a sua própria comunhão, nem naquelas que seguem o princípio de prometer a todos os seres humanos a salvação que pregam e, portanto, de abraçar toda a humanidade em uma única grande unidade religiosa. (§234)

Para demonstrar a universalidade desta proposta, eu deveria obrigatoriamente repassar toda a história da religião. Mas, como os fatos que eu teria de citar são conhecidos de todos, alguns esboços podem ser suficientes. Em cada etapa, surgem divisões; e em cada uma delas as pessoas se arrependem e procuram se reconciliar. Mas, em regra, elas são em parte provocadas por motivações humanas. As ambições, os interesses pessoais, o orgulho espiritual, a obstinação e os preconceitos pessoais desempenham seu papel, mas eles não são, de forma alguma, os únicos motivos. Sempre podemos detectar, sob a superfície, diferenças de disposição e de pontos de vista. Mas não são todas as divisões, nem todas as divergências, que se tornam necessárias pela impossibilidade de satisfazer os próprios requisitos religiosos em comum com pessoas de visões e desenvolvimento muito diferentes, que constituem a diversidade. O observador filosófico se regozija com o surgimento dessas diferenças como sendo novas manifestações da vida religiosa multifacetada. Por essa riqueza de formas variadas, a religião prova sua vitalidade. Mas as pessoas de devoção sincera lamentam essas divisões. Grócio,[82] foi vítima das ferozes dissensões religiosas de sua época, perseguido e exilado, compôs uma oração na qual implorou misericordiosamente a Deus para curar os cismas da Cristandade distraída e, em meio ao calor da luta, sonhou carinhosamente com uma união de calvinistas, luteranos, demais protestantes e outras seitas em uma única Igreja.

---

82 Hugo Grotius, Hugo de Groot, Huig de Groot ou Hugo *Grócio* (1583-1645) foi um jurista a serviço da República dos Países Baixos. É considerado o fundador, junto com Francisco de Vitória e Alberico Gentili, do Direito Internacional, baseando-se no Direito Natural. Foi também filósofo, dramaturgo, poeta e um grande nome da apologética cristã [NT].

Ele foi tão enfático a favor dessa união que até tentou justificar seu retorno aos limites da Igreja Romana. A Igreja Romana não conhece nenhum princípio superior. A unidade lhe é mais cara do que a verdade ou a humanidade. Ela a vindicou à custa de rios de sangue, e, onde uma ruptura era inevitável, fez de tudo para recuperar o terreno perdido. Mas será que ela o fez apenas para manter e ampliar sua autoridade? Certamente que não. Seríamos preconceituosos e injustos se não percebêssemos que a convicção também subjaz a seus esforços e que o objetivo de toda religião deveria ser unir todos os seres humanos como devotos do mesmo Deus e filhos de um único Pai. Podemos admitir isso, embora nos recusemos a acreditar que ela ainda tenha encontrado o verdadeiro princípio de tal união, uma união que não pode repousar sobre a autoridade externa, e embora nos recusemos a entregar nossa herança espiritual mais querida em favor de suas noções de unidade. Em outras direções, também, vozes se levantam agora em favor do reconciliador; velhas diferenças. Pessoas práticas balançam a cabeça para isso. Anseios sinceros, declaram elas, mas que nunca serão realizados, porque sua realização é inconcebível. E, sob o seu ponto de vista, elas estão certas. Admitamos que Grócio tenha entendido mal seu próprio tempo e que a Igreja Romana tenha entendido mal o presente. Mas terá sido um mero sonho ou uma ilusão carinhosa, ou uma bela profecia, de que haverá um só rebanho sob um só Pastor? Em todo caso, esse é um anseio profundamente instalado no coração religioso. Não só cansado de brigas, mas convencido de que, apesar de todas as diversidades, que até aumentam com o avanço do desenvolvimento, o cisma não deve ser o estado normal das coisas na religião, pois as pessoas buscam sinceramente uma base comum, ideias e formas em que possam estar em uma só, e sempre que possível se reúnem. Mesmo aqueles que se consideram obrigados a excluir os outros de sua comunhão, porque, discordando do que consideram verdade divina, procuram manter a unidade à sua própria maneira, mas não à custa da verdade. Outros, avessos à compulsão por autoridade externa em assuntos de fé e consciência, tentam fazer algum tipo de compromisso. Eles se propõem a assegurar a unidade, desconsiderando pontos menores de divergências e apenas insistindo no acordo sobre os pontos principais nos quais eles pensam que todos podem estar unidos. A experiência, entretanto, tem mostrado que tal compromisso só é viável em pequena escala e como uma medida temporária. Outros procuram, portanto, outros métodos de conciliar diferenças, seja formando uma liga de comunidades religiosas unidas por alguns princípios gerais, mas independentes, seja concedendo liberdade perfeita e irrestrita a todos, sem insistir em nenhuma união além da do espírito e do amor, que é, sem dúvida, a verdadeira e única união duradoura. Não precisamos criticar esses diferentes métodos aqui. Apenas os mencionamos para mostrar que as pessoas têm trabalhado para promover a unidade e a reconciliação de todas as maneiras possíveis. (§235)

O curso do desenvolvimento religioso parece ser, portanto, o seguinte. A partir de uma multiplicidade de formas, originalmente um pouco variada e caótica, porém monótona, vários grupos mais desenvolvidos gradualmente se distanciam, formados pela confluência de uma série de modos de culto até então distintos. Essa é a gênese de certa unificação, e o início de uma diferenciação ao mesmo tempo, porque novas e mais pronunciadas variantes surgem constantemente. E, assim, o processo continua: união e divisão, a formação de grandes uniões que novamente se dividem em novas variantes, até que novas combinações sejam novamente efetivadas. Mas a tendência geral do desenvolvimento religioso indica um particularismo cada vez menor, um universalismo cada vez maior e uma aspiração, consciente ou não, à verdadeira catolicidade. (§236)

Observamos a mesma tendência ao falar dos diferentes fluxos de desenvolvimento que inicialmente seguem em direções diametralmente opostas, mas que acabam por se unir. E um processo semelhante ocorre ao longo do desenvolvimento da doutrina e do ritual. (§237)

Tomemos a concepção de um Deus, por exemplo. A mais antiga não era politeísta, muito menos monoteísta, ou até mesmo o que foi chamado de henoteísta, mas consistia em uma noção vaga, indefinida e reluzente de um mundo sobrenatural ou espiritual, ao qual todos os espíritos, milhares e milhares deles, pertenciam. Assim que determinadas ideias de Deus foram desenvolvidas a partir desse princípio, encontramos, nesse caso também, uma maior uniformidade aliada a uma multiplicidade sem limites. O politeísmo no sentido próprio surge – e isso, por si só, foi um grande avanço – assim que as características dos diferentes deuses se tornaram mais pronunciadas e que seus nomes, inicialmente ou nomes de objetos ou nomes de fenômenos ou poderes da natureza, foram solidamente estabelecidos como nomes próprios, cujo significado original, muitas vezes, foi esquecido. Mas depois vem a reflexão e, com ela, um desejo de reduzir essa multiplicidade. Isso ocorre de duas maneiras: as pessoas ou procuram a unidade naqueles atributos que seus deuses possuem em comum ou esforçam-se para elevar um deus definitivo a um posto muito acima de todos os outros e depois o colocam no lugar deles como o único deus verdadeiro. A religião védica, até onde sabemos, foi provavelmente a primeira a emancipar-se, em certa medida, do politeísmo. A concepção de um único deus é aplicada nos Vedas, por sua vez, a cada uma das principais divindades; e as passagens que afirmam distintamente que, quando muitos nomes de deuses são mencionados, um e o mesmo deus é realmente designado, e há muitas informações disponíveis sobre isso para exigir maiores citações. A mesma ideia está contida no latim *numina sunt nomina*, "muitos deuses são apenas muitos nomes". Os gregos mostram a mesma intuição ao chamar todos os deuses principais das nações estrangeiras de Zeus, depois de seu próprio deus principal, sejam quais forem seus nomes nas línguas dessas nações; enquanto eles identificam deidades estrangeiras menores com seu próprio nome Apolo, Afrodite, Artêmis, Esculápio e, acima de tudo, Héracles. Mesmo os babilônios sabiam que os nomes dos deuses de seus vizinhos diferiam entre si, mas que se tratava, na verdade, dos mesmos deuses, como foi provado pelas listas dos nomes que alguns dos deuses babilônios carregavam entre outras nações. Mas um rumo diferente tem sido dado algumas vezes, e, muitas vezes, pelo mesmo povo. Príncipes na Assíria e no Egito tentaram fazer com que o deus especial de sua escolha fosse adorado como o único deus verdadeiro; Antíoco Epifânio tentou impor seu Zeus, um composto entre o Olimpo e o Capitólio, aos judeus; enquanto os próprios judeus, que haviam avançado da monolatria para o monoteísmo, agora pronunciavam todos os deuses cuja existência e poder até então haviam admitido, embora tivessem se recusado a adorá-los, a serem ídolos e deuses vaidosos, e proclamavam seu próprio deus nacional a todos como a única divindade verdadeira. A história posterior da religião testemunha as constantes conquistas do monoteísmo. O politeísmo procurou constantemente recuperar o terreno perdido e lutou com a obstinação do desespero. Os antigos deuses da Irânia reaparecem como servos e satélites de Ahura Mazda e professam a doutrina zoroastriana. Ou tais deuses assumem a forma de santos budistas, muçulmanos ou cristãos. Mas eles não são mais deuses. O politeísmo propriamente dito agora sobrevive apenas entre algumas nações não civilizadas e entre as classes mais inferiores de algumas das mais civilizadas. Teve seu tempo. Pertence a uma etapa já passada. A vitória e a influência futura estão garantidas ao monoteísmo. (§238)

Nossas limitações nos impedem de ilustrar as explicações acima com outros exemplos derivados da doutrina religiosa ou de mostrar em detalhes como o desejo de unidade também se manifesta no desenvolvimento do ritual, em um processo igualmente atendido com diferenciação constante. A princípio, simples, rudes, pouco sofisticadas e sem regras fixas, as formas de culto passam gradualmente a ser estritamente regulamentadas, mais complexas e mais incompreensíveis, de modo que se torna quase impossível abordar a divindade sem a ajuda de especialistas. Brâmanes, rabinos, sacerdotes e teólogos de todas as classes fazem distinções sutis até então impensáveis e exigem sacrifícios cada vez maiores e mais custosos, e o cumprimento cada vez mais exato das mais triviais normas. Mas a oposição é inevitável. O exagero que faz degenerar os rituais em trivialidades sem sentido chama à existência um exagero contrário. Na Índia, por exemplo, o Purva-Mimansa, com seu elaborado *karman* ou serviço sacrificial, tem a oposição do Uttara-Mimamsa, que rejeita o *karman* por completo e busca a salvação somente na contemplação. E, nos casos em que tais extremos foram evitados, podemos invariavelmente detectar a tendência à simplificação e à união. Na Índia e na Pérsia, o sacrifício do Soma e do Haoma tornam-se não apenas mais importantes, mas quase únicos. Em Israel, embora não sem uma luta veemente, todo o culto se concentra em Jerusalém, a fim de pôr um fim a todas as diferenças locais. E, quanto mais a religião se desenvolver, mais exclusivamente o ritual será dirigido ao que une os devotos, e menos importância será dada às diferenças menores, que, de fato, surgiram, muitas vezes, de forma acidental e não de propósito definido. (§239)

Finalmente, não apenas nos credos e nos regulamentos de culto, mas no que posso chamar de doutrina da vida religiosa e, consequentemente, na própria vida religiosa, há uma tendência à simplificação, um desejo de reduzir a multiplicidade para a unicidade da qual ela é apenas a revelação. E o processo é semelhante. (1) O caos das obrigações que os fiéis devem cumprir rigidamente e das proibições que devem obedecer escrupulosamente, todas originadas nas antigas visões naturista-animistas da vida, embora poucos se lembrem de sua origem e de seu significado, é reduzido por várias ordens de sacerdotes ou profetas de religiões naturais superiores a um sistema, tornando-se esse sistema uma tradição estabelecida, que é transmitida à posteridade. (2) Após o surgimento das religiões éticas, essa tradição torna-se lei escrita e, portanto, assume uma forma precisa e estereotipada; mas as leis, embora dispostas até certo ponto, ainda carecem de coesão orgânica, sendo que as puramente éticas e as cerimônias se misturam e são destituídas de qualquer raiz dominante. (3) Nas religiões éticas superiores, embora a lei não seja revogada, e, às vezes, até mesmo estendida, as doutrinas consideradas essenciais são gradualmente resumidas em vários preceitos principais, até que, quando atingimos o estágio mais alto de desenvolvimento religioso que conhecemos, o grande princípio do Amor, expresso em dois mandamentos dos quais dependem toda a lei e os profetas, é revelado como a fonte perene da verdadeira vida religiosa. (§240)

Deixe-me agora resumir o que eu disse a respeito desses dois fenômenos importantes. De um lado, observamos a marcha do desenvolvimento, que é acompanhada por variantes cada vez mais numerosas, cada vez mais ricas em formas, destinadas, de fato, a substituir as antigas, mas apenas com uma parte dos fiéis, enquanto as formas mais antigas conservam seu lugar, pelo menos por algum tempo, ao lado das novas. E, do outro lado, observamos uma simplificação constante. O credo e a doutrina da vida religiosa são reduzidos a um sistema fixo, a alguns pontos cardeais e, finalmente, a um único princípio fundamental. Há um esforço contínuo de penetrar da multiplicidade para a unidade, e da mudança e da transição para o permanente, dando também expressão a essa aspiração. (§241)

Mas isso está longe de pressupor que o desenvolvimento religioso consiste na cooperação dessas duas tendências; pois ambas pertencem devidamente ao seu lado formal. Ambas formam uma manifestação direta e uma prova distinta do progresso constante desse desenvolvimento, o que é uma prova de que o desenvolvimento religioso é uma realidade. As duas representam o que chamei de trabalho do espírito humano para encontrar a expressão adequada para as crescentes necessidades religiosas. Estas não são fundamentais, mas podem indicar onde ela está situada, mas são a base para o que é necessário. Elas nos colocam no caminho de encontrá-la. (§242)

Antes de mais nada, gostaria de chamar a atenção de vocês para outro ponto. O processo duplo que notamos no desenvolvimento religioso – a diferenciação constante e crescente, aliada aos esforços de reconciliação e unidade – não é observável apenas nessa esfera. A esfera mais ampla do desenvolvimento geral da mente humana não é menos notória. Também nesse caso, a princípio, tudo se mistura de forma caótica. Entre os povos incivilizados e bárbaros, os rudimentos da vida intelectual, estética e ética, da vida social e religiosa, que estão presentes em embrião, ainda são praticamente inexistentes. Esse estado de coisas prevalece, no início da história, entre os primeiros representantes da civilização, tais como os egípcios. Não se pode afirmar que tudo durante essa época ainda esteja sob o controle da religião, pois pode-se dizer que a religião, a ciência, a arte e a vida moral e social são superintendidas e regulamentadas pelo Estado. A vida política, social e religiosa ainda é uma só e indivisível. Uma mesma classe desempenha funções civis e eclesiásticas, assumindo, assim, a liderança na sociedade, que inclui todas as pessoas de letras e ciência, todos os adeptos da filosofia e da arte. Ao longo do tempo, quando o indivíduo começa a se afirmar, a religião, o Estado, a Arte, a investigação científica, a filosofia e a moralidade, em sucessão, entram em conflito com a tradição que os uniu indiscriminadamente e esforçam-se para livrar-se do jugo dela. Seria um estudo muito interessante traçar as diferentes fases dessa batalha, às vezes travada com grande veemência, e sempre com destinos variáveis. Não podemos agora examiná-la em detalhes, mesmo quando pertinente ao nosso objetivo atual. Mas o resultado disso é que cada um, por sua vez, mais cedo ou mais tarde, conquista um domínio próprio e, nesse domínio, atinge uma independência cada vez maior. E assim também a religião se torna mais substantiva e independente, mas não no sentido de ser indiferente à influência do avanço da civilização e do desenvolvimento da arte, ciência, moralidade e sociedade. Já vimos que o contrário acontece. Há sempre certa interdependência entre todos os departamentos da vida humana, assim como o destino e o bem-estar de um povo autogovernado, ou de um Estado soberano, que não pode ficar indiferente às nações vizinhas. Mas a religião é independente nesse sentido, já que não é controlada pelas outras funções da mente humana ou pelas outras fases da vida humana, e não é prejudicada por limites prejudiciais ao seu crescimento, mas apropria-se deles e os assimila, seja o que for que conduza ao seu desenvolvimento. (§243)

Para nosso propósito, é principalmente importante observar que, ao longo da história, a religião se torna cada vez mais independente. Ela se emancipa gradualmente da supremacia do Estado e começa, por uma reação natural, a se esforçar para ganhar controle sobre ele. Pelo menos ela continua por muito tempo a apoiar-se nele e a invocar a ajuda de seu poder físico e de sua autoridade legal, temendo que, se deixada entregue a si mesma, ela não consiga manter sua posição e seu domínio sobre os corações dos fiéis. Finalmente, no entanto, ela se sente forte o suficiente para dispensar essa força externa, pela qual, via de regra, ela pagou caro. Observe, porém, que estou falando da religião em geral, não de uma religião ou Igreja em particular, e que deixo a questão da Igreja estatal ou da Igreja livre de lado. A relação da religião com a ciência e a filosofia, a arte e a moralidade, é um pouco semelhante. Se ela inicialmente coloca a filosofia a seu serviço, a fim de ajudá-la a fundamentar sua doutrina, ou a arte, a fim de despertar emoções religiosas por suas criações, ou a moralidade, a fim de demonstrar sua utilidade em reivindicar a lei e a ordem na sociedade e no Estado, já nas mentes religiosas mais desenvolvidas ganha gradualmente terreno a convicção de que a esfera da religião é única e de que os argumentos científicos ou filosóficos têm nela tão pouca influência como a arte é desnecessária aqui para despertar emoções religiosas, mas que esse objetivo pode, muitas vezes, ser realizado pelos meios mais simples e até mesmo pelo poder de uma única palavra entusiástica; e, por último, que a religião não deriva seu valor apenas dos frutos morais que ela produz, e que ela ocupa uma posição elevada demais para atuar como parte de um mero censor na sociedade ou de um mero agente de polícia no Estado. Assim, ela cresce em independência, exige e exerce soberania dentro de seu próprio domínio, ao mesmo tempo em que concede total liberdade a todas as outras províncias. E, para seu direito de existir e para a autenticidade de sua doutrina, ela não necessita de nenhuma outra justificativa além do fato de que ela satisfaz um desejo insaciável da alma humana e de que ela a preenche com uma paz que nem a ciência, nem a arte, nem a moralidade podem conceder. (§244)

Mas essa independência sempre crescente não impede que a lei de unidade da mente, que já mencionamos, entre em vigor; e, portanto, são feitos esforços constantes para conciliar a religião com os interesses da ciência, da arte, da filosofia, da moralidade, da sociedade e do Estado. Mas a autoconfiança e a independência não excluem a necessidade de curar a desunião na qual os seres humanos não podem viver permanentemente. Pelo contrário, é justamente quando cada ramo da atividade humana limita-se à esfera que lhe é atribuída por natureza, quando cada um trabalha de acordo com seu próprio método e desenvolve-se em conformidade com seus princípios, sem tentar estabelecer a lei para seus vizinhos, que desaparece a maioria das causas de discórdia. É tarefa da filosofia geral, ao reconhecer e determinar o departamento especial de cada um, realizar aquela unidade do espírito humano que os unirá em um todo harmonioso. (§245)

O complexo fenômeno que estamos estudando, portanto, resolve-se assim. Ele consiste na diferenciação ou no desapego contínuo da unidade caótica original, manifestando-se na formação de uma riqueza cada vez maior e de uma individualidade de variedades cada vez mais pronunciada, e em uma independência cada vez maior das outras operações da mente humana;

Elementos da Ciência da Religião

e isso é acompanhado de um esforço sério para o interior – ou seja, a unidade essencial – do que agora está externamente separado. Acredito que essa solução lança uma nova luz sobre o processo de desenvolvimento, incluindo o da religião, e nos permite compreendê-la melhor. E ela nos faz avançar um passo adiante. Também nos permite tentar uma resposta para a grande questão que ainda resta, quanto ao que é essencial para o desenvolvimento. (§246)

Pois o duplo fenômeno, a peculiar marcha do desenvolvimento, só pode, como me parece, ser explicado pelo fato de que o ser humano se torna cada vez mais claramente consciente do que ele é e do que requer como ser religioso, e da natureza e das exigências da religião dentro dele. Não nego que isso possa ser verdade em outros domínios que não o da religião. Confesso não ter descoberto aqui o princípio específico do desenvolvimento religioso. Pelo contrário, estou convencido de que todo desenvolvimento espiritual é, no fundo, simplesmente um progresso na autoconsciência. Mas isso está além de nossa jurisdição para ser examinado aqui. Nós nos limitaremos à nossa tarefa específica. E, quando perguntamos por que o ser religioso não pode descansar satisfeito com as formas de religião existentes, mas sempre se esforça para criar novas formas; por que ele tenta tornar sua religião cada vez mais contida e independente de toda a autoridade externa que por tanto tempo a controlou, e assim purgá-la de todos os elementos que falsamente afirmam ser religiosos; por que sempre faz o máximo para curar a desunião; por que ele se esforça, enquanto mantém a independência de sua vida religiosa, para reconciliá-la com as outras exigências de seu coração e mente, acredito que essa única resposta se aplica a todas essas perguntas: porque ele cresce em autoconsciência religiosa. (§247)

Aqui, portanto, consiste a essência do desenvolvimento religioso. Pois isso explica o fato de que aqueles que requerem uma forma nova e mais rica para sua vida religiosa também podem apreciar o que é semelhante e genuinamente religioso em formas com as quais eles mesmos não podem mais estar satisfeitos. Isso também explica o fato de que à medida que a vida religiosa deles torna-se mais pura, mais autossuficiente e, portanto, mais vigorosa interiormente, os seres humanos deixam de temer e não têm ocasião de ter medo, o que é por muitos considerado com desconfiança como ciência, arte e moralidade mundanas, e é até mesmo estigmatizado por alguns como ímpio. A religião deles está muito firmemente enraizada para ser ferida por tais influências, tão firmemente que se beneficia delas e adota tudo o que possa promover seu próprio crescimento. Também não há o menor medo de que essa penetração mais profunda na essência da religião acabe levando a um desprezo por todas as formas. Pois a chamada religião puramente espiritual, sobre a qual alguns têm se debruçado, só será possível quando a religião, em sentido próprio, tiver desaparecido e se resolvido em uma contemplação filosófica fanática. Onde quer que haja uma religião verdadeira, ela é obrigada a encontrar sua expressão. Mas podemos esperar que a humanidade aprenda de forma ampla a não atribuir maior valor às formas mutáveis e transitórias do que elas realmente possuem, sendo essas expressões necessárias, mas sempre imperfeitas e inadequadas no Infinito dentro de nós, e que, em todos os casos, aprenda a subordiná-las ao que é permanente e imutável. Podemos esperar que, com o avanço do desenvolvimento, a reforma, embora nem sempre cordialmente acolhida, deixe de dar origem a amarguras apaixonadas e lutas sangrentas, e que seja antes reconhecida como um resultado inevitável da evolução religiosa: que a humanidade tenha em mente as palavras de sabedoria, que afirma que o vinho novo derramado em garrafas velhas as faz estourarem e perderem-se, mas, sim, que o vinho novo deve ser derramado em garrafas novas para que ambos possam ser preservados. (§248)

Isso conclui meu primeiro ciclo de conferências, que trata da parte morfológica do meu tema. Espero que a vida e a saúde me permitam ministrar o segundo ciclo no próximo ano, tratando de seus aspectos ontológicos. Seguindo o mesmo método que temos aplicado até agora, o da dedução de dados cuidadosamente observados, tentaremos então formar uma ideia, não apenas do desenvolvimento, mas dos elementos essenciais e permanentes na religião, e assim ascender à sua verdadeira e última fonte. (§249)

Índice remissivo

A

Acquoy, 204
Aesculanus, 190
Afrodite, 113, 198, 223, 269
Agamenon, 170
Ahura Mazda, 62, 64, 125, 157, 161, 183, 196, 212, 222, 264, 269
aimarás, 220
Aitareya-Brâhmana, 170
Aius Locutius, 190
Ajigarta, 171
Alá, 124, 160
Alemanha, 34, 137
Alfödhr, 157
Allat, 161
Alvader, 157
Amon-Rá, 99, 120, 264
Anaxágoras, 211
Angra Mainyu, 62, 161, 183
animismo, 80, 82, 83, 84, 88, 91, 92, 97, 103, 106, 140, 190, 261
animista(s), 72, 80, 92, 93, 102, 104, 106, 123, 260, 271
antropismo, 165
Apolo, 100, 121, 163, 188, 198, 223, 269
apóstolo, 241
apóstolos, 58, 153, 238

Aquemênida, 61, 231
árabe(s), 28, 128, 160, 241
Arábia, 140, 220
Aramati, 62
Arcádia, 72
Argentinus, 98, 190
ariano(s), 69, 99, 117, 128, 130, 141, 149, 152, 154, 156, 164, 165, 172, 183, 191, 222, 262
Aristóteles, 149
Artêmis, 55, 104, 170, 223, 269
arte(s), 27, 46, 47, 56, 87, 98, 117, 119, 121, 124, 139, 142, 145, 149, 174, 186, 188, 189, 191, 208, 209, 213, 217, 225, 231, 246, 247, 255, 258, 273, 274, 275, 277
Asha Vahishta, 63
Ásia, 61, 104, 106, 107, 130, 171, 178, 190, 197, 223, 247
Assur, 99, 120, 172
Assurbanípal, 120
Astarte(s), 104, 222, 223
astecas, 220
Athanase Coquerel, 216
australianos, 28
Avesta, 61, 64, 71, 126, 134, 141, 157

B

Baal, 52, 107, 211

Babilônia, 99, 106, 108, 120, 139, 158, 164, 181, 222, 247, 260, 264

Báctria, 61

Baldur, 179

bárbaro(s), 28, 72, 105, 106, 109, 110, 125, 216, 231, 272

bauddhas, 183

bhikkhus, 211

Brahma, 99, 166

bramânico(a), 99, 124, 128, 166, 178

Bramanismo, 124, 141, 165, 185

Buckle, 233

Buda, 127, 129, 130, 132, 163, 166, 174, 250, 260

Budismo, 60, 77, 124, 126, 127, 128, 129, 130, 141, 144, 165, 178, 185, 198, 263

C

Caird, 33, 73

calvinista(s), 26, 265

Calvino, 42, 52, 245, 248

Cambises, 107, 264

Camos, 171

Capitolino, 72, 99, 222, 262

Carlyle, 241

China, 61, 124, 260

chinês(chineses), 84, 106, 124, 134, 191, 211, 220, 231, 260

Ciro, 61, 163, 231, 264

cismáticos, 28

Cobet, 26

Confucionismo, 124, 141, 191

Corão, 124

cosmogônico, 98

crença(s) religiosa(s), 23, 27

cristão(ãos), 26, 66, 126, 128, 141, 146, 164, 192, 198, 200, 216, 270

Cristianismo, 54, 60, 69, 74, 77, 103, 124, 126, 127, 128, 129, 141, 146, 181, 191, 192, 197, 198, 200, 204, 236, 248, 263

Cristo, 42, 128, 201, 239, 259, 260

Croal, 34

curandeiro(s), 84, 94

D

Dario, 107, 222, 264

Dario Histaspes, 264

Darwin, 149

Delfos, 264

demônio(s), 59, 76, 82, 98, 114, 135, 180, 197

desenvolvimento, 13, 25, 27, 31, 33, 45, 46, 47, 49, 51, 53, 54, 55, 56, 57, 58, 59, 65, 66, 67, 68, 71, 73, 75, 77, 78, 79, 83, 84, 87, 89, 90, 91, 93, 95, 96, 97, 101, 103, 106, 108, 120, 123, 124, 128, 131, 132, 135, 138, 141, 143, 145, 146, 149, 150, 151, 154, 166, 172, 173, 177, 181, 184, 185, 187, 189, 190, 191, 192, 195, 196, 197, 198, 201, 203, 205, 206, 208, 209, 212, 213, 216, 217, 218, 219, 223, 224, 225, 226, 227, 229, 232, 233, 234, 236, 237, 238, 240, 244, 245, 246, 248, 249, 251, 252, 253, 254, 255, 256, 257, 258, 260, 263, 264, 265,

267, 268, 270, 271, 272, 276, 277, 278
Diespiter, 157
drávidas, 141
Drujas, 63

E
Edimburgo, 9, 17, 18, 33
Egito, 99, 104, 107, 108, 138, 164, 178, 181, 223, 247, 264, 269
El, 154, 155, 264
El-Khargeh, 264
encarnação(ões), 86, 116, 162, 189
escritura(s), 61, 78, 124, 130, 133, 136
Esculápio, 269
espiritismo, 83, 84, 85, 87, 88, 92, 95
espírito(s), 13, 28, 39, 40, 42, 53, 60, 62, 74, 80, 82, 83, 85, 86, 87, 90, 94, 95, 98, 101, 103, 104, 106, 109, 114, 116, 119, 125, 131, 132, 133, 136, 140, 143, 151, 156, 158, 160, 162, 165, 179, 183, 185, 190, 192, 193, 196, 198, 199, 217, 221, 227, 232, 233, 236, 237, 240, 243, 247, 249, 250, 251, 252, 255, 256, 258, 261, 267, 268, 272, 275
espiritualismo(s), 78, 123, 145, 184, 193
espiritualista(s), 78, 123, 131, 173, 180, 255
essênio(s), 68, 140, 211
Estado, 37, 48, 52, 76, 98, 102, 132, 135, 138, 139, 141, 206, 230, 264, 273, 274, 275
Estados Unidos da América, 23

estética, 24, 55, 140, 259, 272
Estrasburgo, 211
ética, 24, 52, 75, 78, 101, 104, 118, 121, 123, 124, 126, 131, 132, 140, 143, 173, 179, 185, 198, 254, 272
eudemonismo, 214
Europa, 13, 59, 137, 149, 157, 198, 220
evangelista(s), 238
evolução, 32, 33, 37, 38, 43, 47, 48, 49, 92, 129, 145, 215, 277

F
feiticeiro(s), 84, 94, 106, 110
fenômeno(s), 24, 25, 27, 31, 32, 35, 37, 53, 66, 72, 77, 78, 80, 83, 85, 92, 96, 98, 112, 121, 150, 158, 184, 189, 192, 196, 203, 205, 219, 263, 268, 271, 275, 276
fetichismo, 85, 87
Fídias, 56, 211
filólogo(s), 26, 28
filosofia, 13, 22, 24, 26, 27, 32, 33, 34, 35, 77, 80, 84, 139, 142, 149, 186, 196, 198, 208, 210, 213, 214, 225, 246, 247, 255, 273, 274, 275
filosofia da religião, 22, 33, 34, 36
Flâmine Dial, 262
França, 22, 83, 88
Freia, 99, 179

G
Gâthas, 62, 134
Gautama, 130, 163
Geena, 135

Elementos da Ciência da Religião   281

Gifford, 11, 17, 21, 34, 73

Giordano Bruno, 211

Glasgow, 18, 22, 34, 73

Grã-Bretanha, 23

Grécia, 61, 139, 140, 164, 170, 187, 223

grego(s, a, as), 26, 48, 55, 78, 79, 99, 104, 108, 113, 115, 120, 126, 137, 143, 157, 164, 169, 171, 178, 186, 187, 188, 189, 190, 196, 197, 216, 223, 231, 237, 247, 262, 264, 269

Grócio, 265

Groen van Prinsterer, 225

H

Hamlet, 235

Haoma, 64, 182, 270

Hartmann, 73, 77, 178

hebraico, 26

Hebreus, 78

Hegel, 34, 71, 178, 195, 233

helenista(s), 26

Hellas, 187, 223

henoteísta(s), 268

Hera, 55, 72, 100, 104, 115

Héracles, 115, 117, 163, 198, 269

heraclistas, 211

herege(s), 28, 135, 206, 239

Hesíodo, 117, 168

história, 11, 13, 22, 25, 30, 31, 33, 35, 42, 45, 47, 49, 67, 68, 73, 75, 91, 111, 115, 117, 126, 132, 141, 145, 150, 151, 159, 160, 163, 169, 170, 181, 185, 186, 188, 189, 191, 192, 195, 197, 200, 204, 205, 206, 211, 213, 219, 221, 224, 226, 231, 232, 233, 236, 237, 238, 240, 244, 245, 247, 248, 250, 259, 263, 265, 269, 273, 274

Hoekstra, 234, 238

Holanda, 13, 22, 203, 226

Homero, 121, 187, 263

hotentote(s), 28, 261

I

Idade Média, 140, 248, 260

idolatria, 65, 82, 86, 87, 136

Igreja, 29, 37, 38, 42, 69, 137, 138, 142, 143, 206, 226, 227, 239, 265, 274

Igreja Católica, 42, 69

Ilu, 154

Índia, 28, 39, 60, 77, 114, 124, 128, 141, 144, 165, 185, 189, 193, 260, 270

indiano(s, a, as), 28, 63, 69, 77, 128, 134, 140, 156, 157, 160, 163, 164, 171, 182, 186, 192, 196, 211, 220, 231, 247, 262

indígenas, 140, 231, 261, 264

Indra, 52, 99, 105, 156, 166

Infinito, 18, 96, 142, 173, 186, 192, 218, 251, 256, 258, 277

iogues, 183, 211

Irã, 61, 65

Irânia, 269

Isaías, 212

Ishtar, 104, 112, 161

Israel, 109, 120, 140, 144, 155, 164, 171, 182, 186, 197, 212, 213, 222, 223, 227, 239, 270

J

jainas, 183
javismo, 212
Jerusalém, 129, 168, 239, 270
Jesus, 41, 46, 237
Jó, 158, 159
John Huss, 239
judeu(s), 52, 54, 63, 128, 129, 160, 178, 197, 216, 237, 259, 269
Júpiter, 56, 72, 99, 157, 169, 222, 262

K

Karl Budde, 211
Karlstadt, 245
Kong-tse, 124, 144, 192
Koresh, 222
kraal, 81
Kremer, 160
Krishna, 163

L

Lao-tse, 124, 192
Leiden, 13, 14, 18, 19
Leonardo, 149
linguagem, 25, 33, 38, 41, 46, 53, 87, 120, 123, 128, 173, 218, 229, 235, 243, 256
Lodensteijn, 225
Loki, 113, 179
Lutero, 42, 137, 245, 248, 250

M

Macaulay, 234, 235
Maligno, 135, 183, 210
Marduc, 99, 110, 120, 222, 259
Marspiter, 157
Masdeísmo, 61

masdeísta(s), 134
Max Müller, 11, 18, 21, 34, 57
Meca, 128
Medina, 128
Mênfis, 99, 107, 180, 222, 264
Mercúrio, 190
México, 88, 103, 220
Michelangelo, 149
Minerva, 190
mitologia, 38, 39, 40, 59, 63, 86, 92, 93, 97, 100, 110, 113, 115, 169, 183, 188, 190, 192, 198, 263
Moab, 41, 171
mocsa, 77, 78, 165
Moira, 161
Moisés, 124, 172
Moloc, 52, 222
Mommsen, 191
morávio(s), 211
Muhammad, 58, 124, 160, 241

N

Nabû, 222
nação(ões), 48, 55, 58, 72, 90, 92, 99, 120, 127, 131, 137, 144, 153, 156, 177, 182, 186, 187, 189, 197, 205, 213, 219, 228, 230, 246, 247, 261, 262, 264, 269, 273
nirgranthikas, 211
nomológica, 204
norte-americano, 140, 261, 264
Numa Pompílio, 91, 168, 169

O

Odin, 99, 114, 116, 157, 179
Olimpo, 72, 100, 115, 187, 222, 269
orientalistas, 26

Oseias, 212
Osíris, 99, 105, 114, 178, 179
Ovídio, 91, 168, 169
Oxford, 21, 80, 137

P
pagão(ãos, ã, ãs), 28, 59
Pasteur, 149
Péricles, 211, 216
Pérsia, 61, 124, 172, 270
Pfleiderer, 34
Platão, 149, 187
polidemonismo, 91
polidemonismo(s), 97, 98, 103
polinésio(s), 86, 140, 231, 261
politeísmo(s), 63, 65, 93, 97, 98, 99, 103, 104, 105, 106, 162, 268
política, 24, 27, 61, 107, 137, 141, 192, 264, 273
polizoísmo, 83, 84
Pontífice, 139
profeta(s), 28, 52, 55, 59, 60, 62, 64, 76, 109, 120, 124, 133, 153, 155, 163, 166, 171, 172, 199, 211, 212, 228, 235, 238, 241, 244, 249, 271
Prometeu, 115, 117, 161, 168
Prússia, 259
Purva, 69, 270
Purva-Mimansa, 270

Q
quakers, 211
quíchua, 220

R
Rafael, 149

Ragnarok, 161
Râjanya, 166
Rama, 163
recabita(s), 211, 217
Red Pipestone, 264
Religionsphilosophie, 74, 257
Rembrandt, 149, 241
Renascença, 248
revelada, 89, 110, 124, 135, 201
romano(s, a, as), 48, 56, 72, 73, 115, 138, 143, 157, 164, 169, 170, 171, 178, 181, 186, 189, 190, 197, 216, 220, 239, 247, 248, 262

S
sânscrito, 10, 22, 28, 40, 260
Satanás, 158
semita(s), 128, 130, 149, 152, 154, 156, 158, 161, 165, 172, 181, 197, 220, 222, 248, 262
Servet, 245
Shakyamuni, 130, 250
Shiva, 52, 99
Sócrates, 211
śramanas, 211
S'unasépha, 170

T
Tamuz-Adônis, 178
Taoismo, 124, 144, 192
taoista(s), 211
Tao-te-King, 124
teantrópico(s, a, as), 153, 156, 158, 160, 161, 162, 164, 167, 168, 170, 173, 183, 196, 197, 198, 262
Tebas, 99, 120, 178, 264

teocrático(s, a, as), 52, 153, 154, 156, 158, 159, 162, 164, 166, 170, 172, 173, 174, 181, 196, 197, 262

teogônico(s), 98

teólogo(s), 26, 28, 32, 33, 52, 77, 82, 116, 137, 206, 239, 270

terafins, 239

terapeutas, 211

Thor, 110, 115, 179

Titã, 117, 169

Todo-Poderoso, 121, 159, 214

Torá, 124

Touro Ápis, 180

tradição, 13, 39, 41, 42, 48, 50, 63, 89, 102, 109, 118, 126, 134, 139, 142, 191, 193, 244, 261, 271, 273

Tylor, 80

U

Uebergangsgebilde, 75

Uttara-Mimamsa, 69, 270

V

Vayu, 161

Vedas, 71, 114, 124, 263, 268

védico(s, a, as), 28, 64, 69, 79, 99, 105, 114, 134, 166, 168, 268

Vishnu, 52, 99, 163

Visvâmitra, 170

W

Wackernagel, 137

Weltverneinung, 75, 257

Whitney, 22, 25, 56, 57, 73, 126, 229

Wodan, 157

Wycliffe, 137

Y

yatis, 211

Yazatas, 64, 126

Z

Zaratustra, 60, 62, 64, 114, 125, 132, 134, 144, 163, 196

Zeus, 56, 72, 99, 105, 110, 115, 117, 119, 121, 157, 161, 162, 168, 170, 188, 198, 222, 269

zoroastriano(s, a, as), 60, 63, 64, 66, 69, 76, 126, 141, 157, 183, 185, 196, 212, 262, 269

Zwínglio, 42, 245, 248

Elementos da Ciência da Religião

Rua Dona Inácia Uchoa, 62
04110-020 – São Paulo – SP (Brasil)
Tel.: (11) 2125-3500
paulinas.com.br – editora@paulinas.com.br
Telemarketing e SAC: 0800-7010081